JN032852

2025年度版

鳥取県の
音楽科

過去問

協同教育研究会 編

協同出版

本書には，鳥取県の教員採用試験の過去問題を収録しています。各問題ごとに，以下のように5段階表記で，難易度，頻出度を示しています。

難 易 度

非常に難しい	☆☆☆☆☆
やや難しい	☆☆☆☆
普通の難易度	☆☆☆
やや易しい	☆☆
非常に易しい	☆

頻 出 度

◎	ほとんど出題されない
◎◎	あまり出題されない
◎◎◎	普通の頻出度
◎◎◎◎	よく出題される
◎◎◎◎◎	非常によく出題される

はじめに～「過去問」シリーズ利用に際して～

　教育を取り巻く環境は変化しつつあり，日本の公教育そのものも，教員免許更新制の廃止やGIGAスクール構想の実現などの改革が進められています。また，現行の学習指導要領では「主体的・対話的で深い学び」を実現するため，指導方法や指導体制の工夫改善により，「個に応じた指導」の充実を図るとともに，コンピュータや情報通信ネットワーク等の情報手段を活用するために必要な環境を整えることが示されています。

　一方で，いじめや体罰，不登校，暴力行為など，教育現場の問題もあいかわらず取り沙汰されており，教員に求められるスキルは，今後さらに高いものになっていくことが予想されます。

　本書の基本構成としては，出題傾向と対策，過去5年間の出題傾向分析表，過去問題，解答および解説を掲載しています。各自治体や教科によって掲載年数をはじめ，「チェックテスト」や「問題演習」を掲載するなど，内容が異なります。

　また原則的には一般受験を対象としております。特別選考等については対応していない場合があります。なお，実際に配布された問題の順番や構成を，編集の都合上，変更している場合があります。あらかじめご了承ください。

　最後に，この「過去問」シリーズは，「参考書」シリーズとの併用を前提に編集されております。参考書で要点整理を行い，過去問で実力試しを行う，セットでの活用をおすすめいたします。

　みなさまが，この書籍を徹底的に活用し，教員採用試験の合格を勝ち取って，教壇に立っていただければ，それはわたくしたちにとって最上の喜びです。

協同教育研究会

C O N T E N T S

第1部

鳥取県の
音楽科
出題傾向分析

鳥取県の音楽科　傾向と対策

　鳥取県の音楽科は，従前は問題数も多く，論述問題や楽典の問題も多く含まれ，他の都道府県と比較しても難易度が高かったが，2015年度以降は，問題数に若干の減少がみられる。また，2023年度と2024年度は聴音問題が出題されておらず，出題傾向が変わる過渡期にあると考えられる。

　構成は，楽典問題，作曲者と作品名に関する問題，学習指導要領関連の問題，音楽史の問題，教科書教材による総合問題等が主である。楽器奏法の問題や日本伝統音楽の問題も出題頻度が高い。ただし，学習指導案の作成，聴音問題，創作問題は，近年出題されていない。

　以上の傾向からみて，次のような対策が必要であることが分かる。

　楽典問題は，音程や音階などの基礎的・基本的な問題がほとんどであるので，忠実に学習し，解答できるようにしておきたい。難易度も比較的おさえてあるので，全問正解することも十分に可能である。ケアレスミスがないように，試験時間はよく見直しをすること。また，日本の音階(民謡音階，都節音階，律音階，沖縄音階)や，教会旋法(イオニア旋法，ドリア旋法，フリギア旋法，リディア旋法，ミクソリディア旋法，エオニア旋法)，近親調の音階などを書かせる問題が出題されることがあるので，それらをしっかり整理しておくことが必要である。移調問題もよく出題されるので，移調楽器の実音と記譜音の関係を理解しておきたい。普段から実際に記譜の学習をするのもよいだろう。作曲者と作品名に関する問題は音楽科の基本問題といえる。鑑賞教材としてよく取り上げられる曲はもちろん，できるだけ多くの楽曲を鑑賞し，作曲者名，音楽形式などの基本事項は総合的に押さえておくこと。特に，高等学校の教科書には様々な楽曲が音楽史とともに掲載されているので，複数冊を手元に置いて学習することを勧める。学習指導要領関連の問題について，中学校は，2020年度の試験以後，平成29年告示の新学習指導要領からの出題である。高等学校は，2022年度以降は平成30年告示の学習指導要領

から出題されている。これらに加えて教育基本法や地方公務員法等からの出題もある。

　教科書教材による総合問題は，楽曲の作詞者や作曲者名といった基本事項から，学習指導要領に記載されている事項との関連や，指導について工夫する点などを問うものまで幅広く出題される。まずは日頃から教材研究を徹底しておくこと。また，それと同時に自分ならどのような指導をするか，そして学習指導要領とどのように関わらせるかという指導計画を練っておくことが必要だろう。

　加えて，過去2年間での出題はないが，出題傾向が落ち着くまでは，聴音問題に関する対策もしておいた方が良いだろう。ある程度は慣れが必要なので学習を積むことが重要である。旋律の聴き取りは確実に拍をとりながら聴くこと，また自分なりに効率的な書き方を身につけることがポイントである。

　その他，創作問題については，条件に忠実に解答することが重要である。可能であれば，創作したものを他者に確認してもらおう。また，過去には鳥取県出身の作曲家についての出題もあった。このような出題傾向に対応できるよう，幅広く学習しておきたい。

過去5年間の出題傾向分析

分類		主な出題事項	2020年度	2021年度	2022年度	2023年度	2024年度
A 音楽理論・楽典		音楽の基礎知識	●	●	●	●	●
		調と音階	●	●	●	●	●
		音楽の構造	●	●		●	●
B 音楽史		作曲家と作品の知識を問う問題	●	●	●	●	
		音楽様式，音楽形式の知識を問う問題	●	●		●	●
		文化的背景との関わりを問う問題		●	●		
		近現代の作曲家や演奏家についての知識	●				
C 総合問題		オーケストラスコアによる問題	●	●	●	●	●
		小編成アンサンブルのスコア，大譜表（ピアノ用楽譜）による問題				●	●
		単旋律による問題		●	●	●	●
D 楽器奏法		リコーダー		●		●	●
		ギター	●		●	●	
		楽器分類		●			
E 日本伝統音楽		雅楽				●	
		能・狂言		●			●
		文楽					●
		歌舞伎			●		●
		長唄等		●	●		●
		楽器（箏，尺八，三味線）	●	●	●		●
		民謡・郷土芸能	●			●	●
		総合問題			●		●
F 民族音楽	音楽のジャンルと様式	(1)アジア（朝鮮, インド, トルコ）	●	●		●	●
		(2)アフリカ 打楽器				●	●
		(3)ヨーロッパ, 中南米	●			●	●
		(4)ポピュラー			●		
	楽器	(1)楽器分類（体鳴, 気鳴, 膜鳴, 弦鳴）					
		(2)地域と楽器		●		●	●

分類		主な出題事項	2020年度	2021年度	2022年度	2023年度	2024年度
G 学習指導要領	(A)中学校	目標			●		
		各学年の目標と内容	●	●		●	●
		指導計画と内容の取扱い	●		●	●	
		指導要領と実践のつながり					●
	(B)高校	目標		●			
		各学年の目標と内容	●		●	●	●
		指導計画と内容の取扱い					
H 教科書教材		総合問題		●	●	●	●
		旋律を書かせたりする問題	●	●	●		●
		学習指導要領と関連させた指導法を問う問題	●	●	●	●	●
I 作曲・編曲		旋律，対旋律を作曲					
		クラスの状況をふまえた編成に編曲					
		新曲を作曲					
J 学習指導案		学習指導案の作成					
		指導についての論述				●	●

第 2 部

鳥取県の
教員採用試験
実施問題

2024年度 | 実施問題

【中学校】

【１】次の各問いに答えなさい。

(1)　次の文は，地方公務員法に規定される服務に関する条文である。①～⑥の中で，誤っているものをすべて選び，記号で答えなさい。

> ①　すべて職員は，全体の奉仕者として児童・生徒の利益のために勤務し，且つ，職務の遂行に当つては，全力を挙げてこれに専念しなければならない。
>
> ②　職員は，その職務を遂行するに当つて，法令，条例，地方公共団体の規則及び地方公共団体の機関の定める規程に従い，且つ，校長の職務上の命令に忠実に従わなければならない。
>
> ③　職員は，その職の信用を傷つけ，又は職員の職全体の不名誉となるような行為をしてはならない。
>
> ④　職員は，職務上知り得た秘密を漏らしてはならない。その職を退いた後は，その限りではない。
>
> ⑤　職員は，法律又は条例に特別の定がある場合を除く外，その勤務時間及び職務上の注意力のすべてをその職責遂行のために用い，当該地方公共団体がなすべき責を有する職務にのみ従事しなければならない。
>
> ⑥　職員は，政党その他の政治的団体の結成に関与し，若しくはこれらの団体の役員となつてはならず，又はこれらの団体の構成員となるように，若しくはならないように勧誘運動をしてはならない。

(2)　次の文章は，令和3年1月に中央教育審議会で取りまとめられた「『令和の日本型学校教育』の構築を目指して～全ての子供たちの可能性を引き出す，個別最適な学びと，協働的な学びの実現～(答申)」

における「第Ⅰ部　総論」の「3. 2020年代を通じて実現すべき
『令和の日本型学校教育』の姿」に記載された内容の一部である。
(①)〜(③)にあてはまる最も適切な語句を答えなさい。

第Ⅰ部　総論

　3．2020年代を通じて実現すべき「令和の日本型学校教
　　　育」の姿

(1)子供の学び

○　新型コロナウイルス感染症の感染拡大による臨時休業の
　長期化により，多様な子供一人一人が自立した学習者とし
　て学び続けていけるようになっているか，という点が改め
　て焦点化されたところであり，これからの学校教育におい
　ては，子供が(①)も活用しながら自ら学習を調整しなが
　ら学んでいくことができるよう，「個に応じた指導」を充実
　することが必要である。この「個に応じた指導」の在り方
　を，より具体的に示すと以下のとおりである。

○　全ての子供に基礎的・基本的な知識・技能を確実に習得
　させ，思考力・判断力・表現力等や，自ら学習を調整しな
　がら粘り強く学習に取り組む態度等を育成するためには，
　教師が支援の必要な子供により重点的な指導を行うことな
　どで効果的な指導を実現することや，子供一人一人の特性
　や学習進度，学習到達度等に応じ，指導方法・教材や学習時
　間等の柔軟な提供・設定を行うことなどの「指導の(②)」
　が必要である。

○　基礎的・基本的な知識・技能等や，言語能力，情報活用
　能力，問題発見・解決能力等の学習の基盤となる資質・能
　力等を土台として，幼児期からの様々な場を通じての体験
　活動から得た子供の興味・関心・キャリア形成の方向性等
　に応じ，探究において課題の設定，情報の収集，整理・分
　析，まとめ・表現を行う等，教師が子供一人一人に応じた

11

学習活動や学習課題に取り組む機会を提供することで，子供自身が学習が最適となるよう調整する「学習の(　③　)」も必要である。

○　以上の「指導の(　②　)」と「学習の(　③　)」を教師視点から整理した概念が「個に応じた指導」であり，この「個に応じた指導」を学習者視点から整理した概念が「個別最適な学び」である。

(3)　「中学校学習指導要領(平成29年3月告示)」第2章　各教科　第5節　音楽で示された「第2　各学年の目標及び内容」のうち「第1学年」の目標を，次の①～④から一つ選び，記号で答えなさい。

①　音楽活動の楽しさを体験することを通して，音楽を愛好する心情を育むとともに，音楽に対する感性を豊かにし，音楽に親しんでいく態度を養い，豊かな情操を培う。

②　曲想と音楽の構造などとの関わり及び音楽の多様性について理解するとともに，創意工夫を生かした音楽表現をするために必要な歌唱，器楽，創作の技能を身に付けるようにする。

③　曲にふさわしい音楽表現を創意工夫することや，音楽を評価しながらよさや美しさを味わって聴くことができるようにする。

④　曲想と音楽の構造や背景などとの関わり及び音楽の多様性について理解するとともに，創意工夫を生かした音楽表現をするために必要な歌唱，器楽，創作の技能を身に付けるようにする。

(☆☆☆◎◎◎◎◎)

【2】楽譜に関する次の各問いに答えなさい。

(1)　次の楽譜(inC)をホルン(inF)で演奏するために移調しなさい。

(2) 次の総譜は，ラヴェル作曲「ボレロ」の一部である。主旋律を演奏する①～⑤の楽器名を，以下の⬚の中から選び，答えなさい。

アルトサックス	オーボエ	ピッコロ
オーボエダモーレ	クラリネット	ファゴット
トランペット	テナーサックス	イングリッシュホルン

(☆☆☆○○○○)

【3】次の楽譜は，「春」第1楽章(「和声と創意の試み」第1集「四季」から)の一部である。以下の各問いに答えなさい。

譜例(A)〜(F)

(A)

(B)

(C)

(D)

(E)

(F)

(F)の部分の総譜

16

(1)　作曲者名を答えなさい。

(2)　(1)の作曲者が活躍した時代を答えなさい。

(3)　(2)の時代及び同時期の日本の音楽・芸能に関して説明した次の①〜⑤について，正しいものには○を，間違っているものには×を付けなさい。

① 　パッヘルベルが「カノン」を作曲した。

② 　多声音楽が発展した。

③ 　J.S.バッハがオラトリオ「メサイア」を作曲した。

④ 　日本では，八橋検校が近世箏曲の基礎をつくった。

⑤ 　日本では，観阿弥らによって，能の基本的な形が整った。

(4)　第1楽章に表記されている速度に関する用語を，次の(ア)〜(エ)の中から一つ選び，記号で答えなさい。また，その意味を答えなさい。

(ア)　Andante　　　(イ)　Moderato　　　(ウ)　Allegretto

(エ)　Allegro

(5)　譜例(A)は楽曲の柱となる旋律の一部で，同じような旋律が各部分の間や最後に合奏で現れる。このような構成を何形式というか答えなさい。

(6)　譜例(A)〜(F)の音楽は，ある短い詩をもとに作曲されている。この詩のように，イタリアで13世紀ごろから作られるようになった14行からなる詩のことを何というか答えなさい。また，譜例(B)〜(D)に対応する詩を，次の(ア)〜(ウ)からそれぞれ一つずつ選び，記号で答えなさい。

(ア)　泉はそよ風に誘われ，ささやき流れていく。

(イ)　春がやって来た。

(ウ)　小鳥は楽しい歌で，春を歓迎する。

(7)　譜例(E)に記されている*tr*は，小鳥の鳴き声を表現していると言われている。この部分を演奏する楽器の名前を答えなさい。

(8)　譜例(F)には，「黒雲と稲妻が空を走り，雷鳴は春が来たことを告げる。」という詩がつけられている。作曲者が「稲妻」と「雷鳴」を音楽でどのように表現しているか，その特徴を生徒に説明したい。

総譜を参考にして，どのような説明が考えられるか答えなさい。

(☆☆◎◎◎◎)

【４】次の楽譜は，「夏の思い出」である。この楽曲を教材として指導することを想定して，以下の各問いに答えなさい。

(1) 次の表は，この楽曲について分析を行ったものである。表中の
（ ① ）～（ ⑤ ）にあてはまる最も適切な言葉，数字，記号を答えなさい。

段	小節	特徴			
		旋律	リズム	強弱・和音	歌詞との関係
1	1～4小節	・1、2段とも（ ① ）旋律。 ・順次進行で抑揚は少ない。	・8分音符が連なる平坦なリズムと言えるが、休符で始まる特徴がある。	・mp で始まる。	・「はるかな尾瀬 遠い空」は、詩の最後にも使われている。
2	5～8小節			・伴奏が変化する。 ・（ ② ）小節目の和音は対応する3小節目と異なっている。	・「優しい影」「揺れ揺れる」にクレシェンド、デクレシェンドが添えられている。
3	9～12小節	・9小節目で最高音に達する。 ・続く10小節目の最低音とは5度の開きがある。	・強弱の変化が大きく、「 ③ 」を用いた表現は、休符が入ることでより強調されている。 ・前半とは対象的なフレーズとなっている。		・「夢見て～ほとり」の部分ではデクレシェンド、（ ④ ）、テヌートにより印象的な部分となっている。
4	13～16小節	・13、14小節目は1、2段と同じだが、後半は曲中で最も上昇的な音型である。	・後半は強弱記号も最大で「mf」となるが、最後は「 ⑤ 」で曲が締めくくられる。 ・強弱、フェルマータ、音高において特徴的な部分である。		・「はるかな」音高に特徴があり、クレシェンドがある。 ・「尾瀬」フェルマータ ・「遠い空」前の音型から1オクターブ音が下がっている。 ・「石楠花色」夕刻であることがわかる。 ・「懐かしい」現在の心境を表している。

(2) 題材名を「曲想と歌詞の結びつきを生かして，表現を工夫して歌おう」とし，評価の観点のうち「思考・判断・表現」を次のとおり2つ定めて指導の計画を作成したい。学習の展開を考えながら，「思考・判断・表現」の2項目それぞれについて①・②を答えなさい。
【思考・判断・表現】

> 1. 旋律やリズム，強弱を知覚し，それらの働きが生み出す特質や雰囲気を感受しながら歌詞との関連について考えを持っている。
> 2. 歌詞の情景や自己のイメージを，曲にふさわしい音楽表現としてどのように歌うかについて思いや意図を持っている。

① 主となる表現活動について，どんな活動を設定するか。
② ICTの活用について，どんなことができるか。

(☆☆☆◎◎◎)

【5】世界の諸民族の音楽に関する次の文中の(A)〜(E)に適する語句を，以下の◻の中から選び，答えなさい。

・(A)はアラブ諸国の音楽で用いられる弦楽器である。ヨーロッパのリュートや中国のピーパー，日本の琵琶もこの楽器の仲間と言える。

・カッワーリーはパキスタンなどに伝わる宗教的な歌で，(B)やタブラーなどの太鼓，手拍子が用いられ，速度の変化とともに音楽が盛り上がっていく。

・オルティンドーは(C)に伝わる民謡で，婚礼や祝い事，祭りの際に歌われてきた。拍のない音楽で，コブシのような細かい節回しが特徴である。

・(D)は中国の伝統的な歌舞劇の一つである。「歌」「セリフ」「しぐさ」「立ち回り」の4つの要素が一体となってストーリーが展開していく音楽劇である。

・ドゥドゥクはアルメニアに伝わる楽器で，発音体はトルコの(E)や日本の篳篥と同じリード楽器である。独特な音色と細かく揺れる旋律の動きに特徴がある。

ガムラン	ズルナ	モンゴル	朝鮮半島	京劇
ウード	タンソ	コラ	シタール	ハルモニウム

(☆☆◎◎◎◎)

【6】日本の民謡について，以下の各問いに答えなさい。

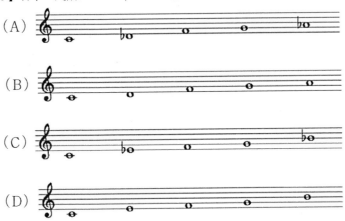

(1) (A)〜(D)のように，1オクターブの中に5つの音をもつ音階を何というか答えなさい。

(2) 北海道民謡「ソーラン節」で使われている音階を，(A)〜(C)から一つ選び，記号で答えなさい。

(3) (D)は，民謡「谷茶前」で使われている音階である。この音階の名前を答えなさい。また，「谷茶前」で使用される弦楽器の名前を答えなさい。

(4) 「南部牛追唄」と同じ種類の民謡として最も適切なものを，次の(ア)〜(オ)から一つ選び，記号で答えなさい。
   (ア) 金毘羅船々　　(イ) 伊勢音頭　　(ウ) 郡上節
   (エ) 草津節　　　　(オ) 安来節

(5) 鳥取県東部の民謡で，漁師が漁をしながら歌った仕事歌の名前を答えなさい。

(6) 図1は「谷茶前」，図2は「南部牛追唄」の絵譜である。図1と図2の絵譜を比較し，リズムに着目してそれぞれの特徴を説明しなさい。

図1

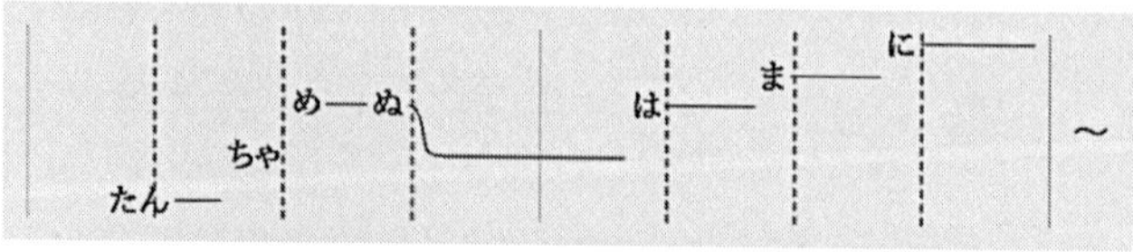

図2

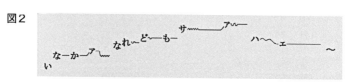

(7)　図2に示される「いなかァ」のように，歌詞の一部から引きのばされた母音のことを何というか答えなさい。

(8)　我が国の民謡の歌唱指導として最も適切なものを，次の(ア)～(ウ)から一つ選び，記号で答えなさい。

(ア)　テクスチュアへの理解を深めるとともに，創意工夫を生かし，全体の響きや各声部の声などを聴きながら，他者と合わせて歌う技能を身に付けることができるようにする。

(イ)　のびやかな美しい歌声や，強弱を生かした表現や言葉の美しい響きなど，曲にふさわしい歌唱表現を創意工夫することができるようにする。

(ウ)　細かい装飾的な節回しや発声の技法など，発声，言葉の発音，身体の使い方などの技能を身に付けることができるようにする。

(☆☆☆◎◎◎◎)

【7】日本音楽に関する次の各問いに答えなさい。

(1)　「歌舞伎」に関する①～④の各文が表している言葉を，以下の◻︎の中から選び，答えなさい。

①　三味線，または三味線と囃子で演奏する間奏のこと。

②　役者の感情が頂点に達したとき，演技の途中で一瞬動きを止めて目をぐっと寄せて睨んでみせる，歌舞伎独特の演技。

③　顔や手足に血管や筋肉などを誇張して描く，歌舞伎独特の化粧法。

④　舞台の季節や場所などの情景を表す音楽，効果音などを演奏する部屋の名称。

すっぽん	花道	黒御簾	隈取	長唄	六方
見得	合方				

(2)　「能」について説明した次の文章について，以下の①～③に答えなさい。

> 　能や狂言は，「散楽」という共通の祖先をもつと考えられている。「散楽」は平安時代の中頃，「猿楽」と呼ばれる滑稽な笑い中心の寸劇を伴う芸能に形を変えていく。猿楽の演者たちは，鎌倉時代後半には寺社の庇護のもとに一座を作り，祭礼や法会などで伝統的な祝福芸や芸能を担当していた。その中から物語を劇として演じる形態が生まれ，演劇の要素が加わった。こうした中で，大和猿楽の主要四座の一つ，結崎座に観阿弥が登場した。
> 　観阿弥は，卓越した演者であると同時に優れた作家でもあり，「自然居士」や「卒都婆小町」などは今日でも上演されている。また，当時流行した「曲舞」のリズムの面白さを音曲に取り入れるなど，A能の音楽にも変革をおこした。さまざまな公演を成功させた観阿弥とその子(ア)は，時の為政者であった(イ)の支持と庇護を受け，能を発展させていった。(ア)は，写実的な大和猿楽の芸風に，当世の貴人たちに好まれていた天女舞に代表される近江猿楽の「幽玄」，B上品で優美な芸風を取り入れ，夢幻能の形式などを確立させ，現代に続く「歌舞」を基調とした能楽の礎を築いただけでなく，「風姿花伝」を始めとする能の理論書を数多く残した。

①　(ア)・(イ)にあてはまる人物名をそれぞれ答えなさい。
②　下線部Aについて，「謡」のフシのうち，旋律的で繊細な表現をする「ヨワ吟」に対し，一つ一つの音を力強く表現する躍動的な歌唱法を何というか答えなさい。

③　下線部Bに最も関係が深い能の演目を，次の□の中から一つ選び，答えなさい。

| 翁 | 高砂 | 羽衣 | 道成寺 | 棒縛 |

(3)　文楽について，次の①・②に答えなさい。

①　世話物「冥途の飛脚」や時代物「国性爺合戦」の作者で，文楽の隆盛に大きな役割を果たした人物の名前を答えなさい。

②　享保19年，竹本座で考案され，以降人形の写実的な表現方法として現在まで行われている操作方法を何というか答えなさい。

(☆☆☆◎◎◎)

【8】「箏」について，次の各問いに答えなさい。

(1)　八橋検校が作曲したと伝えられている箏曲で，6つの部分から構成された「段物」と呼ばれる器楽曲の曲名を答えなさい。

(2)　(1)の曲の速度の特徴を答えなさい。

(3)　(2)のような，日本音楽特有の特徴を表す言葉を何というか答えなさい。

(4)　(1)の曲は，「平調子」という調弦が用いられる。一を二音にした場合の音階を，次の五線譜に書き入れなさい。

(5)　図1の部分を取り上げて，箏の奏法による音色の違いを味わわせる授業を行うためには，どのような学習活動が考えられるか答えなさい。

図1

(6)　角爪(生田流)を用いて授業を行うときに注意すべきことを，次の(ア)〜(エ)の中から二つ選び，記号で答えなさい。

(ア)　目安として，体の中心を巾の糸の柱に合わせて座る。膝を正面に向けて，両膝が磯に当たるように意識する。

(イ)　目安として，腰の右端が竜角の延長線上にくるように座る。膝を斜め左に向けて，右膝の外側が磯に当たるように意識する。

(ウ)　薬指の小指側が竜角の内側に触れるように置き，爪の角で弾く。

(エ)　薬指を竜角の上にのせるように置き，爪の先で弾く。

(7)　図2の楽譜に示された①の奏法の名前を答えなさい。

図2

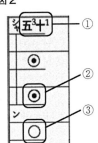

(8)　図2の楽譜に示された②と③の意味として最も適切なものを，次の(ア)～(エ)の中からそれぞれ一つずつ選び，記号で答えなさい。

(ア)　左手で糸を押して余韻を全音上げ下げする。

(イ)　前の音を2分の1拍のばす。

(ウ)　1拍休む，または音を止める。

(エ)　前の音を1拍のばす。

(9)　図2に示されている「シャーン」のように，楽器の音をまねるなど，旋律や奏法を覚えたり，伝えたりするためのうたを何というか答えなさい。

(10)　箏曲にはさまざまな演奏形態がある。次の図3のような，三味線や尺八と一緒に演奏される合奏を何というか答えなさい。

図3

(☆☆☆☆◎◎◎◎)

【高等学校】

【１】次の各問いに答えなさい。

(1) 次の文は，地方公務員法に規定される服務に関する条文である。
①〜⑥の中で，誤っているものをすべて選び，記号で答えなさい。

> ① すべて職員は，全体の奉仕者として児童・生徒の利益の
> ために勤務し，且つ，職務の遂行に当つては，全力を挙げ
> てこれに専念しなければならない。
>
> ② 職員は，その職務を遂行するに当つて，法令，条例，地
> 方公共団体の規則及び地方公共団体の機関の定める規程に
> 従い，且つ，校長の職務上の命令に忠実に従わなければな
> らない。
>
> ③ 職員は，その職の信用を傷つけ，又は職員の職全体の不
> 名誉となるような行為をしてはならない。
>
> ④ 職員は，職務上知り得た秘密を漏らしてはならない。そ
> の職を退いた後は，その限りではない。
>
> ⑤ 職員は，法律又は条例に特別の定がある場合を除く外，
> その勤務時間及び職務上の注意力のすべてをその職責遂行
> のために用い，当該地方公共団体がなすべき責を有する職
> 務にのみ従事しなければならない。
>
> ⑥ 職員は，政党その他の政治的団体の結成に関与し，若し
> くはこれらの団体の役員となつてはならず，又はこれらの
> 団体の構成員となるように，若しくはならないように勧誘
> 運動をしてはならない。

26

(2)　次の文章は，令和3年1月に中央教育審議会で取りまとめられた「『令和の日本型学校教育』の構築を目指して〜全ての子供たちの可能性を引き出す，個別最適な学びと，協働的な学びの実現〜(答申)」における「第Ⅰ部　総論」の「3．2020年代を通じて実現すべき『令和の日本型学校教育』の姿」に記載された内容の一部である。(①)〜(③)にあてはまる最も適切な語句を答えなさい。

第Ⅰ部　総論

3．2020年代を通じて実現すべき「令和の日本型学校教育」の姿

(1)子供の学び

○　新型コロナウイルス感染症の感染拡大による臨時休業の長期化により，多様な子供一人一人が自立した学習者として学び続けていけるようになっているか，という点が改めて焦点化されたところであり，これからの学校教育においては，子供が(①)も活用しながら自ら学習を調整しながら学んでいくことができるよう，「個に応じた指導」を充実することが必要である。この「個に応じた指導」の在り方を，より具体的に示すと以下のとおりである。

○　全ての子供に基礎的・基本的な知識・技能を確実に習得させ，思考力・判断力・表現力等や，自ら学習を調整しながら粘り強く学習に取り組む態度等を育成するためには，教師が支援の必要な子供により重点的な指導を行うことなどで効果的な指導を実現することや，子供一人一人の特性や学習進度，学習到達度等に応じ，指導方法・教材や学習時間等の柔軟な提供・設定を行うことなどの「指導の(②)」が必要である。

○　基礎的・基本的な知識・技能等や，言語能力，情報活用能力，問題発見・解決能力等の学習の基盤となる資質・能力等を土台として，幼児期からの様々な場を通じての体験

活動から得た子供の興味・関心・キャリア形成の方向性等に応じ，探究において課題の設定，情報の収集，整理・分析，まとめ・表現を行う等，教師が子供一人一人に応じた学習活動や学習課題に取り組む機会を提供することで，子供自身が学習が最適となるよう調整する「学習の(　③　)」も必要である。

○　以上の「指導の(　②　)」と「学習の(　③　)」を教師視点から整理した概念が「個に応じた指導」であり，この「個に応じた指導」を学習者視点から整理した概念が「個別最適な学び」である。

(3)　次の文章は，「高等学校学習指導要領(平成30年3月告示)」で示された教科「芸術」の「音楽Ⅰ」の内容の一部である。次の各問いに答えなさい。

2　内容

A　表現

（　中　略　）

(3)　創作

創作に関する次の事項を身に付けることができるよう指導する。

ア　創作表現に関わる知識や技能を得たり生かしたりしながら，自己の(　①　)をもって創作表現を創意工夫すること。

イ　音素材，②音を連ねたり重ねたりしたときの響き，③音階や音型などの特徴及び構成上の特徴について，表したい(　①　)と関わらせて理解すること。

ウ　創意工夫を生かした創作表現をするために必要な，次の(ア)から(ウ)までの技能を身に付けること。

(ア)　反復，変化，対照などの手法を活用して音楽を

> つくる技能
>
> (イ) ④旋律をつくったり，つくった旋律に副次的な旋律や和音などを付けた音楽をつくったりする技能
>
> (ウ) 音楽を形づくっている要素の働きを変化させ，変奏や編曲をする技能
>
> (以下省略)

① (①)に共通して入る適切な語句を答えなさい。

② 下線部②について，進行(連続する2音の高低の変化)の種類は，跳躍進行ともう一つは何か答えなさい。

③ 下線部③について，次のA，Bの音階の名前をそれぞれ(ア)～(キ)からそれぞれ一つずつ選び，記号で答えなさい。

A

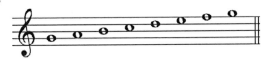

B

(ア) 都節音階　　　　　(イ) フリギア旋法

(ウ) ブルース音階　　　(エ) 民謡音階

(オ) ミクソリディア旋法　(カ) 全音音階

(キ) ドリア旋法

④ 下線部④について，単旋律を表すモノフォニーに対して次の組み合わせを何というか答えなさい。

(ア) 複数の独立した旋律の組み合わせ

(イ) 主旋律と和声的な伴奏の組み合わせ

(☆☆☆○○○○○)

【2】次の楽譜について，以下の各問いに答えなさい。

(1)　この楽譜は「ハレルヤ」の一部である。この曲が含まれている作品名，および作曲者名を答えなさい。

(2)　この作曲者が作曲した作品名または曲名を二つ答えなさい。

(3)　この作曲者は1727年にある国に帰化した。この曲は帰化して以降に作曲されたが，ある国とはどこか答えなさい。

(4)　この曲の歌詞は聖書をもとに作られている。何語で作られているか答えなさい。

(5)　この曲の調性をドイツ語で答えなさい。

(6)　この曲を合唱しようとしたが，音が高く歌うのが難しかったため，全体を長3度下げることにした。移調後の調性をドイツ語で答え，さらに調号を用いて記譜しなさい。なお，歌詞は書かなくてよい。

(☆☆☆◎◎◎)

【3】 次の楽譜について以下の各問いに答えなさい(楽譜には出題の都合上，改めた個所がある。)。

(1) この楽譜(スコア)の作品名と作曲者名を答えなさい。

(2) この作曲者にとって，2023年は生誕何年にあたるか，次の(ア)～

(エ)から一つ選び，記号で答えなさい。また，その作曲者が生まれた年と同時代の日本音楽に関わる事柄について一番近いものを，以下の(A)～(D)から一つ選び，記号で答えなさい。

(ア)　100年　　（イ）　150年　　（ウ）　200年　　（エ）　250年

(A)　宮中の行事で雅楽や西洋音楽を演奏する雅楽局が設置される

(B)　三味線が伝来する

(C)　田楽，猿楽，今様が流行する

(D)　伝統芸能や伝統音楽の海外公演が盛んに行われるようになる

(3)　この楽譜(スコア)の拍子と調性(ドイツ語)をそれぞれ答えなさい。

(4)　①に位置する「rubato」は，どのような意味か，説明しなさい。

(5)　　②　の部分を実音で記譜しなさい(調号，強弱記号等を含む。)。

(6)　　③　に該当する楽器名を日本語で答えなさい。

(7)　④（⁸-----），⑤（∨）の意味を答えなさい。

(8)　　⑥　の部分は，次の楽譜の　A　部分の反行形が用いられている。以下の＜作品名＞の(　　)にあてはまる語句を答え，さらに　A　に音符を入れ，楽譜を完成させなさい(　A　には同じ音程が入るが，音の長さが同じとは限らない。)。

＜作品名＞　　無伴奏ヴァイオリンのための「24の（　　）op.1」の24曲目

(9)　(8)の作品の作曲者は，ヴァイオリン奏者として有名であるが，この作曲者のように卓越した技術をもつ演奏家のことをイタリア語で何というか。カタカナで答えなさい。

(10)　(8)の主題を用いて，ピアノ曲を作曲し，(9)として絶大の人気を集めたハンガリーのピアニストの名前を答えなさい。

(11) (10)のピアニストが作曲した作品名または曲名を答えなさい。

(12) この楽譜(スコア)の曲の初めには,「Andante cantabile」と書かれている。「cantabile」は「歌うように」という意味だが,具体的にどのように演奏すればよいか説明しなさい。

(☆☆☆☆☆◎◎◎◎)

【4】次の楽譜について,以下の各問いに答えなさい。

(1) この曲をバロック(イギリス)式のアルトリコーダーとテノールリコーダーで演奏するとき,楽譜中のA,Bの音を実音とした時のそれぞれの指使いを次の図に書き入れなさい。○…開ける ●…閉じる ◑…サミング(少し開ける)

A アルトリコーダー

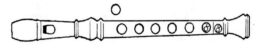

A テノールリコーダー

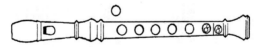

B アルトリコーダー

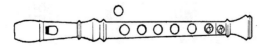

B　テノールリコーダー

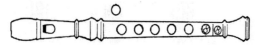

(2)　この曲をリコーダーとギターで演奏することにした。この曲は，二つのコードで演奏することができる。適切なダイヤグラムを次の(ア)〜(オ)から二つ選び，記号で答えなさい。また，それぞれのコードネームも併せて答えなさい。

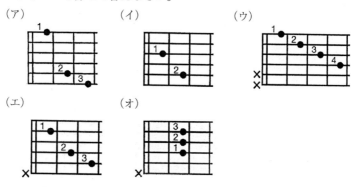

(3)　この曲は映画のテーマ曲で，ツィターという楽器で演奏されている。ツィターとして適切なものを，次の(ア)〜(エ)から一つ選び，記号で答えなさい。

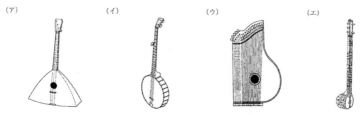

(4)　アルトリコーダーとギターの練習中に，生徒から次のような質問が出てきた。

生徒A〜Dに対してどのように説明をするか，指導のポイントも踏まえて簡潔に答えなさい。

生徒A「合奏していると，同じ音でも音が濁っている気がします。きれいにするためにはどうしたらいいですか？」

【　指導のポイント：　それぞれの楽器におけるチューニング　合奏をするための注意点　】

生徒B「ツイッターの参考演奏よりも自分たちの演奏は重い気がします。どうしたらいいですか？」

【　指導のポイント：　♪=♪♪ の記号の意味　リズム　】

生徒C「リコーダーで，高い音がきれいに鳴りません。どうしたらいいですか？」

【　指導のポイント：　サミング　息の入れ方　】

生徒D「この曲は，シャープがたくさんついていますが，半音高くするというのはどういう意味ですか？」

【　指導のポイント：　半音と全音　】

(☆☆☆○○○○)

解答・解説

【中学校】

【1】(1)　①，②，④　　(2)　①　ICT　　②　個別化　　③　個性化
(3)　②

〈解説〉(1)　公立学校の教員には地方公務員法が適用され，同法第6節でその服務について定められている。①は同法第30条で「すべて職員は，全体の奉仕者として公共の利益のために勤務し，且つ，職務の遂行に当つては，全力を挙げてこれに専念しなければならない」，②は同法第32条で「職員は，その職務を遂行するに当つて，法令，条例，地方公共団体の規則及び地方公共団体の機関の定める規程に従い，且つ，上司の職務上の命令に忠実に従わなければならない」，④は同法第34条第1項で「職員は，職務上知り得た秘密を漏らしてはならない。そ

の職を退いた後も，また，同様とする」とされている。　(2)　「『令和の日本型学校教育』の構築を目指して～全ての子供たちの可能性を引き出す，個別最適な学びと，協働的な学びの実現～(答申)」は，中央教育審議会が2021年1月26日答申したもので，「各学校においては，教科等の特質に応じ，地域・学校や児童生徒の実情を踏まえながら，授業の中で『個別最適な学び』の成果を『協働的な学び』に生かし，更にその成果を『個別最適な学び』に還元するなど，『個別最適な学び』と『協働的な学び』を一体的に充実し，『主体的・対話的で深い学び』の実現に向けた授業改善につなげていくことが必要である」としている。この答申を踏まえて2022年12月に出された中央協議会答申「『令和の日本型学校教育』を担う教師の養成・採用・研修等の在り方について～『新たな教師の学びの姿』の実現と，多様な専門性を有する質の高い教職員集団の形成～(答申)」も学習しておきたい。　(3)　中学校学習指導要領より，目標についての問いである。教科の目標，各学年の目標の文言は違いを整理して必ず覚えること。選択肢①は教科の目標，③と④は第2学年及び第3学年の目標である。

【２】(1)

(2)　①　ピッコロ　　②　オーボエ　　③　イングリッシュホルン
　　④　クラリネット　　⑤　テナーサックス

〈解説〉(1)　ホルン(inF)の実音は記譜音より完全5度低いので完全5度上げる必要がある。もとの楽譜がC durなので調号♯1つのG durで記譜する。　(2)　①　オーケストラスコアは普段から見慣れておくこと。上から木管楽器，金管楽器，打楽器群，弦楽器の順に音域の高い楽器から並んでいることが多い。移調楽器かそうでないか，また，楽器名は英語，イタリア語，ドイツ語，フランス語の表記をそれぞれ覚えておくこと。

【3】(1) ヴィヴァルディ　　(2) バロック(時代)　　(3) ① ○
② ×　③ ×　④ ○　⑤ ×　　(4) 記号…エ　意味…
速く　(5) リトルネッロ(形式)　(6) 名称…ソネット
(B) (イ)　(C) (ウ)　(D) (ア)　(7) ヴァイオリン　(8) 雷
鳴は突然現れる低音の連続した音で，急変した天気を表しています。
ヴァイオリンの速く跳躍的な旋律は稲妻をイメージさせるもので，交
互にかけあいながら緊迫感が増していきます。

〈解説〉(1)　この曲は，ヴィヴァルディ作曲の「和声と創意の試み」第1
集「四季」より「春」第1楽章である。　(2)　同世代の作曲家として，
バッハやヘンデルらがあげられる。　(3)　バロック時代は1600～1750
年頃とされている。②の多声音楽が発展したのはルネサンス期，③は
ヘンデルで1742年，⑤の能の大成は14世紀後半である。　(4)　四季は
教科書にも掲載され，問題としても頻出なので，スコアは確認し速度
記号だけでなく，曲の構成も理解しておくこと。　(5)　リトルネッロ
形式は，この楽曲によって出題されることが多いので，関連付けて学
習しておくこと。ソナタ形式，ロンド形式についても学習しておきた
い。　(6)　(A)は主題である。他の部分のソネットは次のようなもの
である。　(E)　嵐がやむと，小鳥はまた歌い始める。　(F)　黒雲と
稲妻が空を走り，雷鳴は春が来たことを告げる。　(7)　スコアをあわ
せて学習しておくこと。　(8)「低音の連続した音」や，「ヴァイオリ
ンの速く跳躍的な旋律」といった，音楽を想起させるキーワードを入
れること。

【4】(1)　①　同じ　　②　7　　③　pp　　④　ディミヌエンド
⑤　p　　(2)　①　1. 3段目または4段目を選択し，曲想と歌詞の関係
について考える。　　2. 表現したい尾瀬のイメージについてグルー
プで話し合い，イメージを生かした表現を工夫して歌唱する。
②　1.「水芭蕉の花」や「石楠花色」の空など表現したい風景の画像
を調べてイメージを共有する。　　2. グループで撮影・録音したも
のを自己の振り返りや他グループとの共有に使用する。

〈解説〉(1)　歌唱共通教材について，すべての曲の分析はこのように行っておきたい。楽譜と分析図の中の文脈をよく捉えて解答すること。(2)　学習指導要領解説に示されている，「夏の思い出」の指導のポイントをまず理解しておくこと。題材名と評価の観点にずれがないように，指導計画を考える。すべての歌唱共通教材について指導案を作成し，このような問題に慣れておきたい。

【5】A　ウード　　B　ハルモニウム　　C　モンゴル　　D　京劇
E　ズルナ
〈解説〉選択肢の中で正答に当てはまらなかったものについて，ガムランはインドネシアのバリ島の民族音楽で，金属製，木製の打楽器を用いて合奏する。ズルナは西アジア諸国の楽器でダブルリード型の木管楽器。タンソは韓国の竹製の縦笛。コラは西アフリカのリュート型の撥弦楽器，シタールは北インドの金属製の可動式のフレットがついた撥弦楽器である。民族音楽，楽器については，アジアのものを中心に，映像や音源をあわせて学習しておくこと。

【6】(1)　五音音階　　(2)　(C)　　(3)　音階…沖縄音階　　弦楽器…三線　　(4)　(エ)　　(5)　貝殻節　　(6)　図1は「谷茶前」で沖縄の民謡である。踊りを伴うためリズミカルで明るい曲調である。図2は「南部牛追唄」で母音を長く伸ばす旋律が特徴的であり，図1の曲と違い拍節感のない曲調である。　　(7)　産み字　　(8)　ウ
〈解説〉(1)　いずれもドからファと，ソからドの完全4度から成るテトラコードの中で，同じ規則性を持っている。　　(2)　(C)は民謡音階である。(A)は都節音階，(B)は律音階，(D)は沖縄音階である。　　(3)　三線は14～15世紀頃に中国から伝わったとされており，三味線の元となった楽器である。　　(4)　民謡には，仕事歌，祭り歌，座興歌などの様々な種類があるが，「南部牛追唄」や「草津節」は仕事歌に分類される。　　(5)「貝殻節」も仕事歌である。鳥取県の民謡なので，音源を確認しておくこと。　　(6)「八木節」に代表される，等間隔でリズムを

打つ民謡のことを「八木節様式」といい，「江差追分」などの拍節が
ほとんどなく声を長く伸ばして歌う民謡のことを「追分様式」という。
(7) 「産み字」は我が国の伝統音楽の特徴の一つであり，他にも「節回
し」や「コブシ」などがある。　(8)　学習指導要領解説には，示され
ているものに加え，「伝統的な歌唱における声や歌い方の特徴に興
味・関心をもつことができるように工夫すること」や「我が国や郷土
の伝統音楽のよさを味わい，愛着をもつことができるよう工夫するこ
と」が大切とされている。

【7】(1)　①　合方　　②　見得　　③　隈取　　④　黒御簾
　(2)　①　ア　世阿弥　　イ　足利義満　　②　ツヨ吟　　③　羽衣
　(3)　①　近松門左衛門　　②　3人遣い
〈解説〉(1)　歌舞伎の基本的な知識について問われている。正答に当て
はまらなかった選択肢の言葉について，「すっぽん」は妖怪や亡霊な
どの役が登場するときに用いられる小型のせり，「花道」は舞台の下
手(左側)から客席を貫くように伸びている通路，「長唄」は歌舞伎の演
出や伴奏として成立した三味線音楽，「六方」は手足の動きを誇張し
て歩いたり走ったりする様子を象徴的に表現した演出のことである。
(2)　①　能の歴史や奏法についての基本事項である。歌舞伎や文楽に
ついてもこの程度の知識については覚えておくこと。　②　地謡につ
いても確認しておくこと。　③「羽衣」は教科書教材として扱われる
ことも多いため，物語は理解しておくこと。歌舞伎，文楽の主な演目
についても同様である。　(3)　①　文楽の歴史と重要な人物，主な演
目の内容と見どころを理解しておきたい。　②　3人遣いでは，人形
のかしらと右手を遣う「主遣い」と，左手を遣う「左遣い」，足を遣
う「足遣い」の3人で1体の人形を遣っている。

【8】(1)　六段の調　　(2)　初段はゆっくりとした速度であるが，繰り
返されるテーマが段を追うごとに速度を増し，緊張感が高まっていく。
曲の最後は再び速度を緩め，一つの音色に収束していく。　(3)　序

破急

(4)　一をレ(二音)にした場合

(5)　奏法のない旋律とある旋律を聞き比べたり，引き色や後押しを演奏したりするなどして，奏法に注目して鑑賞する。　　(6)　(イ)，(ウ)　　(7)　合せ爪　　(8)　②　(エ)　　③　(ウ)　　(9)　唱歌　　(10)　三曲合奏

〈解説〉(1)　段物とは，歌のない箏の古典曲のことである。　(2)　単に徐々に速度が増すことだけではなく，終わりは緩やかになることも記述すること。　(3)　もともと雅楽や能などに用いられていた概念だが，箏や三味線の音楽にも用いられる言葉である。　(4)　平調子は必ず楽譜に書けるようにしておくこと。三味線の調弦についても同様である。(5)　奏法について，その音色と効果を感受できるように，どのように指導していくか日頃から考えておくこと。　(6)　生田流の座り方は，楽器に対して左斜め45度に座るとされている。山田流との違いを問われることもあるので理解しておくこと。　(7)　合せ爪は，記されている弦を，親指と中指で同時に弾く奏法である。奏法とその記譜法は学習しておくこと。　(8)　(ア)は「押し手」という奏法である。箏や三味線を五線譜に書き換えることができるようにしておきたい。

(9)　授業でも指導することになるので，箏，三味線など和楽器の唱歌は種類を学習しておきたい。　(10)　他の演奏形態として，箏だけの独立した音楽である「箏曲」や，地歌の伴奏などがあげられる。

【高等学校】

【1】(1)　①，②，④　　(2)　①　ICT　　②　個別化　　③　個性化
(3)　①　イメージ　　②　順次進行　　③　A　(エ)　　B　(オ)
④　(ア)　ポリフォニー　　(イ)　ホモフォニー
〈解説〉(1)　公立学校の教員には地方公務員法が適用され，同法第6節で

その服務について定められている。①は同法第30条で「すべて職員は，全体の奉仕者として公共の利益のために勤務し，且つ，職務の遂行に当つては，全力を挙げてこれに専念しなければならない」，②は同法第32条で「職員は，その職務を遂行するに当つて，法令，条例，地方公共団体の規則及び地方公共団体の機関の定める規程に従い，且つ，上司の職務上の命令に忠実に従わなければならない」，④は同法第34条第1項で「職員は，職務上知り得た秘密を漏らしてはならない。その職を退いた後も，また，同様とする」とされている。　(2)　「『令和の日本型学校教育』の構築を目指して～全ての子供たちの可能性を引き出す，個別最適な学びと，協働的な学びの実現～(答申)」は，中央教育審議会が2021年1月26日答申したもので，「各学校においては，教科等の特質に応じ，地域・学校や児童生徒の実情を踏まえながら，授業の中で『個別最適な学び』の成果を『協働的な学び』に生かし，更にその成果を『個別最適な学び』に還元するなど，『個別最適な学び』と『協働的な学び』を一体的に充実し，『主体的・対話的で深い学び』の実現に向けた授業改善につなげていくことが必要である」としている。この答申を踏まえて2022年12月に出された中央協議会答申「『令和の日本型学校教育』を担う教師の養成・採用・研修等の在り方について～『新たな教師の学びの姿』の実現と，多様な専門性を有する質の高い教職員集団の形成～(答申)」も学習しておきたい。

(3)　①　高等学校学習指導要領解説によると，次のように示されている。「創作の学習におけるイメージとは，心の中に思い描く全体的な印象であり，創作の活動の源となるものである。イメージは，詩や文章，絵画や写真，映像などから喚起されるもののみではなく，即興的に音を出しながら様々な音のつながり方や重なり方を試す中で喚起されるものもある。」　②　進行のうち，2度上か下に進むこと順次進行という。　③　Aに関連するものとして日本音楽の音階(民謡音階，都節音階，沖縄音階，律音階)，Bに関連するものとして教会旋法(イオニア旋法，ドリア旋法，フリギア旋法，リディア旋法，ミクソリディア旋法，エオニア旋法)は楽譜に書けるようにしておきたい。　④　ポリ

フォニー，モノフォニー，ホモフォニーは説明を記述できるようにし
ておくこと。

【2】(1)　作品名…オラトリオ「メサイア」　　作曲者名…G.F.ヘンデル
(2)　オペラ「リナルド」，管弦楽曲「水上の音楽」　　(3)　イギリス
(4)　英語　　(5)　D dur
(6)　調性…B dur

〈解説〉(1)　「ハレルヤ」は合唱で取り上げることもあるので，楽譜を確
認しておくこと。　　(2)　ヘンデルは，バロック時代後期を代表するド
イツ出身の作曲家であり，特にオペラとオラトリオで多くの作品を残
している。　　(3)　ヘンデルがイギリスに帰化したのは1724年，オラト
リオ「メサイア」を作曲したのは1742年とされている。　　(4)　歌詞は
聖書から引用されており，生誕から復活後までのものが時系列に沿っ
て記されている。　　(5)　ファとドに♯がついている長調である。
(6)　調号♭2つのB durに移調する。

【3】(1)　作品名…パガニーニの主題による狂詩曲(ラプソディ)イ短調作
品43より第18変奏　作曲者名…S.ラフマニノフ　　(2)　生誕何年…
(イ)　事柄…(A)　　(3)　拍子…4分の3拍子　　調性…Des dur
(4)　自由に加減して
(5)

(6)　ハープ　　(7)　④　1オクターブ高く　　⑤　上げ弓

(8)　作品名…奇想曲(カプリス)

(9)　ヴィルトゥオーソ　　(10)　F.リスト　　(11)　交響詩「前奏曲」，ピアノ曲「超絶技巧練習曲」　から1つ　　(12)　歩くような速さでゆったりと大らかになめらかに演奏する。

〈解説〉(1)　スコアから曲名を判断する問題である。よく知られる曲であるが，曲の冒頭ではないので難易度は高いといえる。日頃からさまざまなジャンルの曲をスコアもあわせて聴いておきたい。　(2)　ラフマニノフは1873年生まれで，生誕150年にあたる2023年は「ラフマニノフ・イヤー」とされている。日本音楽の事柄の選択肢の(A)は1870年，(B)は16世紀頃，(C)は平安末期から鎌倉時代である。　(3)　楽譜には拍子が記されていないが，1小節あたり4分音符が3つずつ入っているので，4分の3拍子とわかる。調号♭5つの長調なので，Des durである。(4)　楽語はスコアで見かけるものは調べ，意味を記述できるようにしておくこと。　(5)　②の楽器はF管のコールアングレ(イングリッシュホルン)である。実音は記譜音より完全5度低い。　(6)　オーケストラスコアの楽器の記譜の順番から，弦楽器群，管楽器群ではないことがわかる。　(7)　音楽用語だけでなく，奏法の指示記号についても学習しておくこと。1オクターブ低く指示する記号や，下げ弓の記号を確認しておくこと。　(8)　パガニーニの作品を変奏した楽曲は他にもあるので，確認しておきたい。　(9)　16世紀ごろから，芸術分野で用いられるようになった概念である。　(10)　リストは，その卓越した技術から，「ピアノの魔術師」とも呼ばれた。　(11)　「ハンガリー狂詩曲」「愛の夢」などが有名である。　(12)　Andanteのテンポを示す「ゆっくり歩くような速さで」という要素を記述しておきたい。

【４】(1)

A　アルト

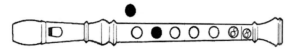

A　テノール

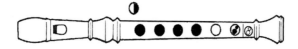

B　アルト

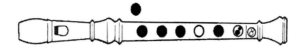

B　テノール

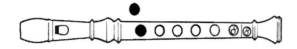

(2)　(ダイヤグラム／コードネームの順)　　(イ)／E_7　　(オ)／A
(3)　(ウ)　　(4)　A…ピアノなどで基準となる音を鳴らし, リコーダーは, 頭部管を抜いたり差し込んだりしてピッチを合わせ, ギターは, 各開放弦の音を合わせる。また, 演奏する時には, 自分の音だけではなくみんなの音をよく聴いて合わせるようにする。　B…♪♪＝♩♪の記号は, スウィング記号といい, 連なる2つの八分音符を均等に演奏するのではなく, 前半を長めに, 後半を短めにして, 少し揺れるようなリズムで演奏する。　　C…高い音をきれいに出すためには, サミングでつくるサムホールの隙間が広くなりすぎないように気を付ける。また, 「tyu」や「ti」といったタンギングを使い, スピードのある

息で吹くとよい。　　D…音の高さを階段に例えると，「ド」と「レ」の間と「ミ」と「ファ」の間の高さは違い，「ド」と「レ」に対して，「ミ」と「ファ」は半分の高さしかない。その2種類の高さを「全音」と「半音」と呼んで区別している。「ド」の「半音」上は，ド♯(レ♭)という音がある。その「半音」上が「レ」となる。

〈解説〉(1)　テノールリコーダーについて出題されることは少なく，演奏する機会も多いとはいえないので，確認しておくこと。ソプラノリコーダーと概ね同じ指使いであるが，バロック式であることに注意する。　　(2)　この曲は映画「第三の男」テーマ曲で，A durである。ⅠとⅤ7にあたる，AとE7のみで演奏可能である。正答以外の選択肢のコードは(ア)はG7，(ウ)はF♯M7，(エ)はCである。ギターの主なコードのダイヤグラムは覚えること。　　(3)　ツィターはフレットがついている5本のメロディー弦と30本以上の伴奏弦をもち，音域が6オクターブに及ぶ楽器である。　　(4)　A　リコーダーとギターのチューニング方法に加え，リコーダーなどは息使いの強さによっても多少ピッチが変動することから，アンサンブルにおいて音を聴くことを記すとよい。B　スウィング記号についての説明と演奏時の留意点を記すとよい。C　サミングでつくるサムホールの隙間は爪の白い部分程度でよく，タンギングも「t」の発音があるスピード感が出やすいものにすることを記述する。　　D　階段に例えたり，ピアノの鍵盤を示したりするなど，生徒がイメージしやすい方法で記述する。

2023年度　実施問題

【中学校】

【1】次の各問いに答えなさい。

(1) 次の文は，教育基本法第2条の条文である。条文中の(　①　)～(　④　)にあてはまる語句の組み合わせとして最も適切なものを，以下の(ア)～(カ)から一つ選び，記号で答えなさい。

> 第2条　教育は，その目的を実現するため，(　①　)を尊重しつつ，次に掲げる目標を達成するよう行われるものとする。
>
> 1　幅広い知識と教養を身に付け，真理を求める態度を養い，豊かな情操と(　②　)を培うとともに，健やかな身体を養うこと。
>
> 2　個人の価値を尊重して，その能力を伸ばし，(　③　)を培い，自主及び自律の精神を養うとともに，職業及び生活との関連を重視し，勤労を重んずる態度を養うこと。
>
> 3　正義と責任，男女の平等，自他の敬愛と協力を重んずるとともに，公共の精神に基づき，主体的に社会の形成に参画し，その発展に寄与する態度を養うこと。
>
> 4　生命を尊び，自然を大切にし，環境の保全に寄与する態度を養うこと。
>
> 5　伝統と文化を尊重し，それらをはぐくんできた我が国と郷土を愛するとともに，他国を尊重し，(　④　)の平和と発展に寄与する態度を養うこと。

	①	②	③	④
(ア)	学問の自由	道徳心	創造性	自国
(イ)	表現の自由	道徳心	社会性	自国
(ウ)	学問の自由	道徳心	創造性	国際社会
(エ)	表現の自由	奉仕の心	社会性	国際社会
(オ)	学問の自由	奉仕の心	社会性	自国
(カ)	表現の自由	奉仕の心	創造性	国際社会

(2)　次の文章は，令和元年10月25日付けの文部科学省初等中等教育局長通知である「不登校児童生徒への支援の在り方について」の一部である。(①)・(②)にあてはまる最も適切な語句を答えなさい。なお，同じ番号の(　)には，同じ語句が入るものとする。

> 1　不登校児童生徒への支援に対する基本的な考え方
>   (1)　支援の視点
>   不登校児童生徒への支援は，「学校に登校する」という結果のみを目標にするのではなく，児童生徒が自らの進路を主体的に捉えて，(①)的に自立することを目指す必要があること。また，児童生徒によっては，不登校の時期が休養や自分を見つめ直す等の(②)的な意味を持つことがある一方で，学業の遅れや進路選択上の不利益や(①)的自立へのリスクが存在することに留意すること。

(3)　次の文章は，「中学校学習指導要領(平成29年3月告示)」第2章　各教科　第5節　音楽　で示された「第2　各学年の目標及び内容〔第1学年〕2　内容　A　表現」の一部である。空欄(①)～(⑥)に入る最も適切な語句を答えなさい。なお，同じ番号の(　)には，同じ語句が入るものとする。

> A　表現
>   (1)　略
>   (2)　器楽の活動を通して，次の事項を身に付けることができるよう指導する。

> ア　器楽表現に関わる知識や技能を得たり生かしたりしな
> がら，器楽表現を(　①　)すること。
> イ　次の(ア)及び(イ)について理解すること。
> 　(ア)　曲想と(　②　)との関わり
> 　(イ)　楽器の(　③　)や響きと奏法との関わり
> ウ　次の(ア)及び(イ)の技能を身に付けること。
> 　(ア)　(　①　)を生かした表現で演奏するために必要な
> 　奏法，(　④　)などの技能
> 　(イ)　(　①　)を生かし，(　⑤　)や各声部の音などを聴
> 　きながら(　⑥　)と合わせて演奏する技能

(4)　次の文章は，「中学校学習指導要領(平成29年3月告示)」第2章　各
　教科　第5節　音楽　で示された「第3　指導計画の作成と内容の取
　扱い」の一部である。空欄(　①　)～(　⑤　)に入る最も適切な語
　句を答えなさい。

> 2　第2の内容の取扱いについては，次の事項に配慮するものと
> する。
> (1)　略
> (2)　各学年の「A表現」の(1)の歌唱の指導に当たっては，次
> のとおり取り扱うこと。
> 　ア　歌唱教材は，次に示すものを取り扱うこと。
> 　(ア)　我が国及び諸外国の様々な音楽のうち，指導のね
> らいに照らして適切で，生徒にとって(　①　)がもて
> たり意欲が高められたり，生活や社会において音楽
> が果たしている(　②　)が感じ取れたりできるもの。
> 　(イ)　民謡，(　③　)などの我が国の伝統的な歌唱のう
> ち，生徒や学校，(　④　)を考慮して，伝統的な声や
> 歌い方の特徴を感じ取れるもの。なお，これらを取
> り扱う際は，その表現活動を通して，生徒が我が国

48

や郷土の伝統音楽のよさを味わい，（　⑤　）をもつことができるよう工夫すること。

(☆☆☆◎◎◎◎)

【2】次の各問いに答えなさい。

(1)　次に示す教会旋法の名称を以下の(ア)～(エ)の中からそれぞれ一つずつ選び，記号で答えなさい。

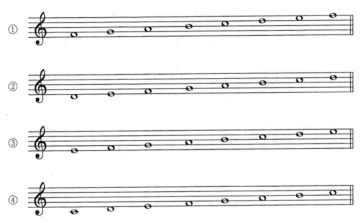

(ア)　ドリア旋法　　(イ)　フリギア旋法　　(ウ)　リディア旋法
(エ)　イオニア旋法

(2)　次の楽譜に示したものは，ある調の調号と主音である。調名を日本語音名でそれぞれ答えなさい。

(3)　次に示す和音の原形を，【例】にならい調号を用いて表しなさい。

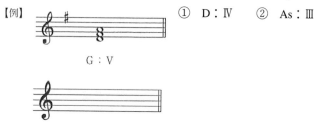

【例】　　　　　　　　　①　D：Ⅳ　　②　As：Ⅲ

G：Ⅴ

(☆☆◎◎◎◎)

【３】次の総譜は，「交響曲第5番　ハ短調」(ベートーヴェン作曲)の冒頭部分である。総譜を見て，以下の各問いに答えなさい。

(1) Clarinettoパート，Violeパートの1小節目から5小節目(5小節間)の
楽譜を書きなさい。(音楽記号も記入すること。)

Clarinetto

Viole

(2) Corno，Clarinoと表記される楽器を，次の(ア)～(エ)の中からそれぞれ一つずつ選び，記号で答えなさい。

（ア）

（イ）

（ウ）

（エ）

(3) 第1楽章に表記されている発想記号を(ア)～(エ)の中から一つ選び，記号で答えなさい。

(ア) Allegro ma non troppo　　(イ) Andante con moto

(ウ) Scherzo　　(エ) Allegro con brio

(4) この曲の第1楽章の形式名を答えなさい。また，その形式を説明した次の文章について，空欄(①)～(⑤)に入る最も適切な語句を答えなさい。

> ABA′の3部分からなり，Aを(①)，Bを(②)，A′を(③)と称する。Aの前に序奏，A′の後に(④)がつくこともある。主題は第1と第2の二つで，(⑤)性格を持つ。

(5) 「曲の構成に注目しながら，曲想の変化を味わおう」という題材名で，この総譜を教材として用いて鑑賞の授業を展開する場合，どのような学習活動が考えられるか書きなさい。

(6) ベートーヴェンは，「交響曲第5番 ハ短調」を作曲するにあたって，いくつか革新的手法を用いている。ベートーヴェンが工夫した点を，二つ説明しなさい。

(☆☆☆◎◎◎◎)

【4】 次の楽譜は,「エーデルワイス」の一部である。これをアルトリコーダーとギターでアンサンブルすることにした。以下の各問いに答えなさい。

(1) (A)～(D)で示した音について,アルトリコーダーの運指を【例】のように書きなさい。(アルトリコーダーはバロック式)

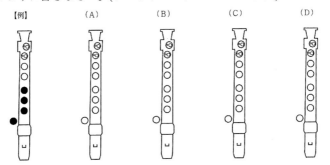

(2) (A)の音について,生徒から「音が高くてかすれてしまうが,どうしたら音がきれいに出るか」という質問があった。どのような助言を行うか書きなさい。

(3) ギターは,楽譜に示されたコードネームにしたがって伴奏を行う。次の①～④のコードネームをギターで演奏する場合,指の押さえ方はどのようになるか。以下に示した(ア)～(ク)のダイヤグラムからあてはまるものをそれぞれ一つずつ選び,記号で答えなさい。

① C   ② G   ③ G₇   ④ F

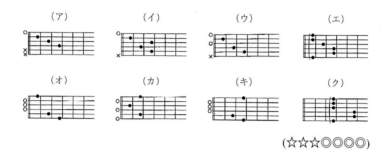

(ア)　(イ)　(ウ)　(エ)

(オ)　(カ)　(キ)　(ク)

(☆☆☆◎◎◎◎)

【5】雅楽「平調　越天楽」について，次の各問いに答えなさい。

(1)　次の空欄(①)～(⑤)にあてはまる最も適切な語句や数字をそれぞれ答えなさい。

> 　雅楽は，約(①)年の歴史をもつ日本の伝統芸能で，主に宮廷や寺社などの儀式の音楽として伝えられてきた。5～9世紀頃アジア各地から伝えられた音楽や舞を起源とする「(②)」と「管絃」，日本古来の歌や舞，さらに平安時代に日本でつくられた歌があり，10世紀頃に現在の形がほぼ完成した。「平調　越天楽」は，管楽器の(③)，打楽器の(④)，弦楽器の(⑤)で演奏する「管絃」の曲の一つである。

(2)　次の(A)～(E)は雅楽「平調　越天楽」の演奏で使われる楽器の一部である。楽器名をそれぞれ答えなさい。

(A)　(B)　(C)

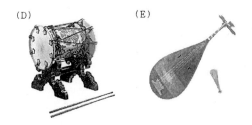

(D)　　　　　　(E)

(3)　雅楽「平調　越天楽」の指導にあたっては，上の(2)の問題にある
(B)の楽器で演奏する旋律を歌ったり唱えたりして，楽器の音色や
旋律の特徴を感じ取る活動が考えられる。このように楽器の奏法や
音の感じなどを言葉で表したものを何というか答えなさい。

(☆☆☆◎◎◎◎)

【6】世界の音楽について，次の各問いに答えなさい。

(1)　次の文章は，世界の諸民族の音楽について説明したものである。
空欄(　①　)〜(　⑥　)に入る最も適切な語句をそれぞれ答えなさ
い。

・(　①　)は，パキスタンなどに伝わる宗教的な歌である。伴奏に
は，ハルモニウム(小型のオルガン)，タブラーなどの太鼓，手拍
子が用いられ，速度の変化とともに音楽が盛り上がっていく。

・(　②　)は，インドネシアに伝わる金属製の打楽器を中心とした
合奏で，舞踊劇や人形劇の音楽としても演奏される。1オクター
ヴの中に五つの音をもつさまざまな「五音音階」が基本になって
いる。

・(　③　)は，モンゴルに伝わる民謡の一つである。長い間，遊牧
民の婚礼や祝い事，祭りの際に歌われてきた。拍のない音楽で，
コブシのような細かい節回しが特徴である。

・(　④　)は，歌によって歴史などを語り伝える西アフリカの音楽
家のことである。歌詞の内容は，歴史的な人物の物語や一族の系
譜などで，文字のなかった時代にはとても大きな役割を担ってい
た。

・(⑤)は，中国の伝統的な歌舞劇の一つで，「歌」「セリフ」「しぐさ」「立ち回り」の四つの要素が一体となってストーリーを展開していく。

・(⑥)は，スペインの南部にあるアンダルシア地方の音楽で，歌，踊り，ギターの掛け合いによって感情を激しく表現する。踊り手は，指を鳴らしたり，手拍子をしたり，足を踏み鳴らしたりしながら踊る。

(2) 箏曲「六段の調」を指導する際，箏の音色の特徴を感じ取らせるために，形の似た外国の弦楽器と箏で比較鑑賞をする活動が考えられる。次の文章は，その際に教材として取り上げる楽器の説明である。空欄(①)・(②)に入る最も適切な楽器名をそれぞれ答えなさい。

・(①)は，朝鮮半島に伝わる弦楽器の一つである。弦の数は12本で，右手の指先で弦をはじいて音を出す。左手で弦を揺らしたり押さえたりする奏法から生まれる，独特な旋律の動きが特徴である。

・(②)は，中国に古くから伝わる弦楽器の一つである。箏とは異なり，弦は7本で，柱を用いない。また，爪をはめずに，指先で弦をはじいて演奏する。4オクターヴにも及ぶ広い音域が特徴である。

(3) 西洋音楽史について，楽曲名と時代区分の組み合わせとして正しくないものを次の(ア)～(オ)の中から一つ選び，記号で答えなさい。

記号	楽曲名（作曲者名）	時代区分
(ア)	「アヴェ　マリア」（ジョスカン　デプレ）	バロック
(イ)	「レクイエム」（モーツァルト）	古典派
(ウ)	「泉の水を求める鹿のように」（パレストリーナ）	ルネサンス
(エ)	「トゥーランガリーラ交響曲」（メシアン）	現代
(オ)	「献呈」（シューマン）	ロマン派

(☆☆☆◎◎◎◎)

【7】 次の(A)～(E)の楽譜について，以下の各問いに答えなさい。

(A)

(B)

(C)

(D)

(E)

(1) (A)～(E)の作詞者と作曲者をそれぞれ答えなさい。

(2) (A)の曲について，楽譜部分の2番の歌詞を答えなさい。

(3) (B)の曲について，1番の楽譜部分下パートを五線譜に書き入れなさい。

(4) (C)の曲について，(　　　)内の最もふさわしい位置に，次の5つの記号をすべて書き入れなさい。

(5) (D)の曲の説明について，最もふさわしいものを次の(ア)～(エ)の中から一つ選び，記号で答えなさい。

(ア) 人の世の栄枯盛衰を歌いあげた曲である。

(イ) 滑らかによどみなく流れる旋律に始まり，春を待ちわびる気持ちを表している曲である。

(ウ) 夏の日の静寂な尾瀬沼の風物への追憶を表した叙情的な曲で

57

ある。

(エ)　春の隅田川の情景を優美に表した曲である。

(6)　次の会話文は，(E)の曲を教材としたある授業における一場面である。注目している「音楽を形づくっている要素」を四つ答えなさい。

教師：「音楽の特徴や感じ取ったことを発表してください。」

生徒：「波が打ち寄せるような感じがします。この曲は8分の6拍子なので，そのことが関係していると思います。」

教師：「8分の6拍子は，1小節の中に8分音符が六つ入りますが，三つのまとまりを一つととらえると，2拍子系の拍子になります。最初の1拍で波が寄ってくる感じ，次の1拍は波が去っていくような感じがしますね。」

生徒：「第1フレーズと第2フレーズが似ていて，第3フレーズは大きく変化します。第3フレーズは特に高い音も出てくるので，気持ちが高まるような気がします。」

教師：「この曲はaa´ba´の形でつくられています。第3フレーズだけが違うので，どのように工夫して歌うかによって，曲の雰囲気が変わりそうですね。」

生徒：「第3フレーズには𝒇があります。特に気持ちを込めて歌いたいと感じました。」

(☆☆☆○○○○)

【高等学校】

【1】次の各問いに答えなさい。

(1)　次の文は，学校教育法において「第6章　高等学校」にある条文の一部である。(出題の都合上，途中，省略した部分がある。)各条文中の(①)〜(④)にあてはまる語句の組み合わせとして，最も適切なものを以下の(ア)〜(ク)から一つ選び，記号で答えなさい。なお，同じ番号の(　)には，同じ語句が入るものとする。

> 第50条　高等学校は，中学校における教育の基礎の上に，心身の発達及び(①)に応じて，高度な普通教育及び専門教育を施すことを目的とする。
>
> 第51条　高等学校における教育は，前条に規定する目的を実現するため，次に掲げる目標を達成するよう行われるものとする。
>
> 1　義務教育として行われる普通教育の成果を更に発展拡充させて，豊かな人間性，(②)及び健やかな身体を養い，国家及び社会の形成者として必要な資質を養うこと。
>
> 2　社会において果たさなければならない使命の自覚に基づき，個性に応じて将来の(①)を決定させ，一般的な教養を高め，専門的な知識，技術及び技能を習得させること。
>
> 3　個性の確立に努めるとともに，社会について，広く深い理解と健全な(③)を養い，社会の発展に寄与する態度を養うこと。
>
> 第52条　高等学校の学科及び教育課程に関する事項は，(中略)，(④)が定める。

	①	②	③	④
(ア)	学力	自立性	批判力	文部科学大臣
(イ)	進路	創造性	批判力	教育長
(ウ)	学力	創造性	貢献力	文部科学大臣
(エ)	進路	自立性	貢献力	地方公共団体の長
(オ)	学力	自立性	貢献力	教育長
(カ)	進路	自立性	貢献力	文部科学大臣
(キ)	学力	創造性	批判力	地方公共団体の長
(ク)	進路	創造性	批判力	文部科学大臣

(2)　次の文章は，「高等学校学習指導要領(平成30年3月告示)」において「第1章　総則」に記載された，道徳教育に関する内容の一部である。(出題の都合上，途中，省略した部分がある。)(①)～(③)にあてはまる，最も適切な語句を答えなさい。なお，同じ番号の( )には，同じ語句が入るものとする。

第1款　高等学校教育の基本と教育課程の役割

　道徳教育や体験活動，多様な表現や鑑賞の活動等を通して，豊かな心や創造性の涵養を目指した教育の充実に努めること。

　学校における道徳教育は，（　①　）に関する教育を学校の教育活動全体を通じて行うことによりその充実を図るものとし，各教科に属する科目(以下「各教科・科目」という。)，総合的な探究の時間及び特別活動(以下「各教科・科目等」という。)のそれぞれの特質に応じて，適切な指導を行うこと。

　道徳教育は，教育基本法及び学校教育法に定められた教育の根本精神に基づき，生徒が自己探求と自己実現に努め国家・社会の一員としての自覚に基づき行為しうる発達の段階にあることを考慮し，（　①　）を考え，主体的な判断の下に行動し，自立した人間として他者と共によりよく生きるための基盤となる道徳性を養うことを目標とすること。

第7款　道徳教育に関する配慮事項

　道徳教育を進めるに当たっては，道徳教育の特質を踏まえ，第6款までに示す事項に加え，次の事項に配慮するものとする。
1　各学校においては，(中略)道徳教育の目標を踏まえ，道徳教育の全体計画を作成し，校長の方針の下に，道徳教育の推進を主に担当する教師(「（　②　）」という。)を中心に，全教師が協力して道徳教育を展開すること。なお，道徳教育の全体計画の作成に当たっては，生徒や学校の実態に応じ，指導の方針や重点を明らかにして，各教科・科目等との関係を明らかにすること。その際，公民科の「公共」及び「倫理」並びに（　③　）が，（　①　）に関する中核的な指導の場面であることに配慮すること。

(3)　次の文章は，「高等学校学習指導要領(平成30年3月告示)」で示された教科「芸術」の「音楽Ⅰ」の内容の取扱いの一部である。以下

の各問いに答えなさい。

3　内容の取扱い

(中略)

(9)　内容の「A表現」及び「B鑑賞」の教材については，学校や地域の実態等を考慮し，我が国や①郷土の伝統音楽を含む我が国及び諸外国の様々な音楽から幅広く扱うようにする。また，「B鑑賞」の教材については，②アジア地域の諸民族の音楽を含めて扱うようにする。

(10)　音楽活動を通して，それぞれの教材等に応じ，生徒が音や音楽と生活や社会との関わりを実感できるよう指導を工夫する。なお，適宜，(　③　)音や環境音などについても取り扱い，音環境への関心を高めることができるよう指導を工夫する。

(11)　自己や他者の著作物及びそれらの著作者の創造性を尊重する態度の形成を図るとともに，必要に応じて，④音楽に関する知的財産権について触れるようにする。また，こうした態度の形成が，音楽文化の継承，発展，創造を支えていることへの理解につながるよう配慮する。

---

①　下線部①について，鳥取県の民謡及び民俗芸能であるものを次の(ア)〜(コ)から全て選び，記号で答えなさい。

(ア)　木曽節　　　(イ)　因幡の傘踊り　　(ウ)　題目立

(エ)　安来節　　　(オ)　佐陀神能　　　　(カ)　麒麟獅子舞

(キ)　花笠音頭　　(ク)　エイサー　　　　(ケ)　こきりこ

(コ)　貝殻節

②　下線部②について，関係する用語を次の(ア)〜(ク)から全て選び，記号で答えなさい。

(ア)　ファド　　　　(イ)　アリラン　　　(ウ)　ケーナ

(エ)　シタール　　　(オ)　フォルクローレ　(カ)　ヨーデル

(キ)　バグパイプ　　(ク)　ケチャ

③　（　③　）に入る適切な語句を答えなさい。

④　下線部④について，次の(ア)〜(ウ)それぞれの場面で，著作者の許可が必要なものにA，許可が不要なものにB，を書きなさい。

(ア)　授業で使用するために，歌詞や楽譜をコピーする。

(イ)　入場無料で演奏者への報酬がなく，営利目的ではない演奏会において，曲を演奏する。

(ウ)　演奏会のプログラムに歌詞を掲載する。

(☆☆☆☆◎◎◎◎◎)

【２】次の各問いに答えなさい。

(1)　次の意味を表す用語をイタリア語(アルファベット表記)で書きなさい。

①　一つ一つの音をはっきりと　　②　中ぐらいの速さで

③　荘厳に　　　　　　　　　　　④　牧歌風に

⑤　表情豊かに

(2)　以下の音階を，全音符で五線譜上に書きなさい。

①　Fisを属音とする長音階(高音部譜表上に，調号を用いないで記入すること。)

②　Asを下属音とする旋律的短音階上行形(テノール譜表上に，調号を用いて記入すること。)

③　Cを主音とする全音音階(バイオリン譜表上に，調号を用いないで記入すること。)

④　Dから始まる律音階(バス譜表上に記入すること。)

(3)　次の(　　)にあてはまる調名を日本語で答えなさい。

①　ニ長調の平行調の同主調は(　　)である。

②　ヘ短調の第2音を主音とする長調の下属調の同主調は(　　)である。

③　(　　)の曲が，下属調に転調し，その後平行調に転調した結果，Cisを属音とする長調となった。

④　ホ短調の下属調の同主調は，(　　)の同主調と平行調の関係になっている。

(4)　次の和音について，コードネームを答えなさい。また，該当するギターのダイヤグラムを【選択肢】(ア)～(エ)からそれぞれ一つずつ選び，記号で答えなさい。

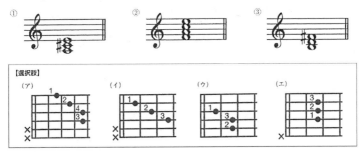

(5)　次の楽譜について，増4度上の調に移調して書きなさい。(高音部譜表上に，調号を用いないで記入すること。)

(☆☆☆◎◎◎)

【３】次の楽譜はある曲の一部である。次の各問いに答えなさい。

(1)　この曲はある作品の中の一曲である。この曲を含む作品名と作曲者名を答えなさい。

(2)　曲名と作曲者名を答えなさい。また，この部分を含む楽章は何形式で作曲されているか，答えなさい。

(3)　この曲を含むミュージカル作品名と，作曲者名を答えなさい。

(4)　曲名と作曲者名を答えなさい。

(5)　この曲はある作品の中の一曲である。この曲を含む作品名と作曲者名を答えなさい。

(6) この曲は，日本のある都道府県の民謡である。その都道府県名と曲名を答えなさい。また，この曲とは違い「はっきりとした拍節」，「歌詞の1音節に1音の旋律が多い」という特徴をもつ様式を何というか答えなさい。

かも　め－－　　　　－　－の－－－－－－－－－

(7) 曲名と作曲者名を答えなさい。また，この部分を独奏している楽器名を答えなさい。

(☆☆☆☆◎◎◎◎)

【４】次の楽譜について，以下の各問いに答えなさい。(楽譜には出題の
　　都合上，改めた個所がある。)

(1)　この楽譜は，「ロシアの踊りトレパック」の一部である。この曲
　　が含まれているバレエ組曲のタイトル，およびその作曲者名を答え
　　なさい。

(2) このバレエ組曲は全8曲から構成されているが,「ロシアの踊りトレパック」以外の曲から二つ選び曲名を答えなさい。

(3) この作曲者が作曲した他のバレエ作品名を一つ答えなさい。

(4) この楽譜の拍子と調性(ドイツ語)をそれぞれ答えなさい。

(5) ① ～ ③ に該当する楽器名を日本語(カタカナ)で答えなさい。

(6) ④ に該当する音部記号を記入しなさい。

(7) ⑤ の部分を実音で記譜しなさい。(調号,強弱記号も含む。)

(8) ⑥ の部分をテノール譜表上に記譜しなさい。(調号,強弱記号も含む。)

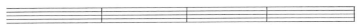

(9) ⑦ の部分は,オーボエ2ndとユニゾン(1オクターブ下)である。正しい音を書きいれ,楽譜を完成させなさい。

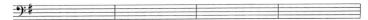

(10) ⑧に位置する「a2」はどのような意味か,説明しなさい。

(☆☆☆○○○)

【5】ギターと三味線の学習を終えた生徒が,それぞれの楽器の違いに着目をして次のようなレポートをまとめた。以下の問いに答えなさい。

【ギターと三味線の違いをまとめよう】

	ギター	三味線
歴史	・現在みられるクラシック・ギターは、19世紀末に（　①　）で開発され、タレガやセゴビアといった名演奏家によって、奏法が確立された。	・中国のサンシエン（三弦）が琉球で（　②　）となり、それが大坂（大阪）の堺に伝わって三味線へと変化した。
右手の奏法	・指またはピックで弾く。 ・指で弾く場合、アポヤンド奏法とアル・アイレ奏法がある。 ・左手でコードを押さえ、右手で何本かの弦を同時にかき鳴らす奏法を（　③　）という。	・（　④　）を持って弾く。
左手の奏法	・（　⑤　）のすぐ近くを押さえて音を変える。	・（　⑤　）がなく、糸を押さえるときの正しい位置である（　⑥　）を押さえて音を変える。 ・左手の指で糸をはじく（　⑦　）という奏法がある。 ・左手の指で糸を押さえたまま、棹に沿って擦り上げたり擦り下げたりして、音の高さを変化させる（　⑧　）という奏法がある。
調弦	・第1弦から第6弦までの開放弦の音が決まっている。移調して演奏するためには、（　⑨　）をつける。	・いっしょに演奏する楽器や声の高さに合わせて基準となる音を変える。 ・主な調弦法は（　⑩　）、二上り、三下りがある。

(1)　表の中の（　①　）から（　⑩　）に入る適切な語句を答えなさい。

(2)　授業中に生徒から以下のような質問が出てきた。

生徒A～Dに対してどのように説明をするか，指導のポイントも踏まえて簡潔に答えなさい。

①　生徒A「ギターアンサンブルで低音部を担当します。音をしっかり鳴らしたいときに，どの奏法を使ったらよいですか？」

【☝指導のポイント：右手の奏法名　その奏法の説明　】

②　生徒B「ギターでコードを押さえたときに，音がうまく鳴りません。」

【☝指導のポイント：左手の指の使い方　楽器の構造　】

③　生徒C「三味線でいつも『ビーン』という雑音が出ます。楽器が壊れているのではないでしょうか。」

【☝指導のポイント：三味線の構造　楽器特有の響き　】

④　生徒D「箏や三味線では，「ツンツンテーン…」や「テンテンチーン…」と歌いながら練習するのはなぜですか。」

【☝指導のポイント：日本音楽の伝承法　その特徴(長所)　】

(☆☆☆☆◎◎◎)

解答・解説

【中学校】

【1】(1) （ウ）　(2) ①　社会　②　積極　(3) ①　創意工夫　②　音楽の構造　③　音色　④身体の使い方　⑤　全体の響き　⑥　他者　(4) ①　親しみ　②　役割　③　長唄　④　地域の実態　⑤　愛着

〈解説〉(1)　教育基本法第2条の教育の目標の文言について，語句の穴埋め選択式の問題である。教育基本法の条文は理解しておくこと。

(2)　この通知について全文を確認しておくこと。1不登校児童生徒への支援に対する基本的な考え方(1)支援の視点の項目であるが，その他に(2)学校教育の意義・役割，(3)不登校の理由に応じた働き掛けや関わりの重要性，(4)家庭への支援の項目が示されている。これに続いて，2学校等の取組の充実と3教育委員会の取組の充実がまとめられている。　(3)　第1学年のA表現　器楽の内容について出題された。A表現の歌唱と創作，B鑑賞の内容についても学習しておくこと。また他学年の同項目についても，違いを理解した上で覚えておくこと。

(4)　指導計画の作成についての配慮事項は6項目，内容の取扱いについての配慮事項は10項目示されている。今回は内容の取扱いについての配慮事項の(2)から出題されたが，いずれも具体的で重要な内容なので，文言を覚えるだけでなく，深い理解が必要である。

【2】(1) ①　ウ　②　ア　③　イ　④　エ　(2) ①　変ロ短調　②　嬰ニ短調　③　ホ長調　④　変イ長調

(3) ①　②

〈解説〉(1)　ピアノの白鍵だけを使って，ドから始まるイオニア，レのドリア，ミのフリギア，ファのリディア，ソのミクソリディア，ラのエオリア，シのロクリアの7種類の旋法がある。　(2)　アルト譜表に

気を付けて主音をよむこと。 (3) ① 調号♯2つのニ長調の下属音を根音とするので長三和音でソ・シ・レ。 ② 調号♭4つの変イ長調の第3音を根音とするので，ド・ミ♭・ソで短三和音になる。

【3】(1)・Clarinettoパート

・Violeパート

(2) Corno…ウ Clarino…イ (3) エ (4) ソナタ形式 ① 提示部 ② 展開部 ③ 再現部 ④ コーダ ⑤ 対照的

(5) 冒頭24小節間に第1主題に示される4つの音符からなる動機(モティーフ)が何回繰り返されているかを聴き取ったり総譜で確認して，動機の繰り返し，積み重ねによって楽曲が構成されていることに気づかせる。 (6) ・チェロとコントラバスのパートを独立させた。

・第3楽章の最後にattaccaという指示をして第3楽章と第4楽章をつなげた。 ・第4楽章で，はじめてピッコロ，コントラファゴット，トロンボーンを導入し管楽器の編成を拡充させた。 ・第1楽章の第1主題に示される4つの音符からなる動機(モティーフ)が，全ての楽章において繰り返し登場し，作品全体を有機的に統合させた。 から二つ

〈解説〉(1) ベートーヴェンの交響曲第5番は，スコアを示した問題として頻出である。冒頭だけでなく他の楽章もスコアを必ず確認しておくこと。有名な動機の部分だが，クラリネットはB管なので，実音より2度上げて記譜すること。ヴィオラはアルト譜表で記譜すること。

(2) cornoはイタリア語でホルン。ベートーヴェンはトランペットをclarinoと表記していた。正答以外の選択肢について，(ア)はトロンボーン，(エ)はチューバである。オーケストラで使用される楽器の表記

について，イタリア語，英語，ドイツ語，フランス語それぞれ覚えておきたい。　(3)　この楽曲は4つの楽章から成り，第1楽章から，Allegro con brio，Andante con moto，Allegro. Atacca，Allegro-Prestoである。　(4)　ソナタ形式についての出題は頻出である。この曲を使用して出題されることが多い。提示部(第1主題・第2主題)，展開部，再現部(第1主題・第2主題)，コーダの調の関係も覚えておくこと。

(5)　この曲を題材にして，指導の方法などを問われる問題は頻出である。この曲を題材にした指導案はいくつかのパターンで書いてみること。　(6)　ベートーヴェンは新しい楽器を積極的に取り入れている。曲の理解がないと解けない問題なので，時代や作曲家の知識は蓄えておきたい。

【4】(1)　A　　　　B　　　　C　　　　D

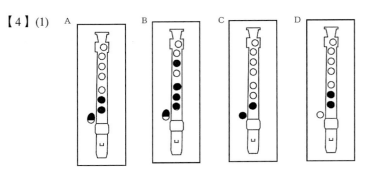

(2)　サムホールの隙間が広くなりすぎないように気を付け，タンギングを用いて，スピードのある息で吹くように助言する。

(3)　①　(ウ)　　②　(キ)　　③　(オ)　　④　(エ)

〈解説〉(1)　ソプラノ・アルトリコーダーの運指は演奏して必ず覚えておくこと。　(2)　これは生徒が陥りやすい奏法上の問題点である。授業でもアドバイスすることになるので，助言を想定しておくこと。

(3)　主なギターコードの押さえ方は覚えておくこと。ギターの開放弦は第6弦からミ・ラ・レ・ソ・シ・ミで，タブラチュア譜は第6弦を一番下に置いた形である。タブラチュア譜からコードを構成する音を読み取ってもよい。正答以外の選択肢について，(ア)はFM$_7$，(イ)はC$_7$，

(カ)はAM₇, (ク)はGmである。

【5】(1)　① 1300　② 舞楽　③ 吹物　④ 打物　⑤ 弾物　(2)　(A) 笙　(B) 篳篥　(C) 鉦鼓　(D) 鞨鼓　(E) 琵琶(楽琵琶)　(3) 唱歌(口唱歌)

〈解説〉(1)　①　701年，大宝令により雅楽寮が創設され，宮廷の音楽が取り仕切られた。舞楽と管弦，その中のさまざまなジャンルの起源と成り立ちなどを学習しておく。管絃の楽器，舞楽の装束についての問題も頻出である。　(2)　三管両絃三鼓と呼ばれる，吹物(笙・篳篥・横笛)，弾物(楽琵琶・楽箏)，打物(鞨鼓・太鼓・鉦鼓)が基本の編成となるので，役割と特徴を合わせて覚えること。映像などで形と音を合わせて確認できるとよい。　(3)　唱歌についての問題は頻出である。概念の説明だけでなく，それぞれの和楽器でどのような唱歌があてられて歌われているか，確認しておくこと。どの楽器の唱歌か判別できるようにしておきたい。

【6】(1)　① カッワーリー　② ガムラン　③ オルティンドー　④ グリオ　⑤ 京劇(ジンジュ)　⑥ フラメンコ　(2)　① カヤグム　② グーチン　(3)　(ア)

〈解説〉(1)　世界の民族芸能，楽器，歌謡については，映像を合わせて学習すると，音と形態，奏法なども理解できる。楽器の形態と分類は整理して覚えるとよい。各国で類似したもの，共通点のある芸能は関連付けて覚えること。　(2)　日本の箏と共通点のある楽器について，理解しておくこと。特にアジアの楽器は問題として頻出なので，演奏形態も把握しておきたい。　(3)　ジョスカン・デプレはルネサンス時代の作曲家である。

【7】(1)　(作詞者／作曲者の順)　A　土井晩翠／滝廉太郎　B　武島羽衣／滝廉太郎　C　江間章子／中田喜直　D　吉丸一昌／中田章　E　林古溪／成田為三　(2)　「秋陣営の霜の色　鳴き行く雁の数見

せて」

(3)

(4)

(5) （イ）　(6) リズム　旋律　強弱　形式

〈解説〉(1)　楽譜より，A「荒城の月」，B「花」，C「夏の思い出」，D「早春譜」，E「浜辺の歌」である。歌唱共通教材の作詞・作曲者名はすべて覚えること。　(2)「荒城の月」は栄枯盛衰を表した歌詞で，2番は1番と対になる形で秋の戦の様子を表す詞となっている。歌唱共通教材の歌詞はすべて覚えること。　(3)　歌唱共通教材は，歌唱し，旋律は楽譜に書けるようにしておくこと。　(4)　歌唱共通教材は，ピアノ伴奏を練習し弾き歌いができるようにし，アーティキュレーションは把握しておくこと。　(5)　(ア)はA，(ウ)はC，(エ)はBの説明である。文語体で書かれた歌詞については，意味も理解しておくこと。

(6)　生徒が話している，波の動きを表す8分の6拍子については「リズム」，フレーズの違いについては「旋律」，フォルテについては「強弱」，教師が話している形は「形式」，という音楽を形作っている要素と関係している。それぞれの歌唱共通教材について，中学校学習指導要領解説に，指導すべき音楽を形づくっている要素が示されているので，理解し指導につなげること。

【高等学校】

【1】(1)　(ク)　　(2)　①　人間としての在り方生き方　　②　道徳教育推進教師　　③　特別活動　　(3)　①　(イ)，(カ)，(コ)
②　(イ)，(エ)，(ク)　　③　自然　　④　(ア)　B　　(イ)　B
(ウ)　A

〈解説〉(1)　学校教育法について，第6章から語句の穴埋め選択式の問題である。この第6章は第50条から第62条まであるので，全文を確認し

ておくこと。　(2)　高等学校学習指導要領の総則からの出題である。鳥取県では，学習指導要領の教科の部分だけでなく，教育基本法，学校教育法，答申などからも出題がある。総則も全文を確認しておくこと。　(3)　①　正答以外の選択肢について，(ア)は長野県，(ウ)は奈良県，(エ)と(オ)は島根県，(キ)は山形県，(ク)は沖縄県，(ケ)は富山県である。　②　(ア)はポルトガルの民謡，(ウ)は南米ペルー発祥の縦笛，(オ)は中南米の民族音楽，(カ)はヨーロッパのアルプス地方の歌唱法，(キ)はスコットランドの民族楽器である。　③　音楽Ⅰの内容の取扱いは全部で11項目示されている。(10)は音環境についての記述であるが，他の項目についても理解しておくこと。　④　著作権についての問題は近年頻出しているので具体的に学習しておくこと。(ア)について，授業に利用するだけの限られた利用であれば許可は不要。(イ)について，来場者からの料金や演奏者への報酬がなく，営利目的でなければ許可は不要。(ウ)は，演奏会が(イ)のような著作権の許可を不要とする条件にあったものでないので許可を必要とする。

【2】(1)　①　marcato　　②　moderato　　③　maestoso
④　pastorale　　⑤　espressivo

(2)　①

(3)　①　ロ長調　　②　ハ短調　　③　嬰イ短調　　④　嬰ヘ長調
(4)　(コードネーム／ダイヤグラムの順)　①　A／(エ)　　②　FM₇／(イ)　　③　Bm／(ア)

(5)

〈解説〉(1)　楽語を原語で表記する問題である。意味や読み方を答える問題ではないので難易度は高いが，日頃から書くことを意識して学習しておくこと。　(2)　① Fisを属音とする長調なので，調号♯4つのH dur。　② Asを下属音とするので，調号♭6つのes moll。旋律的短音階なので第6音と第7音を半音上げる。　③ Cから全音のみで構成される音階。バイオリン譜表は高音部譜表と同様である。　④ 律音階，都節音階，沖縄音階，民謡音階の日本の音階4つは記譜できるようにしておくこと。　(3)　① ニ長調の平行調はロ短調で，その同主調なのでロ長調。　② ヘ短調の第2音を主音とする長調はト長調で，その下属調はハ長調，その同主調なのでハ短調。　③ Cisを属音とする長調は嬰ヘ長調，その平行調は嬰ニ短調で，それを下属調とするのは嬰イ短調である。　④ ホ短調の下属調はイ短調でその同主調はイ長調。イ長調の平行調は嬰ヘ短調なのでその同主調で嬰ヘ長調である。(4)　①はAを根音とする長三和音。②はFを根音とする長七の和音，③はBを根音とする短三和音。正答以外の選択肢(ウ)はEのダイアグラムである。　(5)　楽譜は変イ長調なので，増4度上げて調号♯2つのニ長調で記譜する。

【3】(1)　作品名…レクイエム　　作曲者名…G.フォーレ　　(2)　曲名…ピアノ・ソナタ第8番ハ短調作品13「悲愴」　　作曲者名…L.v.ベートーヴェン　　形式名…ソナタ形式　　(3)　作品名…レ・ミゼラブル　　作曲者名…C=M.シェーンベルク　　(4)　曲名…この道　　作曲者名…山田耕筰　　(5)　作品名…交響詩『魔法使いの弟子』　　作曲者名…P.デュカース　　(6)　都道府県名…北海道　　曲名…江差追分　　様式…八木節様式　　(7)　曲名…ラプソディ・イン・ブルー　　作曲者名…G.ガーシュイン　　独奏楽器名…クラリネット

〈解説〉(1)　第6曲「リベラ・メ」である。　(2)　第1楽章ソナタ形式の

第1主題である。　(3)　「民衆の歌」である。ミュージカルの主要な曲やオペラのアリアについても，幅広く音源を聴いておきたい。

(4)　日本歌曲について，多くの楽曲を聴き，スコアも確認しておくこと。　(5)　近現代の曲についても，スコアをあわせて幅広く曲を聴いておきたい。　(6)　「江差追分」は問題として頻出なので学習しておくこと。この曲は追分様式で，有拍の民謡は八木節様式と区分される。

(7)　楽器編成を確認するためにも，スコアをあわせて聴いておきたい。

【4】(1)　バレエ組曲名…くるみ割り人形　　作曲者名…P.I.チャイコフスキー　　(2)　小序曲，行進曲，金平糖の精の踊り，アラビアの踊り，中国の踊り，葦笛の踊り，花のワルツ　から2つ　　(3)　白鳥の湖(眠りの森の美女)　　(4)　拍子…4分の2拍子　　調性…G dur

(5)　①…イングリッシュホルン　　②…バスクラリネット　　③…タンブリン

(6)

(10)　2人で同じ音を演奏する。

〈解説〉(1)　「ロシアの踊りトレパック」はチャイコフスキー作曲バレエ組曲「くるみ割り人形」の第4曲に含まれている。　　(2)　第1曲「小序曲」，第2曲「行進曲」，第3曲「金平糖の精の踊り」，第5曲「アラビアの踊り」，第6曲「中国の踊り」，第7曲「葦笛の踊り」，第8曲「花のワルツ」の構成である。　　(3)　「くるみ割り人形」を含む「白鳥の湖」，

「眠れる森の美女」がチャイコフスキー作曲の3大バレエ音楽である。

(4) 実音表記の楽器の楽譜から判断できる。 (5) スコアの記載の順番を理解しておくこと。チャイコフスキーはバレエ音楽で様々な楽器を使用しているので，スコアを必ず確認しておくこと。「トレパック」はタンブリンが活躍する曲で有名である。 (6) ヴィオラのパート譜なので，アルト譜表となる。 (7) クラリネットはA管なので実音は記譜音より短3度下になる。 (8) テノール譜表は第4線が一点ハ音となる。 (9) オーボエとチェロは実音表記なので，オーボエの下パートを1オクターブ下げて記譜する。 (10) イタリア語「a due」で2つの楽器が同じ声部を一緒に演奏することを意味する。

【5】(1) ① スペイン ② 三線 ③ ストローク ④ ばち(撥) ⑤ フレット ⑥ 勘所 ⑦ ハジキ ⑧ スリ ⑨ カポタスト ⑩ 本調子 (2) ① 低音をしっかりとした音で鳴らしたいのなら，「アポヤンド奏法」がよい。アポヤンド奏法は，弦をはじいた指を隣の弦に当てて止めるため，しっかりとした音を出すことができる。 ② 弦を押さえている指が他の弦に当たって響きを止めてしまっているため，指を指板に対して垂直に立てて，フレットのすぐ近くを押さえる。 ③ 三味線には，「サワリ山」という部分があり，一の糸を弾くと，糸がサワリ山に触れて「ビーン」という三味線独特の響きが生まれる。この響きを「サワリ」といい，楽器が壊れているわけではない。 ④ 日本の伝統音楽では，音色や奏法，リズムや旋律のまとまりを記憶したり，伝達したりする際に「唱歌(しょうが)」が用いられる。歌うことにより，楽譜だけでは伝えられない微妙なニュアンスを伝えることができる。

〈解説〉(1) ギター，リコーダーだけでなく，和楽器の三味線，箏，尺八の歴史と特徴，奏法，調弦について学習しておくこと。和楽器の楽譜を読めるようにし，調弦は楽譜に書けるようにしておくこと。

(2) ① アポヤンドは弦を弾いた指が他の弦に当たって止まるように弾くので，指をしっかりとたてる必要があり，音がはっきりとする奏

法である。　②　音がうまく鳴らない原因は指が他の弦に当たっていることが多い。そのため指をたてて爪の付近でフレットに近いところを押さえることが必要になる。　③　一の糸がサワリ山に触れることによって糸が振動し，基音と同時にビーンという倍音が生じる。
④　日本伝統音楽は師匠と弟子が口伝によって楽曲の習得を行ってきた。唱歌を用いることで，楽譜には記譜できない曲の流れや息遣いなどを知ることができる。実際の授業で指導することを想定して，アドバイスができるように準備しておきたい。

2022年度　実施問題

【中高共通】

【1】次の(1), (2)の演奏を聴き，五線譜に書き取りなさい。各問いの前に主和音を1回弾き，1回目のみ1小節分カウントを入れてから演奏します。30秒の間を空けて5回繰り返します。(五線譜には，各問いに合った調号・拍子記号を記入すること。)

(1)　e moll(ホ短調)　4分の4拍子　8小節　旋律

(2)　F dur(ヘ長調)　8分の6拍子　8小節　旋律

(☆☆☆○○○○)

【中学校】

【1】次の各問いに答えなさい。

(1)　次の文は，教育基本法第4条の条文である。条文中の[　　]に入る共通の語句として適切なものを以下の(ア)～(オ)から一つ選び，記号で答えなさい。

第4条　すべて国民は，ひとしく，その能力に応じた教育を受ける機会を与えられなければならず，人種，信条，性別，

　　　社会的身分，経済的地位又は門地によって，教育上差別されない。

　2　[　　]は，障害のある者が，その障害の状態に応じ，十分な教育を受けられるよう，教育上必要な支援を講じなければならない。

　3　[　　]は，能力があるにもかかわらず，経済的理由によって修学が困難な者に対して，奨学の措置を講じなければならない。

　（ア）　国民　　　　　　　　　（イ）　教育委員会
　（ウ）　国及び地方公共団体　　（エ）　父母その他の保護者
　（オ）　教育長

(2)　次の文章が説明する制度の名称として，最も適切なものを答えなさい。

　　　平成16年に法制化され，その後，平成29年の法改正により，その設置が教育委員会の努力義務となっている。学校と地域住民等が力を合わせて学校の運営に取り組むことが可能となる「地域とともにある学校」への転換を図るための有効な仕組みである。

　　　学校運営に地域の声を積極的に生かし，地域と一体となって特色ある学校づくりを進めていくことができる。

　　　なお，法律に基づいて教育委員会が学校に設置するこの制度に関する機関には，主な役割として以下の3つがある。

　　○校長が作成する学校運営の基本方針を承認する。

　　○学校運営に関する意見を教育委員会又は校長に述べることができる。

　　○教職員の任用に関して，教育委員会規則に定める事項について，教育委員会に意見を述べることができる。

(3)　次の文章は，令和3年1月26日に中央教育審議会で取りまとめられ

た「『令和の日本型学校教育』の構築を目指して〜全ての子供たち
の可能性を引き出す，個別最適な学びと，協働的な学びの実現〜
(答申)」における「第Ⅱ部　各論」の「6. 遠隔・オンライン教育を
含むICTを活用した学びの在り方について」に記載された内容の一
部である。(　①　)〜(　④　)にあてはまる，最も適切な語句の組合
せを以下の(ア)〜(ク)から一つ選び，記号で答えなさい。

第Ⅱ部　各論

6. 遠隔・オンライン教育を含むICTを活用した学びの在
り方について

---

(1)　基本的な考え方

○　これからの学校教育を支える基盤的なツールとして，ICT
は必要不可欠なものであり，1人1台の端末環境を生かし，
端末を日常的に活用していく必要がある。また，ICTを利
用して(　①　)制約を緩和することによって，他の学校・
地域や海外との交流なども含め，今までできなかった学習
活動が可能となる。

○　学校教育におけるICTの活用に当たっては，新学習指導要
領の趣旨を踏まえ，各教科等において育成するべき資質・
能力等を把握し，心身に及ぼす影響にも留意しつつ，まず
はICTを日常的に活用できる環境を整え，児童生徒が
「(　②　)」として活用できるようにし，「主体的・対話的
で深い学び」の実現に向けた(　③　)に生かしていくこと
が重要である。

○　また，AI技術が高度に発達するSociety5.0時代にこそ，教
師による(　④　)や児童生徒同士による学び合い，地域社
会での多様な学習体験の重要性がより一層高まっていくも
のである。もとより，学校教育においては，教師が児童生
徒一人一人の日々の様子，体調や授業の理解度を直接に確
認・判断することで，児童生徒の理解を深めたり，生徒指

81

導を行ったりすることが重要であり，あわせて，児童生徒の怪我や病気，災害の発生等の不測のリスクに対する安全管理への対応にも万全を期す必要がある。

	①	②	③	④
（ア）	集団的・画一的	文房具	環境構築	オンライン授業
（イ）	集団的・画一的	教科書	環境構築	オンライン授業
（ウ）	集団的・画一的	文房具	環境構築	対面指導
（エ）	集団的・画一的	教科書	授業改善	対面指導
（オ）	空間的・時間的	文房具	授業改善	対面指導
（カ）	空間的・時間的	教科書	授業改善	対面指導
（キ）	空間的・時間的	文房具	授業改善	オンライン授業
（ク）	空間的・時間的	教科書	環境構築	オンライン授業

(4) 次の文章は，「中学校学習指導要領(平成29年3月告示)」第2章　各教科　第5節　音楽で示された「第1　目標」である。空欄(①)～(⑦)に入る最も適切な語句をそれぞれ答えなさい。

表現及び鑑賞の(①)を通して，音楽的な見方・考え方を働かせ，生活や社会の中の音や音楽，(②)と豊かに関わる資質・能力を次のとおり育成することを目指す。
(1) 曲想と音楽の構造や(③)などとの関わり及び音楽の(④)について理解するとともに，創意工夫を生かした音楽表現をするために必要な技能を身に付けるようにする。
(2) 音楽表現を創意工夫することや，音楽のよさや美しさを(⑤)聴くことができるようにする。
(3) 音楽活動の楽しさを体験することを通して，音楽を愛好する心情を育むとともに，音楽に対する(⑥)を豊かにし，音楽に親しんでいく(⑦)を養い，豊かな情操を培う。

(5)　次の文章は,「中学校学習指導要領(平成29年3月告示)」第2章　各教科　第5節　音楽で示された「第3　指導計画の作成と内容の取扱い」の一部である。空欄(　①　)～(　⑤　)に入る最も適切な語句をそれぞれ答えなさい。

1　指導計画の作成に当たっては,次の事項に配慮するものとする。
(1)　題材など内容や時間のまとまりを見通して,その中で育む資質・能力の育成に向けて,生徒の主体的・対話的で(　①　)の実現を図るようにすること。その際,音楽的な見方・考え方を働かせ,他者と(　②　)しながら,音楽表現を生み出したり音楽を聴いてそのよさや美しさなどを見いだしたりするなど,思考,(　③　)し,表現する一連の過程を大切にした学習の充実を図ること。
(中略)
(5)　障害のある生徒などについては,学習活動を行う場合に生じる(　④　)に応じた指導内容や指導方法の工夫を(　⑤　),組織的に行うこと。

(☆☆☆○○○○○)

【2】次の各問いに答えなさい。
(1)　次の①～⑤に示されている関係調(近親調)を,日本語音名でそれぞれ答えなさい。
①　ニ長調の属調
②　ト長調の下属調
③　変ホ長調の平行調
④　ト短調の同主調の平行調
⑤　ヘ短調の同主調の下属調
(2)　次の楽譜に示す①～⑤の2音間の音程を答えなさい。ただし,④・⑤は転回音程を答えなさい。

(☆☆○○○○○)

【３】「ブルタバ」(モルダウ)について，以下の(1)～(6)の各問いに答えな
さい。

(A)

(B)

(C)

(D)

(E)

(F)

(1)　この曲の作曲者名を答えなさい。

(2)　次の(ア)～(カ)は，作曲者自身による標題である。それぞれの標
　　題に対応した音楽を(A)～(F)からそれぞれ一つずつ選び，記号で答
　　えなさい。

　　(ア)　森の狩猟　　　　　　　(イ)　ブルタバの2つの源流

　　(ウ)　月の光，水の精の踊り　(エ)　ビシェフラトの動機

　　(オ)　農民の結婚式　　　　　(カ)　聖ヨハネの急流

(3)　ブルタバを表す旋律を，次の五線譜に書き入れなさい。

(4) この曲の説明について，空欄（ ① ）〜（ ⑤ ）に入る最も適切な語句をそれぞれ答えなさい。

> 作曲者が活躍していた当時，（ ① ）は現在のような独立国家ではなく，オーストリアの強い支配を受けていた。そのため，（ ① ）の人々は（ ② ）を話すことさえ禁じられていた。このような圧政下で，人々は「自分たちの言葉で話そう」「独立した国を作ろう」と強く願うようになっていった。作曲者はこうした願いを音楽に託し，連作交響詩「（ ③ ）」を作曲した。このように19世紀後半から20世紀にかけて，自分たちの国や民族に誇りを持ち，自国の文化や自然・伝説などを音楽に取り入れて作った作曲家の一派を（ ④ ）と称している。
> 　「（ ③ ）」は，毎年，作曲者の命日にあたる5月12日に開幕する「（ ⑤ ）音楽祭」において，国を代表する曲としてオープニングで演奏される。

(5) 次の表は，(4)④に関連した作曲家についてまとめたものである。（ a ）〜（ e ）に入る最もふさわしい語句を語群（ア）〜（コ）からそれぞれ一つずつ選び，記号で答えなさい。

国	作曲家	代表曲
チェコ	ドボルザーク	（ d ）
ロシア	（ a ）	ピアノ組曲「展覧会の絵」
フィンランド	（ b ）	交響詩「フィンランディア」
スペイン	ファリャ	（ e ）
ブラジル	（ c ）	「ブラジル風バッハ」

語群

(ア) 交響曲第2番「復活」　　(イ) 交響曲第9番「新世界より」

(ウ) バルトーク　　　　　　(エ) バレエ音楽「春の祭典」

(オ) ヴィラ＝ロボス　　　　(カ) ホルスト

(キ) ムソルグスキー　　　　(ク) バレエ音楽「三角帽子」

(ケ) シベリウス　　　　　　(コ) バレエ音楽「ボレロ」

(6) この曲が作曲されたころ，日本ではどのような出来事が起こっていたか。語群（ア）〜（オ）から最も近いものを一つ選び，記号で答え

なさい。

語群

(ア)　生類憐みの令が出される。

(イ)　杉田玄白・前野良沢らが「解体新書」を著す。

(ウ)　福沢諭吉の「学問のすゝめ」が刊行される。

(エ)　大日本帝国憲法が発布される。

(オ)　日露戦争がはじまる。

(☆☆☆○○○○○)

【4】次の文章は，ポピュラー音楽のジャンルについて説明したものである。空欄(　①　)〜(　⑥　)に入る最も適切な語句をそれぞれ答えなさい。

・(　①　)は，19世紀末にアメリカのニューオーリンズで生まれたとされる。即興演奏が特徴で，さまざまな演奏スタイルがみられる。ポピュラー音楽に多くの影響を与えている。

・(　②　)は，1960年代後半にジャマイカで生まれたポピュラー音楽で，リズムパターンに特徴がある。

・(　③　)は，1950年代にアメリカで生まれたロックンロールが原型で，若者向けの音楽として世界中に広まった。さまざまなスタイルが誕生したことも特徴である。

・(　④　)は，ブルースから発展した，ビート感の強い音楽で，1960年代以降にソウルへと発展した。

・(　⑤　)は，アコースティックギターを中心に，メッセージ性の強い歌詞を歌う。ボブ・ディランの作品は，同時代の若手シンガーに大きな影響を与えた。

・(　⑥　)は，もともとは1970年代後半，ニューヨークのアフリカ系アメリカ人たちによって生み出されたダンスミュージックで，音楽にとどまらないひとつの若者の文化として世界中に広まった。

(☆☆☆○○)

【5】和楽器について，次の(1)～(4)の各問いに答えなさい。

(1) 箏の調弦にはさまざまな種類があるが，最も基本的な調子である「平調子」を，一の糸をニ音として次の五線譜に書き入れなさい。

(2) 次の箏曲「六段の調」の楽譜に示された①～⑤の奏法について正しく説明しているものを以下の(ア)～(ク)からそれぞれ一つずつ選び，記号で答えなさい。

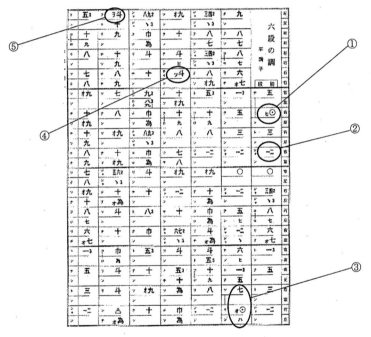

(ア) 人さし指で最初の音を弾き，次に中指で弾いたあと，親指で弾き止める奏法。

(イ) 右手で弾いたあと，左手で糸を押して音高を全音上げ下げする奏法。

(ウ) 右手で弾いたあと，左手で糸の張力を緩めて音高を半音程度

87

下げ上げする奏法。

(エ)　隣り合った2本の糸を，中指で手前にほぼ同時に弾く奏法。

(オ)　左手で糸を押して音高を半音上げる奏法。

(カ)　右手で弾いた直後，左手で瞬間的に突くように後押しをしてすぐ離す奏法。

(キ)　右手で弾いたあと，左手で糸を押して音高を全音上げる奏法。

(ク)　左手で糸を押して音高を全音上げる奏法。

(3)　次の楽譜は，三味線の演奏で用いる文化譜で書かれた楽曲である。曲名を答えなさい。また，楽譜上にある「ス」の奏法を答えなさい。(調弦は「二上がり」)

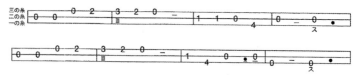

(4)　三味線の大きな特徴の一つで，上駒にのっていない一の糸を弾いたときに生まれる「ビーン」という独特な響きを何というか答えなさい。

(☆☆☆☆◎◎◎◎)

【6】次の楽譜は「大きな古時計」の一部である。これをギターでアンサンブルすることにした。以下の(1)～(3)の各問いに答えなさい。

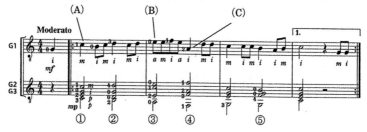

(1)　G1(ギター1)は旋律を担当する。(A)～(C)の第一ポジションにおける弦の番号をそれぞれ数字で答えなさい。

(2)　G2(ギター2)の演奏は，旋律だけでなく和音やアルペッジョを弾

くときに適した奏法を用いた。その奏法を何というか答えなさい。

(3) 生徒がアンサンブルしているとき，教師がギターのコード伴奏でリードすることにした。①～⑤のコードに対応したギターのコード・ダイアグラムを次の(ア)～(オ)からそれぞれ一つずつ選び，記号で答えなさい。

(☆☆☆◎◎◎)

【7】「歌舞伎」について，次の(1)～(4)の各問いに答えなさい。

(1) 「歌舞伎」の説明について，次の空欄(①)～(⑥)に入る最も適切な語句を答えなさい。

> 　歌舞伎は，音楽・舞踊・演技の要素を融合した日本の伝統的な演劇である。その起源は，1603年に京都で出雲の(①)が興行した「かぶき踊」だといわれている。現在では，雅楽や能楽，文楽などとともに「(②)遺産」に登録され，海外からも高い評価を受けている。
> 　歌舞伎では，あらゆる役柄を男性が演じる。男性役を演じる役者を(③)，女性役を演じる役者を(④)という。また，歌舞伎独特の演技で，役者の感情が頂点に達したとき，一瞬動きを止めて目をぐっと寄せて睨んでみせることを(⑤)という。(⑥)は，顔や手足に血管や筋肉などを誇張して描く歌舞伎独特の化粧法である。色にはそれぞれ意味があり，例えば赤色は勇気や正義，強さをもった役に用いられる。

(2) 次の図は，歌舞伎の舞台である。各部の名称について，空欄(①)～(③)に当てはまる最も適切な語句をそれぞれ答えなさい。

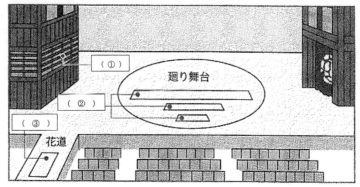

(3) 歌舞伎「勧進帳」の説明について，空欄(①)〜(④)に入る最も適切な語句を語群(ア)〜(キ)からそれぞれ一つずつ選び，記号で答えなさい。

> 　兄源頼朝と不仲になり，追われる身となった(①)は，家来たちとともに京都から奥州平泉の藤原氏のもとへ逃れようとしている。(②)と4人の家来(四天王)は山伏と呼ばれる修行僧に，(①)はその強力に変装している。一方，加賀国にある(③)の関所では，関守の(④)が3人の番卒とともに，一行を捕えようと待ち構えている。

語群

(ア) 亀井六郎　　　(イ) 富樫左衛門　　　(ウ) 逢坂

(エ) 武蔵坊弁慶　　(オ) 常陸坊海尊　　　(カ) 安宅

(キ) 源義経

(4) 歌舞伎「勧進帳」の鑑賞の指導にあたっては，実際に長唄を唄い，長唄の声の音色や節回しの特徴を感じ取る活動が考えられる。長唄において，節のまとまりの終わりの部分で用いられる唄い方のことを何というか答えなさい。

(☆☆☆◎◎◎)

【8】鳥取県出身の作曲家，岡野貞一が作曲した「ふるさと」について，次の(1)〜(4)の各問いに答えなさい。

(1) 作詞者はだれか答えなさい。

(2) 次の文章は，「中学校学習指導要領(平成29年3月告示)」第2章　第5節　音楽「第3　指導計画の作成と内容の取扱い」の一部である。ここには「ふるさと」を教材として選択しうる根拠が示されている。空欄(①)〜(④)に入る最も適切な語句をそれぞれ答えなさい。

> (2)　各学年の「A表現」の(1)の歌唱の指導に当たっては，次のとおり取り扱うこと。
> ア　歌唱教材は，次に示すものを取り扱うこと。
> (ア)・(イ)　中略
> (ウ)　我が国で長く歌われ親しまれている歌曲のうち，我が国の(①)や(②)の美しさを感じ取れるもの又は我が国の(③)や(④)のもつ美しさを味わえるもの。

(3) 次の楽譜は，「ふるさと」の旋律の一部である。旋律をソプラノが歌うこととして，コードネームにしたがい，アルトと男声パートを作り，混声三部合唱に編曲しなさい。また，(　　)に当てはまる3番の歌詞を書きなさい。

（　　　　　　　　　　　　　　）

（　　　　　　　　　　　　　　）

(4)　岡野貞一と同じく鳥取県出身の作曲家で，「大黒さま」「金太郎」
　　などを作曲した人物名を答えなさい。

（☆☆☆◎◎◎◎）

【高等学校】

【1】次の各問いに答えなさい。

(1)　次の文は，教育基本法第4条の条文である。条文中の[　　]に入る
　　共通の語句として適切なものを以下の(ア)～(オ)から一つ選び，記
　　号で答えなさい。

> 第4条　すべて国民は，ひとしく，その能力に応じた教育を受
> 　　ける機会を与えられなければならず，人種，信条，性別，
> 　　社会的身分，経済的地位又は門地によって，教育上差別さ
> 　　れない。
> 　2　[　　]は，障害のある者が，その障害の状態に応じ，十分
> 　　な教育を受けられるよう，教育上必要な支援を講じなけれ
> 　　ばならない。

3 [　　]は，能力があるにもかかわらず，経済的理由によっ
て修学が困難な者に対して，奨学の措置を講じなければな
らない。

(ア) 国民　　　　　　　　　(イ) 教育委員会
(ウ) 国及び地方公共団体　　(エ) 父母その他の保護者
(オ) 教育長

(2) 次の文章が説明する制度の名称として，最も適切なものを答えな
さい。

平成16年に法制化され，その後，平成29年の法改正により，
その設置が教育委員会の努力義務となっている。学校と地域
住民等が力を合わせて学校の運営に取り組むことが可能とな
る「地域とともにある学校」への転換を図るための有効な仕
組みである。
　学校運営に地域の声を積極的に生かし，地域と一体となっ
て特色ある学校づくりを進めていくことができる。
　なお，法律に基づいて教育委員会が学校に設置するこの制
度に関する機関には，主な役割として以下の3つがある。
○校長が作成する学校運営の基本方針を承認する。
○学校運営に関する意見を教育委員会又は校長に述べること
　ができる。
○教職員の任用に関して教育委員会規則に定める事項につい
　て，教育委員会に意見を述べることができる。

(3) 次の文章は，令和3年1月26日に中央教育審議会で取りまとめられ
た「『令和の日本型学校教育』の構築を目指して～全ての子供たち
の可能性を引き出す，個別最適な学びと，協働的な学びの実現～
(答申)」における「第Ⅱ部　各論」の「6.遠隔・オンライン教育を
含むICTを活用した学びの在り方について」に記載された内容の一
部である。(①)～(④)にあてはまる，最も適切な語句の組

合せを以下の(ア)〜(ク)から一つ選び，記号で答えなさい。

第Ⅱ部　各論

> 6. 遠隔・オンライン教育を含むICTを活用した学びの在
> り方について

(1) 基本的な考え方

○　これからの学校教育を支える基盤的なツールとして，ICT
は必要不可欠なものであり，1人1台の端末環境を生かし，
端末を日常的に活用していく必要がある。また，ICTを利
用して（　①　）制約を緩和することによって，他の学
校・地域や海外との交流なども含め，今までできなかった
学習活動が可能となる。

○　学校教育におけるICTの活用に当たっては，新学習指導要
領の趣旨を踏まえ，各教科等において育成するべき資質・
能力等を把握し，心身に及ぼす影響にも留意しつつ，まず
はICTを日常的に活用できる環境を整え，児童生徒が
「（　②　）」として活用できるようにし，「主体的・対話的
で深い学び」の実現に向けた（　③　）に生かしていくこと
が重要である。

○　また，AI技術が高度に発達するSociety5.0時代にこそ，教
師による（　④　）や児童生徒同士による学び合い，地域社
会での多様な学習体験の重要性がより一層高まっていくも
のである。もとより，学校教育においては，教師が児童生
徒一人一人の日々の様子，体調や授業の理解度を直接に確
認・判断することで，児童生徒の理解を深めたり，生徒指
導を行ったりすることが重要であり，あわせて，児童生徒
の怪我や病気，災害の発生等の不測のリスクに対する安全
管理への対応にも万全を期す必要がある。

---

	①	②	③	④
(ア)	集団的・画一的	文房具	環境構築	オンライン授業
(イ)	集団的・画一的	教科書	環境構築	オンライン授業
(ウ)	集団的・画一的	文房具	環境構築	対面指導
(エ)	集団的・画一的	教科書	授業改善	対面指導
(オ)	空間的・時間的	文房具	授業改善	対面指導
(カ)	空間的・時間的	教科書	授業改善	対面指導
(キ)	空間的・時間的	文房具	授業改善	オンライン授業
(ク)	空間的・時間的	教科書	環境構築	オンライン授業

(☆☆☆○○○○)

【2】次の文章は,「高等学校学習指導要領(平成30年3月告示)」で示された教科「芸術」のうち「音楽Ⅰ」の内容の一部である。(①)〜(⑫)に入る適切な語句をそれぞれ答えなさい。

　A　表現

　　表現に関する資質・能力を次のとおり育成する。

　(1)　歌唱

　　　歌唱に関する次の事項を身に付けることができるよう指導する。

　　ア　歌唱表現に関わる知識や技能を得たり生かしたりしながら,(①)をもって歌唱表現を(②)すること。

　　イ　次の(ア)から(ウ)までについて理解すること。

　　　(ア)　曲想と音楽の構造や(③),文化的・歴史的背景との関わり

　　　(イ)　(④)の特性と(⑤)発声との関わり

　　　(ウ)　様々な(⑥)による歌唱表現の特徴

　　ウ　(②)を生かした歌唱表現をするために必要な,次の(ア)から(ウ)までの技能を身に付けること。

　　　(ア)　(⑦)発声,(④)の発音,(⑧)の使い方などの技能

95

　　　　(イ)　他者との(　⑨　)を意識して歌う技能
　　　　(ウ)　(　⑥　)の特徴を生かして歌う技能
　(　中略　)
〔共通事項〕
　　　表現及び鑑賞の学習において共通に必要となる資質・能力
　　を次のとおり育成する。
　(1)　「A表現」及び「B鑑賞」の指導を通して，次の事項を身
　　に付けることができるよう指導する。
　　　ア　(　⑩　)や要素同士の関連を(　⑪　)し，それらの働き
　　　を(　⑫　)しながら，(　⑪　)したことと(　⑫　)したこ
　　　ととの関わりについて考えること。
　　　イ　(　⑩　)及び音楽に関する用語や記号などについて，
　　　音楽における働きと関わらせて理解すること。

(☆☆○○○○○)

【3】次の各問いに答えなさい。
　(1)　次の音楽用語の意味を答えなさい。
　　　①　cantabile　　　②　alla marcia　　　③　sempre　　　④　giocoso
　　　⑤　allargando　　　⑥　grave
　(2)　次の各譜表上には，ある調の音階各音が順不同に書かれている。
　　それぞれの調名をドイツ語で答えなさい。ただし短調の音階は和声
　　的短音階に限る。

　(3)　次の(　　　)にあてはまる調名を日本語で答えなさい。
　　　①　ト長調の下属調の平行調は(　　　)である。
　　　②　ニ長調の導音は(　　　)の下属音である。

③ (　　　)の属調の同主調はロ短調である。

④ 変ロ長調の下属音を根音とする長三和音は(　　　)の属和音である。

(4) 次の楽譜について，以下の各問いに答えなさい。

① 調名をドイツ語で答えなさい。

② 減五度上に移調して書きなさい。(アルト譜表上に調号を用いること。)

(5) 次の和音をコードネームで答えなさい。

(☆☆☆○○○○○)

【4】次の楽譜はある曲の一部である。以下の各問いに答えなさい。

(1) 曲名と作曲者名を答えなさい。

(2) 曲名と作曲者名を答えなさい。

(3)　曲名とこの曲を含むミュージカル作品名，作曲者名を答えなさい。

(4)　曲名と作曲者名を答えなさい。

(5)　この協奏曲の独奏楽器名と作曲者名を答えなさい。また，この作曲者の他の作品を1曲答えなさい。

(6)　曲名とどこの地域の民謡であるか都道府県名を答えなさい。

(☆☆☆○○○○○)

【5】次の楽譜について，以下の各問いに答えなさい。(楽譜には出題の
都合上，改めた個所がある。)

(1) この楽譜(スコア)は，あるオペラ作品の序曲の冒頭部分である。
このオペラ作品の題名とその作曲者名を答えなさい。

(2) この部分の調性を答えなさい。

(3) ┌─ A ─┐にあてはまる速度記号は，(ア)：Moderato　(イ)：Allegro
(ウ)：Adagio　のいずれか，記号で答えなさい。

(4) ┌─ B ─┐～┌─ D ─┐にあてはまる楽器名をアルファベットで答え
なさい。

(5) 2 Clarinetsはどの管を使用するように書かれているか，答えなさ

い。

(6) ＿＿E＿＿の部分を実音で書きなさい。(必要に応じて調号を用いること。強弱記号は書かなくてよい。)

(7) ＿＿F＿＿の部分を高音部譜表上に書きなさい。(必要に応じて調号を用いること。強弱記号は書かなくてよい。)

(8) このオペラ作品について説明した次の文章中の(①)～(⑦)に入る適切な語句を語群より選び，記号で答えなさい。

このオペラは，シカネーダーの台本に基づくセリフ入りの歌芝居の一形式である(①)で(②)語によって書かれている。2幕から成る物語は(③)を舞台に展開し，各登場人物の個性豊かな性格や場面が音楽に表現されている。

この作品のタイトルは，王子(④)が(⑤)から贈られた魔法の力を持つ楽器を表している。

序曲の構成は，ゆっくりした導入部を持った(⑥)形式によっている。楽器編成は古典的な(⑦)編成で，劇場音楽の通例としてトロンボーンが加えられている。その他，2本のクラリネットが附加的な楽器としてでなく，独自の地位で加えられていることは，当時としては一歩前進した取り扱い方である。

【語群】
(ア) インド　　　　　　(イ) 夜の女王
(ウ) ザラストロ　　　　(エ) ロンド
(オ) 2管　　　　　　　(カ) エジプト
(キ) 1管　　　　　　　(ク) リトルネッロ
(ケ) ジングシュピール　(コ) 日本
(サ) オペレッタ　　　　(シ) フランス
(ス) ドイツ　　　　　　(セ) タミーノ

(ソ) パミーナ 　　　(タ) ソナタ

(9) この作曲者により完成されたオペラ作品を次の(ア)〜(ク)から全
て選び，記号で答えなさい。

(ア) 椿姫　　　　　　　　(イ) コシ・ファン・トゥッテ

(ウ) トゥーランドット　　(エ) タンホイザー

(オ) ドン・ジョヴァンニ　(カ) カルメン

(キ) フィガロの結婚　　　(ク) セヴィリアの理髪師

(☆☆☆◎◎◎◎◎)

【6】次の文章を読んで，各問いに答えなさい。

　　次は「鹿の遠音」の楽譜である。原題は「呼返鹿遠音」といい，晩
秋のころ山奥で雌雄の鹿の呼び合う声が，谷にこだまし，風に揺れて
伝わる情景を模した曲といわれている。古典本曲の一つで，本曲には
珍しい，2本の(①)による掛け合いで演奏する(②)という形式
でできている。

　　次は(③)の楽譜であり，ムA　の部分は，(④)を表し，歌
口に強く息を吹きかけるなどし，楽音以外の音も出す技法である。
(①)の奏法は他にも，顎を引いて音を下げる(⑤)や首を緩やか
に振って音を上下させる(⑥)などがある。(①)は，奈良時代に
中国から雅楽の楽器として伝わったとされるなど諸説あるが，現在の
形は(⑦)時代の初めに成立した，禅宗の一派である(⑧)の法器
として，(⑨)たちが吹奏したものである。指孔は5つあるが，両手
の(⑩)指は，穴をふさがず，楽器を支えるために付けておく。
(①)を使用した楽曲として，(⑪)が作曲した(①)，
(⑫)，オーケストラによって編成される「ノヴェンバー・ステッ
プス」が挙げられる。

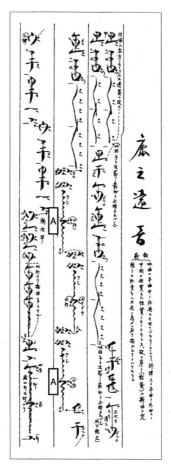

(1) (①)に入る楽器名を答えなさい。

(2) (②)に入る適切な語句を答えなさい。

(3) (③)に入る適切な語句を次の(ア)～(エ)から一つ選び，記号で
答えなさい。

　(ア) 生田流　　(イ) 琴古流　　(ウ) 都山流　　(エ) 山田流

(4) (④)～(⑥)に入る奏法を答えなさい。

(5) (⑦)に入る適切な語句を答えなさい。

(6) (⑧)に入る適切な語句を次の(ア)～(エ)から一つ選び，記号で
答えなさい。

(ア) 曹洞宗 　(イ) 天台宗 　(ウ) 臨済宗 　(エ) 普化宗

(7) (⑨)～(⑪)に入る適切な語句を答えなさい。

(8) (⑫)に入る和楽器名を答えなさい。

(☆☆☆☆◎◎◎)

【7】次の表は和楽器の楽曲とその楽曲の特徴について，簡潔にまとめた
ものである。(①)～(③)に入る適切な語句を答えなさい。

楽　曲	特　徴
箏曲「六段の調」	(①)が作曲した段物の一つ。六つの段からなる一種の変奏曲。曲が進むにつれテンポを次第に速くし，曲の結びの部分で急激にテンポを遅くする形で演奏される。
江戸祭囃子	江戸時代中期，香取明神で生まれた祭囃子がもととなったもの。東京をはじめ関東で広く演奏される。(②)，締太鼓，太鼓，当り鉦で演奏される。
チンチリレンの合方	長唄「京鹿子娘道成寺」の中の曲で，華やかな花笠をつけた踊りの後，踊り手が着替えのために退場したところで，(③)の華麗な技巧によって演奏される。

(☆☆☆◎◎◎)

解答・解説

【中高共通】

【1】(1)

(2)

〈解説〉鳥取県では旋律調音の問題が毎年出題される。過去問で傾向をチェックし，調号3つ程度までの問題の練習を重ねよう。1回目は各小節の1拍目の音を書き取る，2回目はリズムを踏まえて間を埋めていき，3回目までには臨時記号なども含め全体の音は聴き取っておきたい。4,5回目は確認にあてたい。

【中学校】

【１】(1)　（ウ）　(2)　学校運営協議会(制度)(コミュニティ・スクール)

(3)　（オ）　(4)　①　幅広い活動　②　音楽文化　③　背景
④　多様性　⑤　味わって　⑥　感性　⑦　態度

(5)　①　深い学び　②　協働　③　判断　④　困難さ
⑤　計画的

〈解説〉(1)　教育の機会均等を定めた教育基本法第4条からの出題。教育基本法は教育を受ける権利を国民に保障した日本国憲法に基づき，日本の公教育の在り方を全般的に規定する法律で1947年に制定され，制定後60年間の教育環境の変化を鑑みて2006年に改正されている。教育基本法制定の由来と目的を明らかにし，法の基調をなしている主義と理想とを宣言する前文と18の条文から構成されている。　(2)　学校運営協議会とは，保護者や地域住民などから構成されるものであり，学校運営の基本方針を承認したり，教育活動などについて意見を述べたりする取組を行う。学校運営協議会を設置している学校をコミュニティ・スクールと呼び，その根拠法が地方教育行政の組織及び運営に関する法律(地教行法)第47条の5である。　(3)　中央教育審議会「『令和の日本型学校教育』の構築を目指して〜全ての子供たちの可能性を引

き出す，個別最適な学びと，協働的な学びの実現～(答申)」(2021年1月26日)は，「各学校においては，教科等の特質に応じ，地域・学校や児童生徒の実情を踏まえながら，授業の中で『個別最適な学び』の成果を『協働的な学び』に生かし，更にその成果を『個別最適な学び』に還元するなど，『個別最適な学び』と『協働的な学び』を一体的に充実し，『主体的・対話的で深い学び』の実現に向けた授業改善につなげていくことが必要である」としている。その中にあるように，現在文部科学省は学校におけるICTの活用を推進しており，ICTを基盤とした先端技術や学習履歴などの教育ビッグデータの効果的な活用により，「誰一人取り残すことのない，公正に個別最適化された学び」の実現を目指している。なおSociety 5.0とは，サイバー空間(仮想空間)とフィジカル空間(現実空間)を高度に融合させたシステムにより，経済発展と社会的課題の解決を両立する，人間中心の社会(Society)のことで，2016年1月閣議決定された「第5期科学技術基本計画」において日本が目指すべき未来社会の姿として初めて提唱された概念である。

(4)　中学校学習指導要領の，目標に関する問題である。目標に関して，文言は必ず覚えておくこと。各学年の目標もあるので，整理して覚えること。　(5)　指導計画の作成と内容の取扱いに関する問題である。指導計画の作成にあたっての配慮事項は，設問であげられた(1)と(5)も含め，6つあげられている。内容の取扱いについての配慮事項は10項目あげられており，授業に直結する具体的で重要な項目なので理解を深めておきたい。

【2】(1)　①　イ長調　②　ハ長調　③　ハ短調　④　ホ短調
⑤　変ロ長調　(2)　①　完全4度　②　減6度　③　重減5度
④　短3度　⑤　長2度

〈解説〉(1)　①　属調とは，5度上の調でイ長調。　②　下属調とは，4度上の調でハ長調となる。　③　平行調なので調号が同じ♭3つのハ短調。　④　同主調はト長調で，その平行調はホ短調。　⑤　同主調はヘ長調で，その下属調は変ロ長調となる。　(2)　①　ミとラで完全

4度。　②　ソ(ダブルシャープ)とミで減6度。　③　ドとソ(ダブルフラット)で重減5度。　④　ラとファ♯で長6度。その転回音程なので短3度。　⑤　ドとシ♭で短7度。その転回音程なので長2度である。

【3】(1)　スメタナ　　(2)　(ア)　(D)　　(イ)　(F)　　(ウ)　(A)
(エ)　(B)　　(オ)　(C)　　(カ)　(E)
(3)

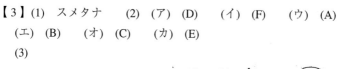

(4)　①　チェコ　　②　母語　　③　我が祖国　　④　国民楽派
⑤　プラハの春　　　(5)　a　キ　　b　ケ　　c　オ　　d　イ
e　ク　　(6)　(ウ)

〈解説〉(1)　スメタナはチェコの国民楽派の作曲家である。「ブルタバ」は連作交響詩「我が祖国」の第2曲である。　(2)　標題と旋律，また使用されている楽器も必ず理解しておくこと。教科書にも掲載されており，問題としても頻出である。　(3)　設問の(F)のあとにブルタバの旋律がでてくる。調はホ短調である。　(4)　国や民族の歴史と音楽史の関連を理解しておくこと。チェコだけでなく，ロシア，フランス，北欧についても学習しておくこと。　(5)　国民楽派についての問題は頻出である。代表する作曲家と作品は整理して覚えること。　(6)　解答参照

【4】①　ジャズ　　②　レゲエ　　③　ロック　　④　リズムアンドブルース　　⑤　フォークソング　　⑥　ヒップホップ
〈解説〉現代の音楽についても，幅広く学習しておきたい。基礎的な問題

で難易度はそれほど高くはないので，様々なジャンルについて，歴史と代表的な演奏家，特徴をまとめておきたい。

【5】(1)

(2)　①　（ウ）　　②　（エ）　　③　（イ）　　④　（カ）　　⑤　（オ）

(3)　曲名…「荒城の月」　　奏法…すくいばち(スクイ)　　(4)　サワリ

〈解説〉(1)　平調子の音は音程関係を覚えておくこと。一の糸の音が他の音になっても解答できるようにしておくこと。　(2)　それぞれの奏法の名前は，①引き色，②搔き爪，③後押し，④突き色，⑤弱押しである。　(3)　三味線の文化譜は，糸に見立てた3本の線上に，押さえる勘所の数字を記載したタブ譜のような形式のものである。二上がりで調弦されているので，一の糸がシなら，下からシ・ファ♯・シとなる。実際演奏して，勘所の位置と使う指，音程関係を理解しておきたい。スクイはばちを下から上にすくい上げて音を鳴らす奏法である。(4)　問題に示されている独特の響きは，糸が「サワリ山」という部分に軽く触れることで鳴るものである。

【6】(1)　(A)　2　　(B)　1　　(C)　3　　(2)　アルアイレ奏法

(3)　①　（エ）　　②　（オ）　　③　（ウ）　　④　（ア）　　⑤　（イ）

〈解説〉(1)　ギターの各弦の開放弦の音は，第6弦からミ・ラ・レ・ソ・シ・ミである。五線譜にフレットの番号が記されているので難易度は高くない。(A)は第2弦の1フレットを，(B)は第1弦の開放弦を，(C)は第3弦の2フレットをおさえる。　(2)　旋律など，音をしっかり鳴らすのに適している奏法はアポヤンド奏法という。ギター奏法の問題として頻出なのでセットで覚えること。　(3)　それぞれのコードは，①C，②G，③Am，④F，⑤G7である。

【7】(1)　① お国　② ユネスコ無形文化　③ 立役　④ 女方(女形)　⑤ 見得　⑥ 隈取　(2)　① 黒御簾　② せり　③ すっぽん　(3)　① (キ)　② (エ)　③ (カ)　④ (イ)　(4)　唄い尻(節尻)

〈解説〉(1)　歌舞伎の基礎知識についての語句穴埋め問題である。雅楽，能楽，文楽などについてもこの程度については学習しておくこと。(2)　歌舞伎では舞台構造の工夫も様々で，演出についての決まりもある。すっぽんや花道の役割を学習しておくこと。2021年度は能の舞台構造について出題されている。　(3)「勧進帳」については，あらすじの他に，勧進帳の読み上げや，飛び六方などの見どころも確認しておくこと。今年度は歌舞伎からの出題であったが，能や文楽についても主要な作品について，同様に学習しておくこと。　(4)　西洋の声楽とは違った，発声の仕方と歌唱技術があるので，生徒に違いを理解させたい。長唄だけでなく，常磐津，清元などそれぞれに節回しがあり，そのジャンルの特徴となっている。音源で確認しておきたい。

【8】(1)　高野辰之　(2)　① 自然　② 四季　③ 文化　④ 日本語

(3)

(4)　田村虎蔵

〈解説〉(1)　高野辰之と岡野貞一のコンビで作曲された曲には他に，「春がきた」「春の小川」「もみじ」「おぼろ月夜」等がある。高野辰之は長野県出身である。　(2)　歌唱共通教材8曲に関して，作詞作曲者名と歌詞はすべて覚えること。中学校学習指導要領解説には，それぞれの曲について，指導するポイントが示されているので必ず確認すること。　(3)　コードが示されているので使用する音を決めるのは容易である。コードの構成音を各パートに振り分ける形になるが，一つのパートに，不自然な音の跳躍がないように最後に確認すること。

(4)　郷土出身の音楽家について問われることがあるので，他の作曲家や演奏家についても確認しておくこと。

【高等学校】

【1】(1)　(ウ)　　(2)　学校運営協議会(制度)(コミュニティ・スクール)
(3)　(オ)

〈解説〉(1)　教育の機会均等を定めた教育基本法第4条からの出題。教育基本法は教育を受ける権利を国民に保障した日本国憲法に基づき，日本の公教育の在り方を全般的に規定する法律で1947年に制定され，制定後60年間の教育環境の変化を鑑みて2006年に改正されている。教育基本法制定の由来と目的を明らかにし，法の基調をなしている主義と理想とを宣言する前文と18の条文から構成されている。　(2)　学校運営協議会とは，保護者や地域住民などから構成されるものであり，学校運営の基本方針を承認したり，教育活動などについて意見を述べたりする取組を行う。学校運営協議会を設置している学校をコミュニティ・スクールと呼び，その根拠法が地方教育行政の組織及び運営に関する法律(地教行法)第47条の5である。　(3)　中央教育審議会「『令和の日本型学校教育』の構築を目指して〜全ての子供たちの可能性を引き出す，個別最適な学びと，協働的な学びの実現〜(答申)」(2021年1月26日)は，「各学校においては，教科等の特質に応じ，地域・学校や児童生徒の実情を踏まえながら，授業の中で『個別最適な学び』の成

果を『協働的な学び』に生かし，更にその成果を『個別最適な学び』に還元するなど，『個別最適な学び』と『協働的な学び』を一体的に充実し，『主体的・対話的で深い学び』の実現に向けた授業改善につなげていくことが必要である」としている。その中にあるように，現在文部科学省は学校におけるICTの活用を推進しており，ICTを基盤とした先端技術や学習履歴などの教育ビッグデータの効果的な活用により，「誰一人取り残すことのない，公正に個別最適化された学び」の実現を目指している。なおSociety 5.0とは，サイバー空間(仮想空間)とフィジカル空間(現実空間)を高度に融合させたシステムにより，経済発展と社会的課題の解決を両立する，人間中心の社会(Society)のことで，2016年1月閣議決定された「第5期科学技術基本計画」において日本が目指すべき未来社会の姿として初めて提唱された概念である。

【2】①　自己のイメージ　　②　創意工夫　　③　歌詞　　④　言葉　⑤　曲種に応じた　　⑥　表現形態　　⑦　曲にふさわしい　⑧　身体　　⑨　調和　　⑩　音楽を形づくっている要素　　⑪　知覚　　⑫　感受

〈解説〉高等学校学習指導要領の各学科に共通する各教科の芸術からの記述式の語句の穴埋め問題である。A表現の歌唱についての内容と，共通事項からの出題であった。他の項目についても文言は覚えること。

【3】(1)　①　歌うように　　②　行進曲風に　　③　常に　　④　おどけて愉快に　　⑤　強くしながらだんだん遅く　　⑥　重々しく緩やかに　　(2)　①　H dur　　②　f moll　　(3)　①　イ短調　②　嬰ト短調　　③　ホ長調　　④　変イ長調　　(4)　①　E dur　②

(5)　①　CM7　　②　F♯dim　　③　Gsus4

〈解説〉(1)　音楽用語の意味を答える問題である。難易度はそれほど高

くない。音楽用語は同類語，反対語など整理して覚えること。

(2)　①　調号が♯5つの調でH durかgis mollが考えられるが，gis moll
であればファが導音でダブルシャープになるはずなので当てはまらな
い。♯が4つ以下の短調についても，導音上がりのシャープを疑って
すべて確認すること。　②　シ・ラ・レに♭がついて，ミについてい
ないので，ミを導音上がりの♮と考え，f moll。　(3)　①　ト長調の下
属調はハ長調で，その平行調はイ短調。　②　ニ長調における導音は
ド♯。ド♯は嬰ト長調の下属音である。　③　ロ短調の同主調はロ長
調で，ロ長調が属調にあたるのはホ長調である。　④　変ロ長調の下
属音はミ♭である。これが根音となる長三和音はE♭(ミ♭・ソ・シ♭)
である。これが属和音となる調は変イ長調である。　(4)　①　ファ・
ド・ソ・レに♯が付いているので調号♯4つの調であるE durかcis moll
が考えられる。シに導音上がりの♯がないのでE dur。　②　Eの減5度
上なので，B durで記譜する。また，アルト譜表に記譜するよう指示が
あるため，ハ音記号を用いる。音高をオクターブ間違えないよう注意
すること。　(5)　①　ドから長三和音＋長3度でCM7。　②　ファ♯
が根音の短3度＋短3度の減三和音で，F♯dimである。　③　ソの音が
根音である長三和音のうち，第3音が完全4度上に上げられているので，
Gsus4である。

【4】(1)　曲名…ノクターン変ホ長調op.9-2　作曲者名…F.ショパン
(2)　曲名…管弦楽のための3つの交響的素描「海」　作曲者名…C.
ドビュッシー　(3)　曲名…Tonight(トゥナイト)　作品名…ウエス
ト・サイド物語　作曲者名…L.バーンスタイン　(4)　曲名…待ち
ぼうけ　作曲者名…山田耕筰　(5)　独奏楽器名…ヴァイオリン
作曲者名…F.メンデルスゾーン　他の作品名…無言歌集・真夏の夜
の夢　等　(6)　曲名…てぃんさぐぬ花　都道府県名…沖縄県
〈解説〉スコアを見て曲名を答える問題として，難易度はそれほど高くな
いが，ジャンルの幅がかなり広い。日頃から幅広く曲を聴き，スコア
もあわせて確認しておきたい。この形式の問題は毎年出題されている

ので，過去問をみて傾向を知り対策しておきたい。

【5】(1)オペラ作品名…魔笛　　作曲者名…W.A.モーツァルト
(2)　Es dur(変ホ長調)　　(3)　(ウ)　　(4)　B　Oboes　　C　Timpani
D　Viola　　(5)　B♭(変ロ)管
(6)

(7)

(8)　①　(ケ)　　②　(ス)　　③　(カ)　　④　(セ)　　⑤　(イ)
⑥　(タ)　　⑦　(オ)　　(9)　(イ)・(オ)・(キ)

〈解説〉(1)　主要なオペラの序曲について，スコアをあわせて聴いてお
くこと。序曲は展開が細かく，冒頭と中間からの曲調が変わるものが
多いので，全体を把握して聴いておくこと。　　(2)　シ・ミ・ラに♭で
調号♭3つのEs durかc mollが考えられる。最初の和音で長調とわかる。
(3)　この曲はAdagioで始まり，Allegroで第1主題があらわれる。
(4)　スコアは上から木管楽器・金管楽器・打楽器・弦楽器となってい
る。移調楽器かどうかも判断材料になる。楽器の表記について，ドイ
ツ語，イタリア語，フランス語，英語で覚えておくこと。　　(5)　この
曲はEs durだが，長2度あげてF durで記譜されているので，実音が記譜
音より長2度低いB♭管とわかる。(6)　トランペットE♭管の実音は記
譜音より短3度高い。短3度上げて，Es durで記譜する。　　(7)　ヴィオ
ラのパート譜はハ音記号で第3線上のドが，一点ハ音である。音高を
間違えないように記譜すること。　　(8)「魔笛」はドイツ語のジングシ
ュピールである。主要なオペラについては，あらすじや作品ができあ
がるまでの経緯，主要なアリア，登場人物の声種についても学習して
おきたい。魔笛については，ザラストロ…バス，夜の女王…ソプラノ，

タミーノ…テノール，パミーナ…ソプラノ，パパゲーノ…バスまたは
バリトン，パパゲーナ…ソプラノである。 (9) 正答以外の選択肢に
ついて，(ア)はG.ヴェルディ，(ウ)はG.プッチーニ，(エ)はR.ワーグナ
ー，(カ)はG.ビゼー，(ク)はG.ロッシーニのオペラである。

【6】(1) 尺八 (2) 吹合わせ (3) (イ) (4) ④ ムラ息
⑤ メリ ⑥ ユリ (5) 江戸 (6) (エ) (7) ⑨ 虚無僧
⑩ 中 ⑪ 武満徹 (8) 琵琶
〈解説〉(1) 「鹿の遠音」は尺八の代表的な楽曲である。他に尺八に関す
る問題では「巣鶴鈴慕」についても頻出である。 (2) 2管の尺八が
交互に演奏され，偶然的に不協和音程が奏でられたり，次第に掛合い
が切迫する様子が魅力とされている。 (3) 「鹿の遠音」は琴古流古典
本曲である。琴古流と都山流の楽譜は異なるので，いずれも確認して
おくこと。また，選択肢の生田流と山田流は箏の流派である。
(4) 奏法については記譜法とあわせて理解しておくこと。他に，顎を
前に出し，唇と歌口の距離を遠ざけることで音程をあげるカリという
奏法がある。 (5) 尺八だけでなく，三味線や箏など，伝来，発展し
た時代を整理して覚えておくこと。 (6) 尺八は虚無僧の法器で，普
化尺八といわれていた。15世紀頃〜江戸時代には虚無僧がお経を唱え
る代わりに尺八を吹いて各地を回ったとされている。 (7) 尺八の歴
史についての問題である。尺八に限らず，箏や三味線等についても学
習しておくこと。 (8) 「ノヴェンバー・ステップス」の初演はニュー
ヨーク・フィルハーモニックによるものであった。この曲に関する問
題は頻出なので，楽器編成は必ず覚えておくこと。

【7】① 八橋検校 ② 篠笛 ③ 三味線
〈解説〉和楽器の楽曲とその特徴についての問題である。他にも民謡等が
問われることもあるため，地域と特徴をまとめておきたい。各地の民
謡と祭りなど，教科書に掲載されているので確認しておくこと。

【中学校】

【1】次の(1), (2)の演奏を聴き，五線譜に書き取りなさい。各問いの前に主和音を1回弾き，1回目のみ1小節分カウントを入れてから演奏をします。30秒の間を空けて5回繰り返します。(五線譜には，各問いに合った調号・拍子記号を記入すること。)

(1)　G dur(ト長調)　4分の4拍子　8小節　旋律

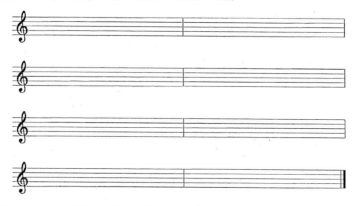

(2)　d moll(ニ短調)　8分の6拍子　8小節　旋律

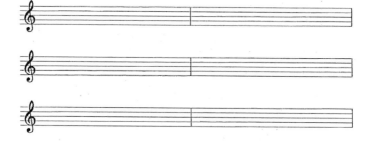

(☆☆☆☆○○○○○)

【2】次の各問いに答えなさい。

(1) 次の文は，教育公務員特例法に規定された条文である。条文中の空欄(①)・(②)にあてはまる最も適切な語句の組み合わせをア～カから一つ選び，記号で答えなさい。

> 第21条　教育公務員は，その職責を遂行するために，絶えず
> (①)と(②)に努めなければならない。

	①	②
ア	研修	修養
イ	研修	実践
ウ	研究	研鑽
エ	研究	修養
オ	教育	実践
カ	教育	研鑽

(2) 次の①～③の法令に規定されている条文を，ア～カからそれぞれ一つずつ選び，記号で答えなさい。

① 教育基本法　　② 学校教育法　　③ 地方公務員法

ア　第30条　すべて職員は，全体の奉仕者として公共の利益のために勤務し，且つ，職務の遂行に当つては，全力を挙げてこれに専念しなければならない。

イ　第7条　文部科学大臣は，教育職員の健康及び福祉の確保を図ることにより学校教育の水準の維持向上に資するため，教育職員が正規の勤務時間及びそれ以外の時間において行う業務の量の適

　　　切な管理その他教育職員の服務を監督する教育委員会が教育職員の健康及び福祉の確保を図るために講ずべき措置に関する指針(次項において単に「指針」という。)を定めるものとする。

ウ　第1条　教育は，人格の完成を目指し，平和で民主的な国家及び社会の形成者として必要な資質を備えた心身ともに健康な国民の育成を期して行われなければならない。

エ　第23条　公立の小学校等の教諭等の任命権者は，当該教諭等(臨時的に任用された者その他の政令で定める者を除く。)に対して，その採用(現に教諭等の職以外の職に任命されている者を教諭等の職に任命する場合を含む。附則第5条第1項において同じ。)の日から1年間の教諭又は保育教諭の職務の遂行に必要な事項に関する実践的な研修(以下「初任者研修」という。)を実施しなければならない。

オ　第66条　小学校は，当該小学校の教育活動その他の学校運営の状況について，自ら評価を行い，その結果を公表するものとする。
　　※第79条，第79条の8，第104条，第135条において，それぞれ中学校，義務教育学校，高等学校，特別支援学校に準用。

カ　第34条　小学校においては，文部科学大臣の検定を経た教科用図書又は文部科学省が著作の名義を有する教科用図書を使用しなければならない。
　　※第49条，第49条の8，第62条，第82条において，それぞれ中学校，義務教育学校，高等学校，特別支援学校に準用。

(3)　次の文章は，「中学校学習指導要領(平成29年3月告示)」第2章　各教科　第5節　音楽で示された「第2　各学年の目標と内容〔第2学年及び第3学年〕」の一部である。空欄(　①　)～(　⑫　)に入る最も適切な語句をそれぞれ答えなさい。

1 目標

(1) 曲想と音楽の構造や(①)などとの関わり及び音楽の(②)について理解するとともに，創意工夫を生かした音楽表現をするために必要な歌唱，器楽，(③)の技能を身に付けるようにする。

(2) 曲にふさわしい音楽表現を創意工夫することや，音楽を(④)しながらよさや美しさを味わって聴くことができるようにする。

(3) 主体的・(⑤)に表現及び鑑賞の学習に取り組み，音楽活動の(⑥)を体験することを通して，音楽文化に親しむとともに，音楽によって(⑦)を明るく豊かなものにし，音楽に(⑧)いく態度を養う。

2 内容〔共通事項〕

(1) 「A表現」及び「B鑑賞」の指導を通して，次の事項を身に付けることができるよう指導する。

ア (⑨)や要素同士の関連を(⑩)し，それらの働きが生み出す(⑪)や雰囲気を(⑫)しながら，(⑩)したことと(⑫)したこととの関わりについて考えること。

イ (⑨)及びそれらに関わる用語や記号などについて，音楽における働きと関わらせて理解すること。

(☆☆☆☆○○○)

【3】次の楽譜に示す①〜⑤の2音間の音程を答えなさい。ただし，④・⑤は転回音程を答えなさい。

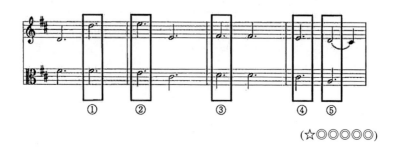

(☆○○○○○)

【４】次の(1)〜(3)の音を主音として，指定された音階を臨時記号を用い
て全音符で答えなさい。

(1)　長音階(上行形)

(2)　和声的短音階(上行形)

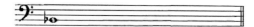

(3)　旋律的短音階(上行形及び下行形)

(☆○○○○○)

【５】次の楽譜を　(1)　低音部譜表　　(2)　アルト譜表　に短3度低く移
調しなさい。(調号も該当する調のものに変更すること。)

(1)　低音部譜表

(2) アルト譜表

(☆☆○○○○○)

【6】次の楽譜について，あとの(1)～(4)の各問いに答えなさい。

総譜

パート譜(ア)

パート譜(イ)

パート譜(ウ)

パート譜(エ)

(1)　この曲の組曲名と作曲者名を答えなさい。

(2)　この組曲の説明について，空欄(①)～(⑥)に入る最も適切な語句をそれぞれ答えなさい。

> 　1874年，前年に亡くなったロシアの建築家・画家(①)の遺作展覧会が開催された。その時の印象をもとに，親友であった作曲者が(②)のための組曲として作曲したのが，この曲である。その後さまざまな作曲家によってオーケストラに編曲されたが，フランスの作曲家(③)による編曲は，色彩感にあふれる響きや力強さなどに満ちている。
> 　組曲は全部で(④)曲からなり，冒頭の(⑤)が旋律の形や楽器を変えながら，曲と曲の間にいくつか挟み込まれて

いる。(⑤)は，フランス語で(⑥)の意味であり，絵から絵に移る作曲者の歩みや気分を表すとともに，曲と曲とを結びつけて，組曲全体にまとまりをもたせるはたらきをしている。

(3) (2)⑤に関して，総譜の冒頭トランペット(C)で奏される旋律(2小節間)の楽譜[(3)]を以下に記入しなさい。

(4) 次の絵のA～Dを表した曲をパート譜(ア)～(エ)の中からそれぞれ一つずつ選び，記号で答えなさい。

A

B

C

D

(☆☆☆◎◎◎◎)

【7】次の文章は，アジアの諸民族の音楽や楽器について説明したものである。空欄(①)～(⑥)に入る最も適切な語句をそれぞれ答えなさい。

・(①)は，朝鮮半島に伝わる管楽器の一つである。竹製で尺八(一尺八寸管)よりも細く短い形をしている。指孔は尺八と同じように，表側に4つ，裏側に1つある。チョンアクと呼ばれる古典音楽や民謡などの演奏に用いられる。

・(②)は，パキスタンなどに伝わる宗教的な歌で，ハルモニウムという小型のオルガンや，タブラーなどの太鼓，手拍子が伴奏に用いられる。速度の変化とともに音楽が盛り上がっていく。

・(③)は，インドネシアのバリ島に伝わる芸能である。元来は，踊り手をトランス状態に導くための宗教色の強い舞踊であったが，現在では「ラーマーヤナ」の物語を描く舞踊劇として構成されている。

・(④)は，モンゴルを代表する民謡の一種で，遊牧民の生活に密着した内容を歌っている。拍のない自由なリズムや，コブシのような細かい動きが特徴である。モリンホールという弦楽器などで伴奏をつけることもある。

・(⑤)は，インドネシアの打楽器で編成される合奏。15世紀回教時代に完成し種々のゴングや，ガンバンと呼ぶ木琴，鉄琴の類を多用し，縦笛なども加わる。

・(⑥)は，中国に古くから伝わる弦楽器の一つで，「古琴」と書き表される。箏と異なり，弦は7本で，柱を用いない。また，爪をはめずに，指先で弦をはじいて演奏をする。4オクターブにも及ぶ広い音域が特徴である。

(☆☆☆☆◎◎◎◎)

【8】日本伝統音楽の楽器について，次の(1)～(3)の各問いに答えなさい。

(1) 次の楽曲を箏で演奏する。以下の縦譜を完成させなさい。なお，調弦については平調子とし，第一弦をホ音とする。

(2)　三味線の調弦について①・②の名称をそれぞれ答えなさい。(実音は1オクターヴ下。)また，③は二上りの調弦を以下の五線譜に記入しなさい。(下記の①・②の楽譜にならって記入すること。また，実音より1オクターヴ上で記入すること。)

(3)　次の文章は，尺八の奏法について説明したものである。①～⑤の

説明にあてはまる奏法を，語群(ア)～(キ)の中からそれぞれ一つず
つ選び，記号で答えなさい。

① 顎を出して音高を上げる。

② 顎を引いて音高を下げる。

③ 一，二孔を交互に開閉する。

④ 閉じた指孔を徐々に開けて，音高を上げる。

⑤ 舌，または喉を震わせながら吹く。

語群 (ア) ユリ　　　(イ) カリ　　　(ウ) コロコロ

　　　(エ) ムラ息　　(オ) タマネ　　(カ) メリ

　　　(キ) スリ上げ

(☆☆☆○○○)

【9】次の楽譜について，以下の(1)～(3)の各問いに答えなさい。

(1) この曲の曲名を答えなさい。

(2) A～Dで示した音について，各リコーダーの運指を【例】のよう
　　に書きなさい。(アルトリコーダーはバロック式とする。)

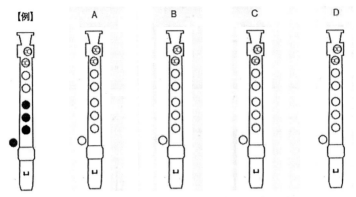

(3) ①～④に入る最も適切なコードの組み合わせを，次の(ア)～(エ)
の中から一つ選び，記号で答えなさい。

(ア) ①F→②G→③C♯m→④Dm

(イ) ①F→②Em7→③A7→④Dm

(ウ) ①B♭→②G→③A7→④Em7

(エ) ①Dm→②CM7→③F♯m→④B♭

(☆☆☆◎◎◎◎)

【10】「能」について，次の(1)～(5)の各問いに答えなさい。

(1) 室町時代，能を大成した親子の名前を答えなさい。

(2) 次の空欄(①)～(⑤)に入る最も適切な語句をそれぞれ答
えなさい。

> 能の音楽は，(①)と呼ばれる声楽の部分と(②)とい
> う器楽の部分からできている。(①)には登場人物のセリフ
> のように旋律がついていない(③)と，旋律がついている
> (④)がある。(②)は笛(能管)，(⑤)，大鼓，太鼓の
> 4種の楽器で演奏される。

(3) 能「羽衣」では，三保の松原に住む漁師の白竜と天人との対話で
物語が進行する。それぞれの役割を能の用語で答えなさい。

(4)　能の演技は，体の動きを様式化した「型」によって表現される。能「羽衣」の天人は，手で涙を押さえる様子を表す型で悲しみを表現するが，この型を何というのか答えなさい。

(5)　次の図は，能舞台を真上から見た図である。各部の名称について，空欄(　①　)・(　②　)に入る最も適切な語句をそれぞれ答えなさい。

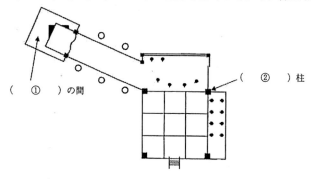

(　②　)柱

(　①　)の間

(☆☆☆☆◎◎◎◎)

【11】「浜辺の歌」について，次の(1)〜(5)の各問いに答えなさい。

(1)　作詞者，作曲者を答えなさい。また，作曲者は鈴木三重吉の唱導した童謡運動に参加して，曲付きの童謡第一号とされる童謡も作曲している。その曲名も答えなさい。

(2)　次の文章は，「中学校学習指導要領(平成29年告示)解説　音楽編」で示されている「浜辺の歌」の指導上の配慮事項である。空欄(　①　)〜(　④　)に入る最も適切な語句を，語群(ア)〜(キ)よりそれぞれ一つずつ選び，記号で答えなさい。

> 　浜辺の歌は，浜辺に打ち寄せる(　①　)の情景を表すような(　②　)に支えられた，叙情的な歌詞と旋律をもつ曲である。例えば，拍子や(　③　)が生み出す雰囲気，歌詞の内容と強弱との関係などを感じ取り，(　④　)のまとまりや形式などを意識して表現を工夫することなどを指導することが考えられる。

語群　　(ア)　風　　　　(イ)　伴奏　(ウ)　波　(エ)　独唱

(オ) フレーズ　　(カ) 速度　　(キ) 音階

(3) 次の楽譜の3段目の五線譜上に主旋律の音符と休符を，□には歌詞を書き，楽譜を完成させなさい。(ただしスラーは省いてよいものとする。)また，(①)〜(③)に該当する最も適切な音の強弱に関する記号をそれぞれ書きなさい。

(4) 冒頭の歌詞「あした　はまべをさまよえば」の「あした」とはどういう意味か答えなさい。

(5) この曲の形式を答えなさい。

(☆☆◎◎◎◎)

【高等学校】

【1】次の(1)，(2)の演奏を聴き，五線譜に書き取りなさい。各問いの前に主和音を1回弾き，1回目のみ1小節分カウントを入れてから演奏をします。30秒の間を空けて5回繰り返します。(五線譜には，各問いに合った調号・拍子記号を記入すること。)

(1)　G dur(ト長調)　4分の4拍子　8小節　旋律

(2)　d moll(ニ短調)　8分の6拍子　8小節　旋律

(☆☆☆☆○○○○○)

【２】次の各問いに答えなさい。

(1)　次の文は，教育公務員特例法に規定された条文である。条文中の
　　空欄(　①　)・(　②　)にあてはまる最も適切な語句の組み合わせ
　　をア～カから一つ選び，記号で答えなさい。

> 第21条　教育公務員は，その職責を遂行するために，絶えず
> 　　(　①　)と(　②　)に努めなければならない。

	①	②
ア	研修	修養
イ	研修	実践
ウ	研究	研鑽
エ	研究	修養
オ	教育	実践
カ	教育	研鑽

(2) 次の①～③の法令に規定されている条文を，ア～カからそれぞれ一つずつ選び，記号で答えなさい。

① 教育基本法　　② 学校教育法　　③ 地方公務員法

ア　第30条　すべて職員は，全体の奉仕者として公共の利益のために勤務し，且つ，職務の遂行に当つては，全力を挙げてこれに専念しなければならない。

イ　第7条　文部科学大臣は，教育職員の健康及び福祉の確保を図ることにより学校教育の水準の維持向上に資するため，教育職員が正規の勤務時間及びそれ以外の時間において行う業務の量の適切な管理その他教育職員の服務を監督する教育委員会が教育職員の健康及び福祉の確保を図るために講ずべき措置に関する指針(次項において単に「指針」という。)を定めるものとする。

ウ　第1条　教育は，人格の完成を目指し，平和で民主的な国家及び社会の形成者として必要な資質を備えた心身ともに健康な国民の育成を期して行われなければならない。

エ　第23条　公立の小学校等の教諭等の任命権者は，当該教諭等(臨時的に任用された者その他の政令で定める者を除く。)に対して，その採用(現に教諭等の職以外の職に任命されている者を教諭等の職に任命する場合を含む。附則第5条第1項において同じ。)の日から1年間の教諭又は保育教諭の職務の遂行に必要な事項に関する実践的な研修(以下「初任者研修」という。)を実施しなければな

らない。

オ　第66条　小学校は，当該小学校の教育活動その他の学校運営の状況について，自ら評価を行い，その結果を公表するものとする。

※第79条，第79条の8，第104条，第135条において，それぞれ中学校，義務教育学校，高等学校，特別支援学校に準用。

カ　第34条　小学校においては，文部科学大臣の検定を経た教科用図書又は文部科学省が著作の名義を有する教科用図書を使用しなければならない。

※第49条，第49条の8，第62条，第82条において，それぞれ中学校，義務教育学校，高等学校，特別支援学校に準用。

(3)　次の文章は，平成21年3月告示及び平成30年3月告示の「高等学校学習指導要領」で示された「芸術」の科目「音楽Ⅰ」の内容の一部である。（　①　）～（　⑫　）に入る適切な語句をそれぞれア～ウから一つずつ選び，記号で答えなさい。

【平成21年3月告示「音楽Ⅰ」】

1　目標

音楽の(　①　)を通して，生涯にわたり音楽を愛好する心情を育てるとともに，感性を高め，創造的な表現と鑑賞の能力を伸ばし，(　②　)についての理解を深める。

3　内容の取扱い　※一部抜粋

(1)　内容のA及びBの指導に当たっては，(　③　)との関連を十分に考慮し，それぞれ特定の活動のみに偏らないようにするとともに，A及びB相互の関連を図るものとする。

(4)　内容のAの指導に当たっては，我が国の伝統的な歌唱及び(　④　)を含めて扱うようにする。また，内容のBのエとの関連を図るよう配慮するものとする。

(6)　内容のBの指導に当たっては，楽曲や演奏について根拠をもって(　⑤　)活動などを取り入れるようにする。

(7)　内容のA及びBの教材については，地域や学校の(　⑥　)等を考慮し，我が国や郷土の伝統音楽を含む我が国及び諸

> 外国の様々な音楽から幅広く扱うようにする。また，Bの教
> 材については，（　⑦　）の音楽を含めて扱うようにする。

【平成30年3月告示「音楽Ⅰ」】

1　目標
　音楽の（　①　）を通して，音楽的な（　⑧　）を働かせ，生活
や社会の中の音や音楽，（　②　）と幅広く関わる資質・能力を
次のとおり育成することを目指す。

(1)　曲想と（　⑨　）や文化的・歴史的背景などとの関わり及び
　　（　⑩　）について理解するとともに，創意工夫を生かした音
　　楽表現をするために必要な技能を身に付けるようにする。

(2)　（　⑪　）をもって音楽表現を創意工夫することや，音楽を
　　評価しながらよさや美しさを自ら味わって聴くことができ
　　るようにする。

(3)　主体的・（　⑫　）に音楽の（　①　）に取り組み，生涯にわ
　　たり音楽を愛好する心情を育むとともに，感性を高め，
　　（　②　）に親しみ，音楽によって生活や社会を明るく豊かな
　　ものにしていく態度を養う。

---

①　ア　幅広い活動　　　　イ　専門的な実践
　　ウ　諸活動
②　ア　音楽文化　　　　　イ　幅広い芸術性
　　ウ　様々な音素材
③　ア　地域社会　　　　　イ　中学校音楽科
　　ウ　歌唱分野と器楽分野
④　ア　雅楽　　　　　　　イ　芸能
　　ウ　和楽器
⑤　ア　評価する　　　　　イ　批評する
　　ウ　討論する
⑥　ア　環境　　　　　　　イ　行事

　　　　ウ　実態

⑦　ア　アジア地域の諸民族　　イ　ヨーロッパ各国
　　　ウ　地方自治体

⑧　ア　知見　　　　　　　　　イ　基礎知識
　　　ウ　見方・考え方

⑨　ア　表現形態　　　　　　　イ　音楽の構造
　　　ウ　音楽を形づくる諸要素

⑩　ア　音楽の多様性　　　　　イ　音楽的価値
　　　ウ　アナリーゼ

⑪　ア　豊かな個性　　　　　　イ　確かな技術
　　　ウ　自己のイメージ

⑫　ア　積極的　　　　　　　　イ　協働的
　　　ウ　総合的

（☆☆☆☆○○○）

【３】次の各問いに答えなさい。

(1)　次の音楽用語の意味を答えなさい。

①　appassionato　　②　tempo Ⅰ　　③　poco a poco

④　leggiero　　　　⑤　meno mosso

(2)　次の文中の下線部分について，正しいものには「○」を，誤りの
　　あるものには正しい語句を答えなさい。

①　「andante」は「andantino」より遅いテンポで演奏される。

②　フルートは，金管楽器である。

③　ロンド形式は，主に「提示部」「展開部」「再現部」の3つの部
　　分から構成される。

④　モンゴルで発展した，一人が同時に2種類の声を出す歌唱法を，
　　ヨーデルという。

⑤　学校の授業で作曲した作品には，著作権がある。

（☆☆○○○○○）

【4】次の各問いに答えなさい。

(1) 次の2音間の音程をそれぞれ答えなさい。

(2) 次の調の音階を全音符で書きなさい。

① Disを導音とする長音階　上行形(高音部譜表上に調号を用いないで記入すること。)

上行形

② Fisを中音とする和声的短音階　上行形(アルト譜表上に調号を用いて記入すること。)

上行形

(3) 次の調名をドイツ語で答えなさい。

① H durの属調

② e mollの平行調の下属調

③ f mollの音階の第4音を属音とする長調の同主調

(4) 次の和音をコードネームで答えなさい。

(☆☆○○○○○)

【5】下の楽譜はある曲の一部である。次の各問いに答えなさい。

(1) 曲名と作曲者名を答えなさい。

(2) この曲を含むミュージカル作品名と作曲者名を答えなさい。

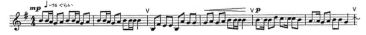

(3)　曲名と作曲者名を答えなさい。

(4)　曲名と作曲者名を答えなさい。

(5)　この部分の独奏楽器名と作曲者名を答えなさい。

(☆☆☆☆◎◎◎◎)

【6】下の各問いに答えなさい。

(1)　上の曲の曲名を答えなさい。

(2)　上の曲の冒頭に書かれている音楽用語を次のア～オから一つ選び，記号で答えなさい。

ア　Largo　　イ　Andantino　　ウ　Moderato　　エ　Allegro

オ　Vivace

(3)　上の曲の[　　]の部分にあてはまる旋律を書きなさい。なお以下

にはその一部を示しているので，続きを書くこと。

(4) 次の楽譜は，上の曲のピアノ伴奏譜である。ピアノの低音部譜表はある舞曲の特徴的なリズムである。この舞曲の名称を答えなさい。

(5) 次の文章の(①)～(⑤)に入る適切な語句を答えなさい。

　　この曲は，(①)のナポリ民謡や，(①)語で歌われるポピュラー音楽などを示す(②)の一つとして有名である。歌詞は，曲名からわかるようにあこがれの(③)を(④)に例えている。

　　フランスのポピュラーソングを日本では(⑤)と呼んでいる。これは，(②)と同じように「歌」を意味する言葉である。

(6) (5)の(②)と(⑤)に分類される曲をそれぞれ次のア～コから全て選び，記号で答えなさい。

　　ア　カタリ・カタリ　　イ　デイ・ドリーム・ビリーバー
　　ウ　枯葉　　　　　　　エ　アニー・ローリー
　　オ　愛の讃歌　　　　　カ　帰れソレントへ
　　キ　メモリー　　　　　ク　サンタ・ルチア
　　ケ　野ばら　　　　　　コ　アメージング・グレース

(7) この曲をバロック(イギリス)式のアルトリコーダーで演奏するときに，○で囲んで示したA・Bの音の指使いを以下の図に書き入れ

なさい。○…開ける　●…閉じる　◓…サミング(少し開ける)

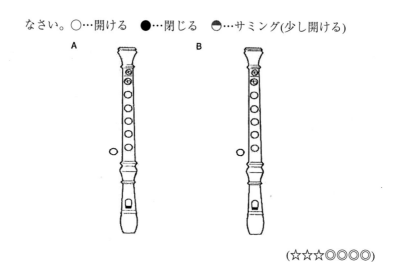

(☆☆☆○○○)

【7】 次の楽譜について答えなさい。(楽譜には出題の都合上，改めた個所がある。)

(1) この曲の曲名と作曲者名を答えなさい。

(2) この曲の合唱部分の詩の原題とその作者名を答えなさい。

(3) 記載された楽譜部分の拍子と調名を答えなさい。

(4) Cl.は，合唱のアルトパートとユニゾンである。Cl.はどの管を使用するように書かれているか，また ［ A ］ に書かれている調号を答えなさい。

(5) Cor.の ［ B ］ の部分は，合唱のテノールパートとユニゾンであ

る。Cor.をin Dで書きなさい。(必要に応じて調号を用いること)

(6)　記載された楽譜部分は，2つの主題が同時に演奏されるとともに，それらの主題が，複数の声部に模倣，反復されている。このようなものを何と呼ぶか答えなさい。

(7)　この楽章の冒頭から主題が登場するまでにあらわれる，「話し言葉を模倣するような歌唱法で」という意味をもつ音楽用語をイタリア語(アルファベット)で答えなさい。

(8)　この作曲者により完成されたオペラ作品名を答えなさい。

(☆☆☆☆◎◎◎◎)

【8】次の楽譜について答えなさい。

(1)　次の文章の(①)～(⑥)に入る適切な語句を答えなさい。

　　この曲は，長唄「(①)」の中の一曲で，義経一行が花道に登場する前に演奏される(②)という曲である。

　長唄は，江戸時代に（　③　）とともに発展した三味線音楽の一つ
で，舞台上に並んだ（　④　）方，三味線方，鳴物を担当する
（　⑤　）方の演奏者たちを中心に，舞台下手の（　⑥　）内で演奏さ
れる音楽(自然音や所作などを表現する効果音楽)も使われる。

(2)　この楽譜を三味線で演奏する場合，3つの糸をどの音に調弦する
かを五線譜に書きなさい。またこの調弦法を答えなさい。

　　　　　　　　↑　　　　↑　　　　↑
　　　　　　　一の糸　　二の糸　　三の糸

(3)　三味線について次の文章の（　①　）～（　③　）に入る楽器名と
（　④　）に入る適切な語句を答えなさい。

　三味線の歴史は，中国の（　①　）が琉球で（　②　）となり，それ
が大坂(大阪)の堺に伝わって三味線へと変化した。ばちの形や奏法
は，（　③　）の影響を強く受けている。三味線には，（　④　）とい
う大きな特徴があり，これは，一の糸を弾くと「ビーン」という独
特の響きを与えるようになっているものである。その独特な響きも
また（　④　）と呼ばれる。

(4)　次の三味線のA～Cの部分の名称を答えなさい。

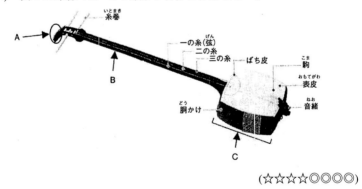

（☆☆☆☆◎◎◎◎）

139

解答・解説

【中学校】

【1】(1)

(2)

〈解説〉旋律聴音の問題は毎年出題されている。過去問で出題傾向を確認
し，調号2つ程度まで，4分の4，4分の3，8分の6の問題を数多く練習
しておきたい。調性が指定されており，主和音も弾かれ，5回演奏さ

れるので，慣れておけば得点できる問題である。

【2】(1) エ　　(2) ① ウ　　② カ　　③ ア　　(3) ① 背景
② 多様性　　③ 創作　　④ 評価　　⑤ 協働的　　⑥ 楽しさ
⑦ 生活　　⑧ 親しんで　　⑨ 音楽を形づくっている要素
⑩ 知覚　　⑪ 特質　　⑫ 感受

〈解説〉(1)　教育公務員特例法　第4章　研修からの出題である。この法律は，教育を通じて国民全体に奉仕する教育公務員の職務とその責任の特殊性に基づき，教育公務員の任免，人事評価，給与，分限，懲戒，服務及び研修等について規定したものである。他の箇所についても確認しておこう。　(2)　正答以外の選択肢について，イは公立の義務教育諸学校等の教育職員の給与等に関する特別措置法，エは教育公務員特例法，オは学校教育法施行規則の条文である。　(3)　学習指導要領の「各学年の目標と内容」に関する出題である。ここでは，第2学年及び第3学年について問われた。記述式の出題なので，文言については十分に読み込み理解を深め，各学年の違いについても整理しておこう。共通事項の音楽を形づくっている要素については，学習指導要領解説を使って，それぞれの要素を説明できるよう理解を深めておこう。

【3】① 短6度　　② 完全8度　　③ 長3度　　④ 長6度
⑤ 完全5度

〈解説〉下段がアルト譜表であることに注意しよう。また，転回音程とは，2音間の上下の音程関係を入れ替えたものである。

【4】(1)

(2)

(3)

〈解説〉(1)　変ニ長調は♭5つの調である。　(2)　和声的短音階は，自然短音階の第7音を半音上げた音階である。　(3)　旋律的短音階の上行形は，和声的短音階の第6音を半音上げたものである。また，下行形は自然短音階と同じである。

【5】(1)

(2)

〈解説〉楽譜は，モーツァルト作曲「交響曲第40番」である。低音部譜表にはヘ音記号が，アルト譜表にはハ音記号が用いられる。短3度低く移調するので，原調のト短調からホ短調(♯1つ)にする。

【6】(1)　組曲名…「展覧会の絵」　　作曲者名…ムソルグスキー
(2)　①　ガルトマン　　②　ピアノ　　③　ラヴェル　　④　10
　　⑤　プロムナード　　⑥　散歩
(3)

(4)　A　(ウ)　　B　(エ)　　C　(ア)　　D　(イ)

〈解説〉(1)「展覧会の絵」は，教科書に掲載されており，他都道府県においても頻出である。教科書教材は，楽曲名と作曲者名を必ず確認しておこう。　(2)　教科書教材を中心に，可能な限り多くの楽曲について，作曲された背景などの知識を増やしておこう。また，スコアを見

ながら音源を聴くことも重要である。 (3) 教科書教材に関しては，歌詞や旋律を書ける程度に理解を深めておこう。総譜には，in Do(in C)の指示があるので，見逃さないようにすること。 (4)「展覧会の絵」は，プロムナードも含め，複数の曲から成り立っている。各曲について，タイトルと曲もセットで覚えておこう。Aの絵は「キエフの大門」，Bは「鶏の足の上の小屋」，Cは「卵の殻をつけたひなどりのバレエ」，Dは「グノーム」である。他の曲についても，曲名と絵をあわせて覚えるとよい。また，ピアノとオーケストラ編曲版では，楽曲の構成に違いがあるので，その点も確認しておこう。

【7】 ① タンソ ② カッワーリー ③ ケチャ ④ オルティンドー ⑤ ガムラン ⑥ グーチン

〈解説〉アジアの諸民族の音楽や楽器について出題された。選択式ではなく記述しなければならないので，難易度は少し高い。音楽の種類や楽器の名称を覚えておくだけでなく，映像や音源を見聴きし，その音と特徴を説明できるようにしておこう。アジア以外の地域に関しても同様に学習を重ねておこう。

【8】(1)

七	七
八	八
八	八
九	九
八	十
七	九
六	十
五	十
巾 為 斗	七
十	八
九	八
	九
十	十
十	九
○	十
○	十

(2)　①　三下り　　②　本調子

③

(3)　①　(イ)　　②　(カ)　　③　(ウ)　　④　(キ)　　⑤　(オ)

〈解説〉(1)　和楽器の記譜法については，箏，三味線，尺八等それぞれ学習しておこう。縦譜から五線譜への書き換え，五線譜から縦譜への書き換えがどちらもできるようにしておくこと。この問題に関して言えば，平調子の調弦法さえ知っていれば解答できる。　(2)　三味線の主な調弦は3つある。本調子，二上り，三下りを五線譜に書けるよう

にしておこう。 (3) 尺八の奏法について問われた。映像や音源で各奏法を確認しておこう。また，尺八以外の和楽器についても奏法を確認しておくこと。

【9】(1) 「Yesterday」

(2)

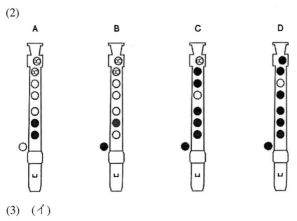

(3) （イ）

〈解説〉(1) Beatlesの楽曲である。 (2) ソプラノリコーダー，アルトリコーダーともに，教科書教材の演奏に必要な運指は覚えておくこと。また，ジャーマン式とバロック式の違いも確認しておくこと。

(3) 楽譜はF durである。構成音と和音の進行を考えて，選択肢の中から消去法で絞っていこう。

【10】(1) 親…観阿弥 子…世阿弥 (2) ① 謡 ② 囃子 ③ コトバ ④ フシ ⑤ 小鼓 (3) 白竜…ワキ 天人…シテ (4) シオリ (5) ① 鏡 ② 笛

〈解説〉(1) 世阿弥がまとめた能の伝書「風姿花伝」について確認しておきたい。 (2) 教科書に掲載されている能についての説明を理解しておくだけで解ける問題である。能の重要な語句なので必ず覚えておこう。 (3) シテは主役のことであり，ワキはその相手役を指す。羽衣は教科書にも掲載されている。他にも「安宅」「石橋」「敦盛」など

145

主要な演目のあらすじは学習しておこう。　(4)　シオリは泣いている
ことを表す所作である。　(5)　日本の伝統音楽については，舞台各部
の名称とその役割を確認しておくこと。ここでは能舞台について問わ
れたが，歌舞伎，文楽等も同様の対策が必要である。

【11】(1)　作詞者…林古渓　　作曲者…成田為三　　童謡の曲名…「か
なりや」　　(2)　①　(ウ)　　②　(イ)　　③　(カ)　　④　(オ)
(3)

①　mp　　②　mf　　③　f　　(4)　朝　　(5)　二部形式
〈解説〉(1)「浜辺の歌」は歌唱共通教材の1つである。歌唱共通教材は，
作詞者，作曲者，作曲された背景などを必ず確認しておくこと。
(2)　学習指導要領解説には歌唱共通教材についてそれぞれ指導のポイ
ントがまとめられている。他の曲についても理解を深めよう。
(3)　歌唱共通教材に関しては，歌詞や旋律を書けるようにしておこう。
指導することを前提に歌唱を行ったり，ピアノ伴奏を練習しておくこ
とも理解を深めるために必要である。　　(4)　歌唱共通教材には，歌詞
が文語体のものが存在する。そのため，歌詞の意味は，生徒に説明で
きる程度まで理解しておこう。　　(5)　音楽形式についての問題は頻出
である。歌曲にとどまらず，三部形式，ロンド形式，ソナタ形式など
様々な形式について学習しておこう。

【高等学校】

【1】(1)

(2)

〈解説〉旋律聴音の問題は毎年出題されている。過去問で出題傾向を確認
し，調号2つ程度まで，4分の4，4分の3，8分の6の問題を数多く練習
しておきたい。調性が指定されており，主和音も弾かれ，5回演奏さ
れるので，慣れておけば得点できる問題である。

【２】(1)　エ　　(2)　①　ウ　　②　カ　　③　ア　　(3)　①　ア
②　ア　　③　イ　　④　ウ　　⑤　イ　　⑥　ウ　　⑦　ア
⑧　ウ　　⑨　イ　　⑩　ア　　⑪　ウ　　⑫　イ

〈解説〉(1)　教育公務員特例法　第4章　研修からの出題である。この法律は，教育を通じて国民全体に奉仕する教育公務員の職務とその責任の特殊性に基づき，教育公務員の任免，人事評価，給与，分限，懲戒，服務及び研修等について規定したものである。他の箇所についても確認しておこう。　(2)　正答以外の選択肢について，イは公立の義務教育諸学校等の教育職員の給与等に関する特別措置法，エは教育公務員特例法，オは学校教育法施行規則の条文である。　(3)　学習指導要領の「目標」(音楽Ⅰ)に関する出題である。ここでは，平成21年3月告示のものと，平成30年3月告示のものについて，空欄にあてはまる語句を選択するように求められた。学習指導要領の改訂において，共通点と相違点を整理しておくことは，新学習指導要領の主旨を捉える上で必要である。

【３】(1)　①　熱情的に　　②　最初の速さで　　③　少しずつ
④　軽く　　⑤　今までより遅く　　(2)　①　○　　②　木管楽器
③　ソナタ形式　　④　ホーミー　　⑤　○

〈解説〉(1)　いずれも，イタリア語の音楽用語である。音楽用語に関しては，読み方と意味を必ず確認しておこう。普段から目にしたものを確認する習慣をつけておきたい。　(2)　問われている内容は様々であるが，いずれも基本的なものである。それぞれの分野において，より多くの知識を身に付け，語句に関しても説明できるようにしておくことが重要である。

【４】(1)　①　減5度　　②　増13度(1オクターブと増6度)　　③　増1度

(2) ①

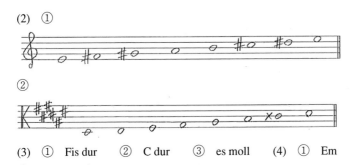

②

(3) ① Fis dur ② C dur ③ es moll (4) ① Em
② C aug(C⁺⁵)

〈解説〉(1) 基本的な問題であるが複音程も含まれるので気を付けよう。
(2) ① Disを導音とする長音階は，E dur(♯4つ)である。 ② 中音
とは，第3音のことである。よってFisを中音とするのはDis moll(♯6つ)
である。和声的短音階は，自然短音階の導音を半音上げるのでドにダ
ブルシャープをつける。アルト譜表は第3線にドをあわせたハ音記号
であらわす。 (3) ① 属調とは，属音を主音とする調である。
② e mollの平行調は，G durであり，その下属調はC durである。
③ f mollの音階の第4音はシ♭であり，これを属音とする長調はEs
durである。Es durの同主調はes mollである。 (4) ① Eを主音とす
る短三和音である。 ② aug(オーギュメント)は，第5音を半音上げ
たもので，プラス・ファイブともいう。

【5】(1) 曲名…ちいさい秋みつけた 作曲者名…中田喜直
(2) ミュージカル作品名…サウンド・オブ・ミュージック 作曲者
名…R．ロジャーズ (3) 曲名…春に 作曲者名…木下牧子
(4) 曲名…トッカータとフーガ ニ短調 作曲者名…J.S.バッハ
(5) 独奏楽器名…イングリッシュホルン(コール・アングレ) 作曲
者名…A．ドヴォルジャーク
〈解説〉作品名，作曲者名，楽器名等を問う問題である。歌曲，ミュージ
カル，合唱曲，器楽曲，交響曲など，様々なジャンルから出題されて
いるが，授業などで取り扱う可能性のある曲がほとんどである。教科

書教材を中心とし，可能な限り多くの作品について学習しておこう。
スコアとあわせて音源を聴くことが重要である。

【６】(1)　オソーレミオ('O sole mio)(我が太陽)　　　(2)　イ

(3)

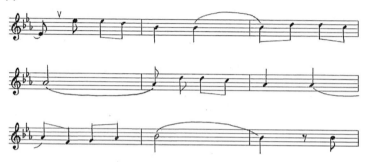

(4)　ハバネラ　(5)　①　イタリア　　②　カンツォーネ　　③　恋
人　　④　太陽　　⑤　シャンソン　(6)　②　ア・カ・ク
⑤　ウ・オ

(7)

A

B
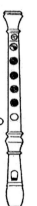

〈解説〉(1)　教科書にも掲載されているイタリア歌曲である。
(2)　Andanteよりやや速い速度である。　(3)　旋律や歌詞は書くこと

ができるようにしておこう。実際に指導することを想定して歌唱し，伴奏も練習しておくとよい。　(4)　ハバネラはキューバの舞曲である。オペラなどでも使用されるので音型は覚えておこう。　(5)　高等学校の教科書では，イタリア，フランス，ドイツの歌曲が掲載されている。教科書教材を中心に，諸外国の歌曲について，その歴史と主要な楽曲について学習しておこう。　(6)　選択肢は，いずれも教科書によく掲載されている作品である。カンツォーネやシャンソンに分類されない選択肢においても，作品について説明できるようにしておこう。

(7)　リコーダーの運指は，ソプラノとアルトについて十分に確認しておこう。その際に，バロック式とジャーマン式の違いを理解しておくこと。

【7】(1)　曲名…交響曲第9番　　作曲者名…L.v.ベートーヴェン

(2)　原題…歓喜に寄す　　作者名…F.v.シラー　　(3)　4分の6拍子
調名…ニ長調(D dur)　　(4)　A(イ調)管

(5)

(6)　二重フーガ(ドッペルフーガ)　　(7)　recitativo　　(8)　フィデリオ

〈解説〉(1)　楽譜は第4楽章であり，合唱も含まれる。　(2)　F.v.シラーはドイツの詩人である。　(3)　楽譜より，4分の6拍子，♯が2つでニ長調(D dur)である。　(4)　合唱のアルトパートとユニゾンであることから，2小節目はEを演奏している。実音よりも，記譜が短3度高いため，管の種類はA(イ調)管で，D durを短3度上げてF durで記譜されていることがわかる。　(5)　ホルンはin Dなので，長2度低くしてC durで記譜する。　(6)　ドッペルはドイツ語で二重を示す。　(7)　第4楽章

の冒頭のチェロとコントラバスのレチタティーボは有名である。レチタティーボはオペラ，オラトリオ，カンタータなどでも用いられる。
(8)　フィデリオはベートーヴェンが作った唯一のオペラである。

【8】(1)　①　勧進帳　　②　寄せの合方　　③　歌舞伎　　④　唄
⑤　囃子　　⑥　黒御簾

(2)

調弦法…本調子　　(3)　①　三弦(サンシェン)　　②　三線
③　琵琶　　④　サワリ　　(4)　A　海老尾(天神)　　B　棹
C　胴

〈解説〉(1)　①　長唄に関する記述式の穴埋め問題である。日本伝統音楽に関しては，箏や尺八等についても，歴史的な変遷も踏まえ，説明できるようにしておこう。その際に，キーワードを押さえ，書けるようにしておくことが重要である。主要な楽曲についても学んでおこう。(2)　三味線の主な調弦は3つあり，それぞれ本調子，二上り，三下りという。勧進帳は本調子で始まる曲であるが，楽譜を見れば，文化譜で一の糸，二の糸，三の糸の0(解放弦)が五線譜ではシ・ミ・シになっているので解答できる。箏の調弦法も必ず覚えておこう。(3)　三味線・三弦(サンシェン)・三線の関係，サワリについての問題は頻出なので確認しておこう。(4)　三味線以外の楽器も，各部の名称は覚えること。ギターや箏など，授業で扱う可能性のある楽器は必須である。

2020年度　実施問題

【中高共通】

【1】次の(1)，(2)の演奏を聴き，五線譜に書き取りなさい。各問いの前に主和音を1回弾き，1回目のみ1小節分カウントを入れてから演奏します。30秒の間を空けて5回繰り返します。(五線譜には，各問いに合った調号・拍子記号を記入すること。)

(1) A dur （イ長調）　4分の4拍子　8小節　旋律

(2) c moll （ハ短調）　8分の6拍子　8小節　旋律

(☆☆☆◎◎◎◎)

【中学校】

【1】次の各問いに答えなさい。

(1) 次の文は，教育に関する法令に記載された条文の一部である。下の問いに答えなさい。

> 第6条　法律に定める学校は，(　　　)を有するものであって，国，地方公共団体及び法律に定める法人のみが，これを設置することができる。

① (　　　)にあてはまる最も適切な語句を答えなさい。

② この文が記載された法令として最も適切なものを，次のア〜オから1つ選び，記号で答えなさい。

　　　ア　日本国憲法　　イ　教育基本法

　　　ウ　学校教育法　　エ　地方教育行政の組織及び運営に関する法律

　　　オ　教育公務員特例法

(2)　次の①，②の文は，文部科学省国立教育政策研究所が平成30年3月に発行したキャリア教育リーフレット「生徒が直面する将来のリスクに対して学校にできることって何だろう?」において，進路に関する主な相談機関について説明したものである。①，②の相談機関として最も適切なものを，下のア〜オからそれぞれ1つずつ選び，記号で答えなさい。

　①　若者一人一人の状況に応じて，専門的な相談に乗ったり，各地域にある若者支援機関を紹介したりする施設。

　②　労働者の最低限の労働条件を定めた労働基準法や，労働者の安全を守るための基準を定めた労働安全衛生法などに基づいて，労働者を保護するための仕事を行う機関。

　　　ア　総合労働相談コーナー(都道府県労働局総務部)

　　　イ　公共職業安定所

　　　ウ　労働基準監督署

　　　エ　職業能力開発促進センター

　　　オ　地域若者サポートステーション

(3)　次の文章は，中学校学習指導要領(平成29年3月告示)「第2章　各教科　第5節　音楽」で示された「第1　目標」である。

　　　表現及び鑑賞の(　①　)を通して，音楽的な見方・考え方を働かせ，生活や社会の中の音や音楽，(　②　)と豊かに関わる資質・能力を次のとおり育成することを目指す。

　(1)　曲想と音楽の構造や背景などとの関わり及び音楽の(　③　)について理解するとともに，創意工夫を生かした音楽表現をするために必要な技能を身に付けるようにする。

　(2)　音楽表現を創意工夫することや，音楽のよさや美しさを(　④　)聴くことができるようにする。

　(3)　音楽活動の楽しさを体験することを通して，音楽を愛好す

る(⑤)を育むとともに，音楽に対する感性を豊かにし，音楽に親しんでいく態度を養い，豊かな(⑥)を培う。

　また，音楽的な見方・考え方について，中学校学習指導要領解説音楽編(平成29年7月)「第2章　音楽科の目標及び内容　第1節　音楽科の目標　1　教科の目標」で，次のように解説されている。

　音楽的な見方・考え方とは，「(⑦)を働かせ，音や音楽を，(⑧)とその働きの視点で捉え，(⑨)や感情，生活や社会，伝統や文化などと関連付けること」であると考えられる。

　(①)～(⑨)に入る最も適切な語句をそれぞれ答えなさい。

(☆☆☆◎◎◎)

【2】次の楽譜(調号は抜いている)について，以下の(1)，(2)の各問いに答えなさい。

(1)　①～③の音程について，それぞれの転回音程を答えなさい。
(2)　この旋律の調名を日本語音名で答えなさい。

(☆☆◎◎)

【3】次の楽譜は全部で何小節演奏することになるか答えなさい。

(☆☆☆◎◎◎)

【4】次の楽譜Viola(in C)を，(1)　Violoncello用(in C　低音部譜表)に書き替えなさい。また，(2)　Clarinet用(in B♭　高音部譜表)に移調しなさい。

155

(1)

(2)

(☆☆☆○○○)

【5】次の楽譜について，以下の(1)～(3)の各問いに答えなさい。

(1)　この曲の曲名を答えなさい。

(2)　この曲の作曲者名を答えなさい。

(3)　この曲の特徴や楽曲の構成について，空欄(①)～(⑤)に入る最も適切な語句をそれぞれ答えなさい。

> 　この曲は，独奏楽器のギターと(①)によって演奏される。(②)の民族楽器ともいわれるギターのさまざまな奏法と，(②)情緒あふれる旋律やリズムなどが特徴的である。
> 　第1楽章は(③)形式で，快活な曲想の楽章である。(②)的色彩が濃く，特に冒頭，ギターの(④)(和音をかき鳴らす奏法)によるリズムに表れている。第2楽章は自由な変奏で，印象的な主題がイングリッシュホルンで表される。終盤にギターの独奏部(カデンツァ)がある。第3楽章は(⑤)形式で，軽快

な主題である。ギターの独奏と(①)とが掛け合い，盛り上げる。

(☆☆☆◎◎◎)

【6】次の文章は，世界の諸民族の音楽について説明したものである。空欄(①)〜(④)に入る最も適切な語句をそれぞれ答えなさい。
・(①)は，スイスのアルプス地方やオーストリアのティロル地方などに伝わる音楽で，裏声を交えて歌うのが特徴である。牧童たちが山で連絡を取り合う手段として用いたのが始まりだといわれている。
・(②)は，南アメリカのアンデス地方の弦楽器で，独奏や合奏，歌の伴奏などに幅広く用いられる。弦は複弦5組で，全部で10本張られている。胴はかつてアルマジロの甲羅で作られていたが，現在ではほとんどが木製である。
・(③)は，メキシコの大衆的な楽団で，通常，ヴァイオリンやトランペット，大小さまざまなギターで編成される。踊りの伴奏をしたり，歌を伴って演奏したりすることもある。
・(④)は，中国の伝統的な音楽劇で，歌とせりふ，しぐさと立ち回りが一体となってストーリーを展開していく。役柄の性別や年齢などによって発声の方法が異なる。

(☆☆☆◎◎◎)

【7】日本の伝統音楽について，あとの(1)，(2)の各問いに答えなさい。
(1) 次の空欄(①)〜(⑦)に入る最も適切な語句や人名，数字をそれぞれ答えなさい。ただし，(②)は当時の国名で答えなさい。

箏は，日本を代表する弦楽器の一つである。(①)時代に(②)から伝来した当初は，主に(③)の合奏の中で演奏されていたが，しだいに箏の伴奏による歌がつくられるようになり，日本独自の楽器として発展を遂げた。

　　「六段の調」は6つの部分(段)から構成されており，それぞれ
の段は，「初段」を除いて全て(④)拍でできている。この曲
の作曲者として伝えられている(⑤)は，現在の福島県いわ
き市に生まれたといわれ，大坂(現在の大阪)で三味線の演奏家
として活躍したのちに江戸で筝を学んだ。筝曲の最も基本的な
調弦である「(⑥)」を確立したといわれており，筝曲の発
展にさまざまな功績を残している。
　　「六段の調」をはじめ，日本の伝統音楽は伝承の仕方によって，
音やリズム，(⑦)が異なる場合がある。(⑦)は楽器の音
をまねして歌うもので，旋律や奏法を覚えたり，伝えたりする
ために使う。

(2)　次の楽譜は「六段の調」のある段の初めの部分を五線譜で表した
　　ものである。この段は何段の楽譜か答えなさい。

(☆☆☆○○○○)

【8】次の楽譜について，以下の(1)，(2)の各問いに答えなさい。

(1)　この曲の曲名を答えなさい。
(2)　①～④の小節に入る最も適切なコードネームを答えなさい。また，
　　①～④のコードの押さえ方を，次の(ア)～(シ)の中からそれぞれ1つ
　　ずつ選び，記号で答えなさい。

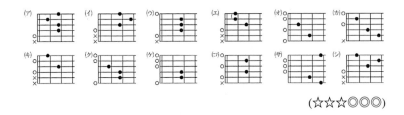

(☆☆☆◎◎◎)

【9】 日本の民謡について，次の(1)～(3)の各問いに答えなさい。

(1) 次の楽譜について，下の①～③の各問いに答えなさい。

① この曲の曲名を答えなさい。

② この民謡の音階を書きなさい。

③ この民謡の音階が使われている曲名を次の(ア)～(オ)の中から1
つ選び，記号で答えなさい。

(ア) 八木節 　　(イ) よさこい節 　　(ウ) 谷茶前

(エ) 木曽節 　　(オ) ノンノコ節

(2) 日本の民謡を歌うときに歌い手が即興的につける，細かい音の動
きのことを何というか答えなさい。

(3) 「江戸の鳶木遣」など，1人が最初に歌い出し，それを受けて他の
人たちが斉唱する形式のことを何というか答えなさい。

(☆☆☆☆◎◎)

【10】 「荒城の月」について，次の(1)，(2)の各問いに答えなさい。

(1) 次の文章は，中学校学習指導要領解説音楽編(平成29年7月)「第4
章　指導計画の作成と内容の取扱い　2　内容の取扱いと指導上の
配慮事項」に示された「荒城の月」の指導上の配慮事項である。空
欄(　①　)～(　③　)に入る最も適切な語句や人名をそれぞれ答え

なさい。

> 「荒城の月」は，原曲と(①)の編作によるものとがある。人の世の(②)を歌いあげた曲である。例えば，歌詞の内容や言葉の特性，(③)の響き，旋律の特徴などを感じ取り，これらを生かして表現を工夫することなどを指導することが考えられる。

(2)　1番の歌詞に合わせて五線譜上に音符と休符を書き，楽譜を完成させなさい。

はるこうろうの　　はなのえん　　めぐるさかずき　　かげさして

ちよのまつがえ　わけいでし　　むかしのひかり　いまいずこ

(☆☆☆◎◎◎)

【高等学校】

【1】次の各問いに答えなさい。

(1)　次の文は，教育に関する法令に記載された条文の一部である。下の問いに答えなさい。

> 第6条　法律に定める学校は，(　　)を有するものであって，国，地方公共団体及び法律に定める法人のみが，これを設置することができる。

①　(　　)にあてはまる最も適切な語句を答えなさい。

②　この文が記載された法令として最も適切なものを，次のア～オから1つ選び，記号で答えなさい。

　　ア　日本国憲法　　イ　教育基本法

　　ウ　学校教育法　　エ　地方教育行政の組織及び運営に関する法律

　　オ　教育公務員特例法

(2)　次の①，②の文は，文部科学省国立教育政策研究所が平成30年3

160

月に発行したキャリア教育リーフレット「生徒が直面する将来のリスクに対して学校にできることって何だろう?」において,進路に関する主な相談機関について説明したものである。①,②の相談機関として最も適切なものを,下のア~オからそれぞれ1つずつ選び,記号で答えなさい。

① 若者一人一人の状況に応じて,専門的な相談に乗ったり,各地域にある若者支援機関を紹介したりする施設。

② 労働者の最低限の労働条件を定めた労働基準法や,労働者の安全を守るための基準を定めた労働安全衛生法などに基づいて,労働者を保護するための仕事を行う機関。

　　ア　総合労働相談コーナー(都道府県労働局総務部)
　　イ　公共職業安定所
　　ウ　労働基準監督署
　　エ　職業能力開発促進センター
　　オ　地域若者サポートステーション

(3) 次の文章は,高等学校学習指導要領(平成21年3月告示)で示された「音楽Ⅰ」の内容の一部である。(①)~(⑫)に入る適切な語句をそれぞれ答えなさい。

A　表現
　表現に関して,次の事項を指導する。
(1) 歌唱
　　ア　曲想を(①)の内容や(②)の背景とかかわらせて感じ取り,(③)をもって歌うこと。
　　イ　(④)に応じた発声の特徴を生かし,表現を工夫して歌うこと。
　　ウ　様々な(⑤)による歌唱の特徴を生かし,表現を工夫して歌うこと。
　　エ　音楽を形づくっている要素を(⑥)し,それらの働きを(⑦)して歌うこと。

---

(2)　器楽

　ア　曲想を(②)の背景とかかわらせて感じ取り，(③)
　　をもって演奏すること。

　イ　楽器の(⑧)や(⑨)の特徴を生かし，表現を工夫し
　　て演奏すること。

　ウ　様々な(⑤)による器楽の特徴を生かし，表現を工夫
　　して演奏すること。

　エ　音楽を形づくっている要素を(⑥)し，それらの働き
　　を(⑦)して演奏すること。

(3)　創作

　ア　(⑩)を選んで旋律をつくり，その旋律に副次的な旋
　　律や(⑪)などを付けて，(③)をもって音楽をつくる
　　こと。

　イ　音素材の特徴を生かし，(⑫)，変化，対照などの構
　　成を工夫して，(③)をもって音楽をつくること。

　ウ　音楽を形づくっている要素の働きを変化させ，(③)
　　をもって変奏や編曲をすること。

　エ　音楽を形づくっている要素を(⑥)し，それらの働き
　　を(⑦)して音楽をつくること。

(☆☆☆◎◎)

【２】次の(1)～(4)の和音の種類を日本語で答えなさい。(例：長三和音
　属七の和音)

　次の(5)～(7)の和音が含まれる調及び和音記号をすべて答えなさい。
ただし，調はドイツ語で書くこと。なお，転回形の表記は必要ない。
また短調は和声的短音階とし，調は調号7つまでの調を考えることと
する。(例：C dur Ⅰ)

162

(☆☆☆◎◎◎)

【3】次の調の音階を調号を用いて全音符で書きなさい。

(1) 嬰ヘ長調　上行形

(2) 変ロ長調の下属調　下行形

(3) 変ニ長調の平行調の属調　和声的短音階　上行形及び下行形

上行形　　　　　　　　　　　　下行形

(4) イ長調の導音を主音とする短調　旋律的短音階　上行形及び下行形

上行形　　　　　　　　　　　　下行形

(☆☆☆◎◎◎)

【4】次の楽譜は，ある曲の一部である。曲名と作曲音名をそれぞれ答えなさい。

(1)

(2)

Pesante
3/o ♩=60　　　　　　　　　poco string.

Sop.
Alt.

O For-tu-na,　ve-lut Lu-na　sta-tu va-ri-a-bi-lis,

Ten.
Bas.

(3)

Vivace. ♩.=104

Fl.I *p*

(4)

a tempo

p

(5)

Allegretto ♩.=69
con grazia　*leggerissimo*

Li-bia-mo, li-bia-mo ne' lie-ti ca-li-ci,

(☆☆☆◎◎◎)

【5】以下の各問いに答えなさい。

Etwas langsam

Ⅰ

Ⅱ

Lieblich

(1)　上の曲に共通する曲名と作詞者名及びⅠ・Ⅱの作曲者名をそれぞ

れ答えなさい。

(2) 上の曲の冒頭に書いてあるEtwas langsamとLieblichの意味をそれ
ぞれ答えなさい。

(3) 上の曲の ┌ A ┐ ・ ┌ B ┐ の部分にあてはまる旋律をそれぞれ
書きなさい。

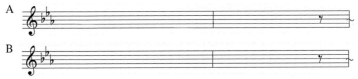

(4) 次の文章の(①)〜(③)にあてはまる最も適切な語句と，
(④)〜(⑥)にあてはまる曲名・作品名をそれぞれ答えなさ
い。

　Ⅰの曲は，(①)拍子の旋律である。それに対してⅡの曲は，
(②)拍子で，軽やかな伴奏を伴った旋律となっている。

　Ⅱの作曲者は，31年という短い生涯の中で，1000曲にも及ぶ作品
を残している。そのうち600曲以上が(③)である。この曲は，18
歳のときの作品であるが，同年に同じ作詞者による(④)も作曲
している。劇的な(④)と素朴なⅡの曲は，音楽形式，歌詞内容，
伴奏法などの点で，好対照を成している。

　Ⅱの作曲者による作品で，三大(③)集と呼ばれるものは，「美
しき水車屋の娘」と(⑤)と(⑥)である。

(☆☆☆◎◎)

【6】次の楽譜について答えなさい。(楽譜には出題の都合上，改めた個
所がある。)

(1)　この曲の曲名と作曲者名を答えなさい。

(2)　この部分の拍子と調名を答えなさい。

(3)　この部分の木管楽器はユニゾンで演奏している。Cl.をin AでFg.と同じ高さになるように書きなさい。(調号，拍子記号，強弱記号，奏法に関する記号も記入すること。)

(4)　Cor.の楽器名を英語(アルファベット)で答えなさい。

(5)　Vc.とCb.にあるpizz.とarcoの用語の意味をそれぞれ答えなさい。

(6)　この曲の第1楽章の第2主題を書きなさい。なお，次にその一部を示しているので，続きを書くこと。

166

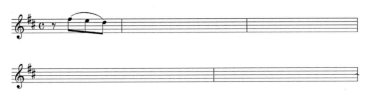

(7) この作曲者による管弦楽曲で，ナポレオンがモスクワに攻め入っ
たものの完全に敗退するという物語を描いた曲の曲名を答えなさ
い。

(☆☆☆◎◎◎)

【7】次の楽譜は，日本のある民謡の一部である。以下の各問いに答えな
さい。

(1) この曲の曲名と，どこの都道府県に伝わる民謡であるか答えなさ
い。

(2) 民謡は，歌う場所や目的によって次のように分類されることが多
い。この曲は，どれに分類されるのか，次のア〜カから1つ選び，
記号で答えなさい。

ア 仕事歌 イ 祝い歌 ウ 踊歌 エ 座敷歌

オ 子守歌 カ わらべ歌

(3) この曲の(A)の部分には，共通するお囃子が入る。(A)に

入る言葉をカタカナで答えなさい。

(4)　この楽譜を三味線で演奏する場合，3つの糸をどの音に調弦するのか，五線譜に書きなさい。また，この三味線の調弦法を答えなさい。

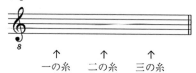

　　　　　↑　　　　　↑　　　　　↑
　　　　一の糸　　二の糸　　三の糸

(5)　この楽譜にあるⅢの記号は，三味線の奏法で(　①　位置を表す　)を(　②　指の名称　)で押さえることを表している。①，②にあてはまる語句を答えなさい。

(6)　次の①～④の日本の音階名を，下のア～エからそれぞれ1つずつ選び，記号で答えなさい。

　　ア　都節音階　　イ　律音階　　ウ　民謡音階　　エ　沖縄音階

(7)　民謡は，リズムが拍節的でメリスマが比較的少ない(　①　)様式と，リズムが無拍節的でメリスマが多い(　②　)様式の2種に分類することができる。この曲は，(　③　)様式である。(　①　)～(　③　)にあてはまる語句をそれぞれ答えなさい。

(☆☆☆◎◎◎)

解答・解説

【中高共通】

【1】(1)

(2)

〈解説〉聴音の問題については，出題を見て難易度に合った練習をしておくこと。提示されている条件に合った調号，拍子記号，小節線をあらかじめ書き入れておく。全部で5回演奏されるので，1回目で拍の頭の音を書く。5回目を最終確認として聴くことができるよう，すべての音を2回目〜4回目で聴き取れるようにしたい。短調の曲は，導音が半音上がるので，気をつけて聴き取る。小節の最後がのばしの音なのか，休符なのかしっかり聴き分けること。

【中学校】

【1】(1) ① 公の性質 ② イ (2) ① オ ② ウ
(3) ① 幅広い活動 ② 音楽文化 ③ 多様性 ④ 味わって ⑤ 心情 ⑥ 情操 ⑦ 音楽に対する感性 ⑧ 音楽を形づくっている要素 ⑨ 自己のイメージ

〈解説〉(1) 教育基本法は，全4章18条にわたって，教育の目的から幼児教育，義務教育，大学，生涯学習，機会均等，教育行政など基本的なことが定められている。 (2) 本リーフレットでは，ハローワーク(公共職業安定所)，ジョブカフェ(若者のためのワンストップサービスセンター)，地域若者サポートステーション(サポステ)，総合労働相談

コーナー(都道府県労働局総務部)，労働基準監督署についてわかりやすく説明している。　(3)　①〜⑥は，音楽科の目標についての項目である。今回の改訂では，「従前の表現及び鑑賞の幅広い活動を通して学習が行われることを前提とし，音楽的な見方・考え方を働かせた学習活動によって，生活や社会の中の音や音楽，音楽文化と豊かに関わる資質・能力を育成することを目指すこと」とした。育成を目指す資質・能力として(1)に「知識及び技能」の習得に関すること，(2)に「思考力，判断力，表現力等」の育成に関すること，(3)に「学びに向かう力，人間性等」の涵養に関することを示すことによって構成されている。⑦〜⑨について，学習指導要領解説では，音楽的な見方・考え方についてだけでなく，表現及び鑑賞の幅広い活動，生活や社会の中の音や音楽，音楽文化と豊かに関わる資質・能力についても解説しているので，理解しておく。

【2】(1)　①　長3度　　②　長7度　　③　完全5度　　(2)　ハ短調
〈解説〉ハ音記号を用いてソプラノ譜表で書かれているので注意して読むこと。　(1)　転回音程とは，ある音程をなす2音のうち，低い方の音を1オクターブ上へ，あるいは高い方の音を1オクターブ下へ移動すると生じる音程のことである。転回音程になると以下の表のように度数と種類が変化する。①は，原音程が短6度なので，下の表にあてはめ長3度となる。②は，短2度なので，転回音程は長7度，③は，完全4度なので，転回音程は完全5度となる。　(2)　調の判定をする際に，「次の音に跳躍進行する音は音階固有音である」という原則を覚えておくとよい。3〜5小節は順次進行で，調号が音階固有のものかどうか定かでないのでそれ以外の部分で判断するとよい。ミとラに♭がついており，レにはついていないので，変ホ長調かハ短調と判断できる。旋律の最初がドで始まっていること，シに♭がついていないので短調の導音上がりと考え，ハ短調と判断する。
●転回音程の度数と種類の変化

原音程		転回音程		原音程		転回音程
1度	←→	8度		完全	←→	完全
2度	←→	7度		長	←→	短
3度	←→	6度		短	←→	長
4度	←→	5度		増	←→	減
5度	←→	4度		減	←→	増
6度	←→	3度				
7度	←→	2度				
8度	←→	1度				

【3】32小節

〈解説〉「ter」は指定された箇所を3回繰り返し,「bis」は指定された箇所を2回繰り返す記号。なお「quater」は4回を意味する。

【4】
(1)
(2)

〈解説〉ベートーヴェンの交響曲第5番「運命」の第2楽章からの抜粋である。 (1) アルト記号で書かれたヴィオラ用の譜面からヘ音記号のチェロ用の譜面に書き替える。両方ともin Cなので,移調の必要はない。アルト譜表の第3線は一点ハ音になる。どの高さのハ音なのかを間違え,オクターブ間違えて記譜するとまったく点が取れないので気を付けること。 (2) クラリネットはin B♭なので,実音は記譜音より長2度低くなる。よって,記譜は長2度高くする必要がある。原曲は変イ長調なので,変ロ長調に移調する。

【5】(1) アランフェス協奏曲 (2) ロドリーゴ (3) ① オーケストラ ② スペイン ③ ソナタ ④ ラスゲアード

⑤　ロンド

〈解説〉鑑賞教材であるアランフェス協奏曲に関する問題である。アランフェス協奏曲以外にも，教科書に掲載されている楽曲については作曲者や曲の特徴など詳しく確認しておくこと。アランフェス協奏曲は，全3楽章で構成され，スペインのフラメンコ・ギターの特徴であるラスゲアードなどの技法が用いられており，ギターの音色が豊かに表現されている。当時は，ギターを複数の楽器と協奏させることは難しいと考えられていたので，ギター協奏曲を作曲するというロドリーゴの試みは，大変珍しいことであった。

【6】①　ヨーデル　　②　チャランゴ　　③　マリアチ　　④　ジンジュ

〈解説〉①　ヨーデルは，裏声と地声を交互に組み合わせた歌唱法が特徴で，牧童たちの連絡手段や精霊への祈りとして歌われたのが始まりとされている。　②　チャランゴは，スペイン人がもたらした複弦の楽器が起源といわれ，マンドリンによく似た楽器である。　③　マリアチは，メキシコの大衆的な楽団の楽器編成のことで，音楽のジャンルを表すものではない。メキシコの伝統的な音楽を演奏する。主な編成は，バイオリン，ギター，ビウエラ，ギタロン，トランペットで，他の楽器が加わることもある。　④　ジンジュ(京劇)は，中国の古典劇で，歌とセリフにより物語がすすんでいく歌劇である。楽器の伴奏，歌，抑揚のついたセリフ，舞踏的な動き，簡略な舞台装置，様式的な扮装，臉譜(日本でいう隈取のような化粧)を用いるなど，日本の能と歌舞伎の両方に共通したところも多い。

【7】(1)　①　奈良　　②　唐　　③　雅楽　　④　104　　⑤　八橋検校　　⑥　平調子　　⑦　唱歌　　(2)　四段

〈解説〉(1)　箏について，歴史と代表的な曲については確認しておくこと。他に，箏についての問題でよく問われるのは，生田流と山田流の2大流派の違いである。爪の形と楽器を構える姿勢が，生田流は角爪

を用い，この角を有効に使うため楽器に対し左斜め約45度に構える。山田流は丸爪を用い正面に構える。口唱歌，楽譜についても楽器によって，流派によって異なることもある。　(2)　提示されている楽譜は「六段の調べ」の四段の冒頭である。楽譜上第2小節に書かれている「ヒ」とは，「引き色」という箏の奏法を示している。「引き色」は，弾いた直後，左手で弦を柱の方へ引っぱり，弦の張力を弱めて音を低く変化させる奏法である。

【8】(1)　カントリーロード　　(2)　(コードネーム，押さえ方の順)
　①　G, (サ)　　②　D, (イ)　　③　Em, (ケ)　　④　C, (カ)
〈解説〉(1)　「Take Me Home, Country Roads」カントリーロードは，1971年に発表された，アメリカの歌手ジョン・デンバーの代表曲である。(2)　コード進行は，和音構成音がどれかを的確に把握することと，和声の進行(Tトニック，Dドミナント，Sサブドミナント)がわかりやすい曲なので，重ねて考える。ダイヤグラムについては，(ア)はAm₆，(イ)はD，(ウ)はA，(エ)はDm₇，(オ)E₇，(カ)はC，(キ)はDm₆，(ク)はE，(ケ)はEm，(コ)はA₇，(サ)はG，(シ)はDmのコードを表している。コードネームとダイヤグラムが一致していなくても，それぞれの弦が何の音かを判断していけば，ダイヤグラムが何のコードを示しているかわかる。開放弦はミ・ラ・レ・ソ・シ・ミで，1フレットで半音ずつ上がる。

【9】(1)　①　貝殻節
　②

　③　(ア)　　(2)　コブシ　　(3)　音頭一同形式
〈解説〉(1)　①　貝殻節は鳥取県の民謡で，漁夫の作業唄として古くから　根付いていた。　②　貝殻節は，民謡音階である。日本の音階の分類には諸説あるが今日では，都節音階，律音階，民謡音階，沖縄音階の4つに分けて説明されることが多い。それぞれの音階についても

確認し音階を書けるようにしておこう。　③　(イ)のよさこい節は都
節音階，(ウ)の谷茶前は沖縄音階，(エ)の木曽節は律音階，(オ)のノン
ノコ節は都節音階である。　(2)　歌い手が即興的につける，細かい動
きのことをコブシといい，拍のない自由なリズムで歌われる。

(3)　一人が歌いかけてそれに大勢が答えるものを音頭一同形式とい
う。江戸の鳶木遣の他に，長野県の木曽節にもみられる。

【10】(1)　①　山田耕筰　　②　栄枯盛衰　　③　短調

(2)

〈解説〉(1)　土井晩翠作詞・滝廉太郎作曲の「荒城の月」についての配
慮事項である。編曲の山田耕筰がどのような改変をしたのか知ってお
くこと。歌唱共通教材に関する問題は頻出であるので，他の曲につい
ても理解しておく。　(2)　山田耕筰は，拍数を半分にし，16小節の長
さにし，2小節目のミの♯を取り，半音下げている。本問は原曲を書
くものである。

【高等学校】

【１】(1)　①　公の性質　　②　イ　　(2)　①　オ　　②　ウ　　(3)　①
歌詞　　②　楽曲　　③　イメージ　　④　曲種　　⑤　表現形態
⑥　知覚　　⑦　感受　　⑧　音色　　⑨　奏法　　⑩　音階
⑪　和音　　⑫　反復

〈解説〉(1)　教育基本法は，全4章18条にわたって，教育の目的から幼児
教育，義務教育，大学，生涯学習，機会均等，教育行政など基本的な
ことが定められている。　(2)　本リーフレットでは，ハローワーク
(公共職業安定所)，ジョブカフェ(若者のためのワンストップサービス
センター)，地域若者サポートステーション(サポステ)，総合労働相談
コーナー(都道府県労働局総務部)，労働基準監督署についてわかりや

すく説明している。 (3) 本問は，平成21年告示の学習指導要領から
の出題だが，平成31年度から平成29年告示の学習指導要領の先行実施
がなされている。次年度以降は，改定後の学習指導要領から出題され
る可能性が高い。改定後は，歌唱，器楽，創作についてア〜ウの項目
があげられ，それとは別にA表現，B鑑賞の〔共通事項〕として，資質
と能力についてまとめられている。違いを把握しておくこと。

【2】(1) 増三和音 (2) 短三和音 (3) 短七の和音 (4) 減七
の和音 (5) F dur Ⅰ，C dur Ⅳ，B dur Ⅴ，b moll Ⅴ，a moll Ⅵ
(6) F dur Ⅱ，Es dur Ⅲ，B dur Ⅵ，d moll Ⅳ，g moll Ⅰ (7) C dur
Ⅶ，a moll Ⅱ，c moll Ⅶ

〈解説〉(1) 提示されている和音を三和音の形に直すと，C・E・Gis と
なり，根音と第3音の間が長3度，第3音と第5音の間も長3度となるた
め，増三和音である。 (2) 構成音はF・As・C，根音と第3音の間が
短3度，第3音と第5音の間が長3度で，短三和音である。 (3) 構成音
は，D・F・A・Cで，短三和音に根音から短7度上の音が重ねられてい
るので，短七の和音である。 (4) 構成音はC・Es・Ges・Hesesで，
減三和音に根音から減7度上の音が重ねられ，根音・第3音・第5音・
第7音の隔たりがすべて短3度で，減七の和音である。 (5) 構成音は
F・A・Cで，Aに♭がついておらず，Fに♯がついていないので，♭2
つ以下で♯0の調，C dur，F dur，B dur，a moll，d moll，g mollが考え
られる。短調では和声的短音階とすることが指定されているので，導
音上がりの♯がつかないことから，d moll，g mollは当てはまらない。
また導音上がりでAが♮になるのでb mollも正解に含まれる。和音の番
号は，根音のFがそれぞれの調の，いくつめの音かを数える。
(6) 構成音はG・B・Dで，Hに♭がついており，Dについていないの
で，♭系の音階から，♭3つまでの調，F dur，B dur，Es dur，d moll，
g moll，c mollが考えられる。c mollは導音のHに♭がついたままなので
当てはまらない。 (7) 構成音はH・D・Fで，Hに♭がつかず，Fに
♯がつかないので，調号0の調，C dur，a mollが考えられる。また，H

を導音上がりの音として考えると c moll も当てはまる。

【3】(1)

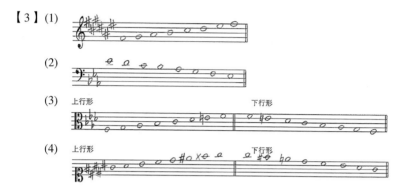

(2)

(3) 上行形　　　　　　　　　　　　下行形

(4) 上行形　　　　　　　　　　　　下行形

〈解説〉(1)　嬰ヘ長調は，調号が♯6つの長音階である。　(2)　変ロ長調の下属調は完全4度上の変ホ長調である。変ホ長調は調号が♭3つの長音階である。　(3)　変ニ長調の平行調は，変ロ短調で，その属調は完全5度上のヘ短調である。ヘ短調は，調号が♭4つの短音階である。和声的短音階は，自然短音階のⅦを臨時的記号によって半音あげ，導音としている音階である。　(4)　イ長調の導音は，嬰ト音である。嬰ト音を主調とする短調は，嬰ト短調であり，調号が♯5つの短調である。旋律的短音階は，上行する際に自然短音階のⅥとⅦを臨時記号によって高くし，下行では自然短音階に戻る音階である。

【4】(1)　曲名…水の戯れ　　作曲者名…M. ラヴェル　　(2)　曲名…カルミナ・ブラーナ　　作曲者名…C. オルフ　　(3)　曲名…交響曲第7番　　作曲者名…L. v. ベートーヴェン　　(4)　曲名…ピアノ協奏曲第2番　　作曲者名…S. ラフマニノフ　　(5)　曲名…オペラ「椿姫」より乾杯の歌　　作曲者名…G. ヴェルディ

〈解説〉(1)　モーリス・ラヴェルのピアノ曲である。楽譜は冒頭部分で，三和音に第7音，第9音を加えた和音が多用されている。　(2)　独唱(3声)，合唱，児童合唱，オーケストラという大規模な編成で演奏される。楽譜は〈運命の女神，全世界の支配者なる〉から第1曲〈おお，運命

の女神よ〉の冒頭，合唱の部分である。　(3)　楽譜は，第1楽章の第1主題である。ベートーヴェンの交響曲は，問題としてよく取り上げられるので他の曲も知っておきたい。　(4)　楽譜は，第1楽章の第2主題である。第1楽章冒頭の，ハ短調の第1主題はよく知られている。

(5)　楽譜は，第1幕で歌われるアルフレードとヴィオレッタの二重唱である。

【5】(1)　曲名…野ばら　　作詞者名…J. W. V. ゲーテ
　Ⅰの作曲者…H. ヴェルナー　　Ⅱの作曲者…F. シューベルト

(2)　Etwas langsam…ややゆっくりと　　Lieblich…愛らしく

(3)

(4)　①　8分の6　　②　4分の2　　③　歌曲　　④　魔王　　⑤　冬の旅　　⑥　白鳥の歌　　(⑤・⑥は順不同)

〈解説〉(1)　「野ばら(Heidenröslein)」は，1770年にストランブール(フランス北部の都市)で学生生活を始めたゲーテが，牧師の娘であるフリーデリーケと恋に落ち，その恋愛感情を比喩的に込めた詩である。この詩には多くの作曲家が曲をつけている。　(2)　Etwas langsam, Lieblich共にドイツ語である。シューベルトの歌曲はドイツ語で書かれているので，主だった曲想記号など覚えておきたい。　(3)　教科書に掲載されている楽曲についてはよく理解しておく必要があるが，問題の提示部分から調号や拍子もわかるので歌うことができれば続きを書くことはできる。　(4)　提示された楽譜で①②は解くことができる。シューベルトの歌曲集については曲目なども合わせて理解を深めておきたい。「美しき水車小屋の娘」は1823年，全20曲，「冬の旅」は1827年，1部が12曲の2部構成で全24曲，「白鳥の歌」は遺作で全14曲，シューベルト亡き後，弟子たちによってまとめられた。

【6】(1)　曲名…交響曲第6番「悲愴」　　作曲者…P. I. チャイコフスキー　　(2)　拍子…4分の5　　調名…ニ長調(D dur)

(3)

(4)　horn(French Horn)　　(5)　pizz.…弓を使わずに指で弦をはじく　arco…弓を使って弾く

(6)

(7)　序曲「1812年」

〈解説〉(1)　楽譜は，チャイコフスキーの交響曲第6番「悲愴」の第2楽章である。この第2楽章は，4分の5拍子というめずらしい拍子で，メヌエット風の複合三部形式になっている。　(2)　拍子と調については，提示されている楽譜から読みとることができる。　(3)　クラリネットin Aで演奏すると，実音は記譜音より短3度低くなる。in Cからin Aへの書き替えなので，原調のニ長調より短3度高いヘ長調に書き替える。(4)　Cor.はイタリア語のCornoの省略形でホルンのことである。英語では，Hornと表記される。また，同じホルンという名前を持つ，イングリッシュ・ホルンと区別してフレンチ・ホルン(French Horn)と呼ばれることもある。　(5)　弦楽器の楽譜にはよく使われる。pizz.はピッツィカートの略で，弓を使わずに指で弦をはじく奏法である。arco(アルコ)は，弓を使って弾くことである。　(6)　交響曲第6番の第1楽章は，ロ短調ソナタ形式で，第2主題は平行調のニ長調になり，Andanteでふくよかに幅広く歌われる主題である。　(7)　序曲「1812年」は，1880年に作曲した演奏会用序曲である。楽譜上に大砲(cannon)の指定があり，演奏の際オーケストラがいろいろな手法でこの音を鳴らす。実際

の大砲(空砲)が使用されることもある。

【7】(1) 曲名…貝殻節 都道府県名…鳥取県 (2) ア (3) カワイヤノー

(4)  調弦法…二上り

(5) ① 勘所 ② 薬指 (6) ① エ ② イ ③ ア
④ ウ (7) ① 八木節 ② 追分 ③ 八木節

〈解説〉(1) 楽譜は，鳥取県の貝殻節である。地元の民謡については詳しく理解しておく。 (2) 貝殻節は，漁夫の作業唄として古くから根付いていた唄である。したがって，仕事歌に分類される。 (3) 貝殻節では「カワイヤノー」などの囃子詞(はやしことば)が使われている。
(4) 三味線の代表的な調弦には，一の糸と二の糸の間の音程が完全4度，二の糸と三の糸の間の音程が完全5度となる「本調子」，一の糸と二の糸の間の音程が完全5度，二と糸と三の糸の間の音程が完全4度となる「二上り」(本調子と比べて二の糸が上がっている)，一の糸と二と糸の間，二の糸と三の糸の間が共に完全4度となる「三下がり」(本調子と比べて三の糸が下がっている)などがある。開放弦の音と，五線譜の実音を照らし合わせて解答する。 (5) 勘所(かんどころ)とは，糸を押さえるポジションのことである。三味線では，Ⅲと印がある場合は，勘所を薬指で押さえる。それ以外は人差し指で押さえる。
(6) 日本の音階の分類には諸説あるが，都節音階，律音階，民謡音階，沖縄音階の4つに分けて説明されることが多い。本問はハの音から始まる音階で書かれているが，調号をつかわなくてすむような音から始まるように書かれることもある。音間の並びは同じになるので，どちらも答えられるようにしたい。 (7) メリスマとは，1つの音節を長く引きのばす歌い方のことである。他に八木節様式に分類される曲は，富山県のこきりこ節や宮城県の斎太郎節などがある。追分様式に分類される曲は，宮崎県の刈干切り歌などがある。

2019年度　実施問題

【中学校】

【1】次の(1)～(3)の演奏を聴き，五線譜に書き取りなさい。各問いの前に主和音を1回弾き，1回目のみ1小節分カウントを入れてから演奏します。30秒の間を空けて5回繰り返します。

(1)　C－Dur　(ハ長調)　4分の4拍子　8小節　旋律

(2)　B－Dur　(変ロ長調)　4分の3拍子　8小節　旋律

(3)　fis－moll　(嬰ヘ短調)　8分の6拍子　8小節　旋律

(☆☆☆◎◎)

【2】次の楽譜について，以下の(1)～(3)の各問いに答えなさい。

(1)　この曲の曲名を答えなさい。

(2) この曲の作曲者名を答えなさい。

(3) この曲の第1声部に現れる主題に合わせて，①〜⑤の小節の第2声部に現れる主題(応答)の音符を五線譜に記入し，楽譜を完成しなさい。

(☆☆☆◎◎◎)

【3】(1)，(2)に指定されたそれぞれの音階を全音符で1オクターブのみ書きなさい。

(1) 和声的短音階(上行形のみ)

(2) 旋律的短音階(上行形と下行形の両方)

(☆☆☆◎◎◎)

【4】次の(1)〜(4)のコードを全音符で書きなさい。

(1) G

(2) Fm7

(3) CM7

(4)　C7sus4

(☆☆◎◎◎)

【5】次のファゴットの楽譜を(1)　クラリネット(B♭)　(2)　アルトサクソフォン(E♭)にそれぞれ移調しなさい。

(☆☆☆◎◎◎)

【6】交響組曲「シェエラザード」の第2楽章について，以下の(1)～(3)の各問いに答えなさい。

(1)　この曲の作曲者名を答えなさい。

(2)　次の空欄(　①　)～(　③　)にあてはまる最も適切な語句をそれぞれ答えなさい。

> 　「シェエラザード」は，「(　①　)物語」に登場する人物のイメージをもとに作曲されたオーケストラのための作品である。登場人物を，音色，旋律と(　②　)が織りなす(　③　)，速度，強弱などで，色彩豊かに表現している。

(3)　(ア)～(ウ)の旋律を独奏で演奏する楽器名と，(エ)～(カ)の速度又は発想に関する用語を書きなさい。(カタカナ表記ではなく，音楽用語で書くこと。)

(☆☆☆◯◯◯)

【7】日本の伝統芸能について，以下の(1)〜(3)の各問いに答えなさい。

(1) 次の空欄(①)〜(⑤)にあてはまる最も適切な語句や数字をそれぞれ答えなさい。

> 　雅楽は，約(①)年の歴史をもつ芸能である。雅楽には，5〜9世紀にアジア各地から伝来した歌や舞を起源とする「舞楽」や「(②)」，日本古来の(③)用の歌や舞である「神楽歌」「東遊」など，さらには，(④)時代に日本でつくられた歌である「催馬楽」「(⑤)」がある。

(2) 次の楽譜は，平調「越天楽」の冒頭の部分である。楽譜上の①〜⑦を演奏する楽器名をそれぞれ答えなさい。

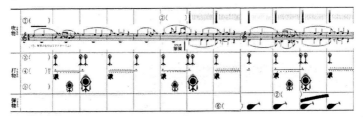

(3) 篳篥の奏法について，次の空欄(①)，(②)にあてはまる最も適切な語句をそれぞれ答えなさい。

> 　篳篥には，（　①　）と呼ばれる独特な奏法がある。（　①　）は，指づかいを変えずに，（　②　）のくわえ方と息の吹き込み方で音程を変化させ，旋律に装飾的な動きをつける。

(☆☆☆◎◎)

【8】「夏の思い出」について，以下の(1)～(3)の各問いに答えなさい。

(1)　中学校学習指導要領解説音楽編(平成20年9月)第4章「指導計画の作成と内容の取扱い」の中にある「2　内容の取扱いと指導上の配慮事項」に「夏の思い出」の指導上の配慮事項が記載されている。次の空欄（　①　）～（　④　）にあてはまる最も適切な語句をそれぞれ答えなさい。

> 　「夏の思い出」は，夏の日の静寂な（　①　）沼の風物への追憶を表した（　②　）的な楽曲である。例えば，言葉のリズムと旋律や強弱とのかかわりなどを感じ取り，曲の形式や楽譜に記された様々な記号などをとらえて，（　③　）を想像しながら表現を（　④　）することなどを指導することが考えられる。

(2)　1番の「みずばしょうの　～　とおいそら」までの歌詞に合わせて（　①　）の五線譜上に主旋律の音符を書き，楽譜を完成しなさい。
　　　また，（　②　）～（　④　）に該当する最も適切な音の強弱に関する記号及び演奏の仕方に関する記号を書きなさい。

(☆☆☆◎◎)

【9】次の文章は，西洋の音楽の歩みについて説明した内容である。次の
空欄(①)～(⑩)にあてはまる最も適切な語句をそれぞれ答えな
さい。

・　中世の(①)聖歌の特徴は，拍節的でないリズム，単旋律，教
会旋法に基づく，などで，(②)譜という楽譜に記された。

・　(③)の頃には，多声音楽が発達を続け，(④)法が完成。楽
譜印刷の発明，宮廷音楽の発展，諸芸術の豊かな保護などによって，
音楽は高度な芸術の一つとして認識された。

・　バロックの頃には(⑤)が誕生した。また，器楽曲が多くつく
られるようになり，独奏楽器(または独奏楽器群)と合奏からなる
(⑥)曲が成立し発展した。

・　(⑦)派の音楽は，個性を重んじ，文学や詩と結びついて，形
式にとらわれずに，人間の感情を自由に表現する方向をめざした。
即興曲やバラードなどの自由な形式のピアノ曲，交響詩などの
(⑧)音楽，文学的な内容をもった作品や絵画を題材にした作品
などが作曲されるようになった。

・　(⑨)は，音楽を構成する要素の全てを作曲者が確定せず，演
奏者や環境などに委ねるという「偶然性・不確定性の音楽」を生み
出した。(⑨)は，(⑩)楽譜を用いた作品を作った。

(☆☆☆◎◎◎)

【10】次の各問いに答えなさい。

(1)　次の①～⑤の文章は，教育に関係する法令に記載された条文の一
部である。①～⑤が記載された法令として最も適切なものを，あと
の(ア)～(コ)からそれぞれ1つずつ選び，記号で答えなさい。

①　第11条　校長及び教員は，教育上必要があると認めるときは，
文部科学大臣の定めるところにより，児童，生徒及び
学生に懲戒を加えることができる。ただし，体罰を加
えることはできない。

②　第30条　地方公共団体は，法律で定めるところにより，学校，

　　　　　図書館，博物館，公民館その他の教育機関を設置する
　　　　　ほか，条例で，教育に関する専門的，技術的事項の研
　　　　　究又は教育関係職員の研修，保健若しくは福利厚生に
　　　　　関する施設その他の必要な教育機関を設置することが
　　　　　できる。
③　第94条　地方公共団体は，その財産を管理し，事務を処理し，
　　　　　及び行政を執行する権能を有し，法律の範囲内で条例
　　　　　を制定することができる。
④　第4条　すべて国民は，ひとしく，その能力に応じた教育を受
　　　　　ける機会を与えられなければならず，人種，信条，性
　　　　　別，社会的身分，経済的地位又は門地によって，教育
　　　　　上差別されない。
⑤　第52条　小学校の教育課程については，この節に定めるものの
　　　　　ほか，教育課程の基準として文部科学大臣が別に公示
　　　　　する小学校学習指導要領によるものとする。

(ア)　日本国憲法	(イ)　教育基本法
(ウ)　学校教育法	(エ)　学校教育法施行令
(オ)　学校教育法施行規則	(カ)　学校図書館法
(キ)　地方教育行政の組織及び運営に関する法律	
(ク)　社会教育法	(ケ)　地方公務員法
(コ)　教育公務員特例法	

(2)　次の文章は，中学校学習指導要領(平成29年3月告示)第1章総則
　で示された，各教科等の指導に当たり配慮する事項の一部である。
　(　①　)～(　⑤　)にあてはまる最も適切な語句をそれぞれ答えな
　さい。

> 　第1の3の(1)から(3)までに示すことが偏りなく実現されるよう，単元や題材など内容や時間のまとまりを見通しながら，生徒の主体的・(①)で深い学びの実現に向けた授業改善を行うこと。
>
> 　特に，各教科等において身に付けた(②)及び技能を(③)したり，思考力，(④)，表現力等や学びに向かう力，人間性等を発揮させたりして，学習の対象となる物事を捉え思考することにより，各教科等の特質に応じた物事を捉える視点や考え方(以下「見方・考え方」という)が鍛えられていくことに留意し，生徒が各教科等の特質に応じた見方・考え方を働かせながら，(②)を相互に関連付けてより深く理解したり，(⑤)を精査して考えを形成したり，問題を見いだして解決策を考えたり，思いや考えを基に創造したりすることに向かう過程を重視した学習の充実を図ること。

(3)　次の文章は，中学校学習指導要領解説音楽編(平成20年9月)第3章「各学年の目標及び内容」第1節「第1学年の目標と内容」「2　内容」(2)B　鑑賞　に示された内容の一部である。次の空欄(①)～(⑤)にあてはまる最も適切な語句をそれぞれ答えなさい。

> イ　音楽の特徴をその(①)となる(②)・歴史や他の芸術と関連付けて，鑑賞すること。
> ウ　我が国や(③)の伝統音楽及びアジア地域の(④)の音楽の特徴から音楽の(⑤)を感じ取り，鑑賞すること。

(☆☆☆◎◎◎)

【高等学校】

【1】次の(1)～(3)の演奏を聴き，五線譜に書き取りなさい。五線譜には，各問題に合った調号・拍子記号を記入しなさい。各問題の前に主和音を1回弾き，1回目のみ1小節分カウントを入れてから演奏します。30秒の間を空けて5回繰り返します。

(1)　Es－Dur　(変ホ長調)　4分の4拍子　8小節

(2)　D－Dur　(ニ長調)　4分の4拍子　8小節

(3)　d－moll　(ニ短調)　8分の6拍子　8小節

(☆☆☆◎◎◎)

【2】次の①〜⑤の文章は，教育に関係する法令に記載された条文の一部である。①〜⑤が記載された法令として最も適切なものを，あとのア〜コからそれぞれ1つずつ選び，記号で答えなさい。

①　第11条　校長及び教員は，教育上必要があると認めるときは，文部科学大臣の定めるところにより，児童，生徒及び学生に懲戒を加えることができる。ただし，体罰を加えることはできない。

②　第30条　地方公共団体は，法律で定めるところにより，学校，図書館，博物館，公民館その他の教育機関を設置するほか，条例で，教育に関する専門的，技術的事項の研究又は教育関係職員の研修，保健若しくは福利厚生に関する施設その他の必要な教育機関を設置することができる。

③ 第94条 地方公共団体は，その財産を管理し，事務を処理し，及び行政を執行する権能を有し，法律の範囲内で条例を制定することができる。

④ 第4条 すべて国民は，ひとしく，その能力に応じた教育を受ける機会を与えられなければならず，人種，信条，性別，社会的身分，経済的地位又は門地によって，教育上差別されない。

⑤ 第52条 小学校の教育課程については，この節に定めるもののほか，教育課程の基準として文部科学大臣が別に公示する小学校学習指導要領によるものとする。

ア 日本国憲法　　　　　イ 教育基本法
ウ 学校教育法　　　　　エ 学校教育法施行令
オ 学校教育法施行規則　カ 学校図書館法
キ 地方教育行政の組織及び運営に関する法律
ク 社会教育法　　　　　ケ 地方公務員法
コ 教育公務員特例法

(☆☆☆○○○)

【3】次の文章は，平成21年3月告示高等学校学習指導要領「芸術」の「音楽Ⅰ」の内容として示された，表現に関して指導する事項の一部である。

> (1) 歌唱
>   エ 音楽を形づくっている要素を　Ⅰ　し，それらの働きを　Ⅱ　して歌うこと。
> (2) 器楽
>   エ 音楽を形づくっている要素を　Ⅰ　し，それらの働きを　Ⅱ　して演奏すること。

これらについて，高等学校学習指導要領解説(平成21年12月)芸術編では，以下のように説明されている。

　　この事項は，音楽を形づくっている要素を　Ⅰ　し，それら
の働きを　Ⅱ　して歌う能力を育てることをねらいとしてお
り，「A表現」の「(1)歌唱」，「(2)器楽」，「(3)創作」及び「B鑑賞」
のそれぞれに共通に位置付けた。

　「音楽を形づくっている要素」とは，中学校音楽科で示してい
るように，（　①　），（　②　），速度，（　③　），（　④　），
（　⑤　），形式，構成などを指す。(略)

　例えば，（　③　），（　⑤　）に着目し，（　③　）における音の
つながり方や(　⑤　)の微妙な変化を　Ⅰ　し，それらの働き
によって生み出される表現の特質などを　Ⅱ　することによっ
て，フレーズにふさわしい表現を工夫して歌うこと，また，
（　③　），（　②　）に着目し，民謡の音階や拍節的でない
（　②　）を　Ⅰ　し，それらの働きによって生み出される独特
の雰囲気などを　Ⅱ　することによって，（　⑥　）様式の民謡
の特徴を生かして歌うことが考えられる。

(略)

　(略)例えば，リコーダー・アンサンブルの場合，（　④　）に着
目し，主(　③　)を担当する声部とそれ以外の声部による音と音
とのかかわり合いを　Ⅰ　し，それらの働きによって生み出さ
れる表現の特質などを　Ⅱ　することによって，よりよいアン
サンブルの表現を工夫すること，また，祭囃子を演奏する場合，
笛，鉦，太鼓の(　①　)に着目し，各楽器の奏法を様々に試しな
がら響きの変化を　Ⅰ　し，それらの働きによって生み出され
る独特の雰囲気などを　Ⅱ　することによって，ふさわしい表
現を工夫することが考えられる。(略)

　Ⅰ　　Ⅱ　及び(　①　)〜(　⑥　)に入る適切な語句をそれぞ
れ答えなさい。

　　　　　　　　　　　　　　　　　　　　(☆☆☆◎◎◎◎)

【4】次の(1)～(3)の音程，(4)(5)の転回音程を答えなさい。また，(6)～
(10)は，指示された音程を，全音符で書きなさい。

短6度下　　　　増5度上　　　　長7度下　　　　減4度上　　　　重増3度下

(☆☆☆◎◎◎)

【5】次の(1)～(3)の楽譜は曲の一部である。調名をそれぞれ日本語で答
えなさい。

(☆☆☆◎◎◎)

【6】次の曲の作曲者名をそれぞれ答えなさい。
① 連作歌曲集「月に憑かれたピエロ」
② 楽劇「トリスタンとイゾルデ」
③ バレエ音楽「プルチネッラ」
④ 交響曲第94番「驚愕」
⑤ 歌曲集「リーダークライス」op.39

(☆☆☆◎◎◎)

【7】次のオーケストラ・スコアについて，下の問いに答えなさい。

(1)　この曲の曲名と作曲者名を答えなさい。

(2)　この曲は，ある人が作曲した主題が使われている。その作曲者名を答えなさい。

(3)　この楽譜の中で(　①　)～(　④　)に入る管楽器名と，ここで使用される管が何調か答えなさい。また(　⑤　)～(　⑧　)に入る打楽器名を答えなさい。ただし楽器名は，カタカナで記入しなさい。

(4)　Violaパートの　A　の部分をアルト譜表に書きかえなさい。(調号，拍子記号，強弱記号，奏法に関する記号も記入すること。)

(5)　Violoncelloパートの　B　の部分をテノール譜表に書きかえなさい。(調号，拍子記号，強弱記号，奏法に関する記号も記入すること。)

(6)　この作曲者により，第二次世界大戦中に空襲で破壊されたコヴェントリー大聖堂の再建献堂式のために作曲された曲名を答えなさい。

(☆☆☆◎◎◎)

【8】次のギターアンサンブルの楽譜について，あとの問いに答えなさい。

(1)　Guitar1の1段目のTAB譜を完成させなさい。(使用するフレットは4フレットまでとする。)

(2)　Guitar2のTAB譜を適切な音符と休符を用いて，五線譜に書きかえなさい。

(3)　Guitar1のメロディーとGuitar2の和音から(①)～(⑥)のそれぞれに入るコード・ネームを答えなさい。(コードは，Guitar2の各小節の1拍目の音をルート(根音)とする。)

(☆☆☆☆◎◎)

【9】和楽器について，以下の問いに答えなさい。
(1)　次の(①)～(④)に入る最も適切な語句と(⑤)に入る楽器名をそれぞれ答えなさい。(④)は漢字とその読み仮名をそれぞれ答えなさい。

> 　この三味線の楽譜で五線譜の下に示されているのが（　①　）である。これには，三味線の糸に見立てた3本の線上に，押さえる（　②　）の数字が記されている。（　②　）は，通常は（　③　）指で押さえる。（　①　）の上に書かれたツンツンテーン…」は，（　④　）と呼ばれるもので，これを歌って曲を覚えたり伝えたりする。三味線は，ばちの形や奏法など，（　⑤　）の影響を強く受けている。

(2)　(1)の楽譜を演奏する場合，3つの糸をどの音に調弦するかを五線譜に書きなさい。また，この三味線の調弦法を答えなさい。

(3)　三味線の以下の記号について，奏法の名前を書きなさい。
①　ス・∨　　　②　ハ・∩　　　③　ウ・⊤

(4)　篠笛を学習している生徒に，既習のリコーダーと比較しながら奏法についての指導を行うこととした。

　　以下の表の（　①　）～（　③　）に入る最も適切な語句をそれぞれ答えなさい。また，すべての穴をふさぐ時，それぞれの穴を指のどの部分でふさぐかを●で表しなさい。

	リコーダー	篠笛
音を出す時の基本	舌を使って，音を出したり止めたりする（　①　）を用いる。	（　①　）は使用しないで滑らかに演奏する。同じ音が続くときには，そのつど吹き直さずに，（　②　）という奏法を用いる。
高い音を出す時	サムホール（親指孔）にわずかな隙間をつくる（　③　）を用いる。	同じ運指のまま唇を横に引き，息を鋭く吹き込む。
指の押さえ方	指の●の位置でトーンホール（音孔）をふさぐ。（以下の図に記入）	指の●の位置で指孔をふさぐ。（以下の図に記入）ただし7孔の篠笛を右側に構えるものとする。

リコーダー　　　　　　　　　　　　篠笛

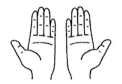

(☆☆☆◎◎◎)

解答・解説

【中学校】

【 1 】(1)

(2)

(3)

〈解説〉聴音の問題である。あらかじめ提示されている調性や拍子に目を通しておこう。全部で5回通奏されるので，1回目で拍の頭の音を書き，2回目で最初の4小節を書こう。3回目で最後の4小節を書き，4回目は全体の聴き損なった部分の確認。5回目は最終確認という段取りで行うと確実性が増すだろう。

【2】(1) フーガ　ト短調　　(2)　バッハ

(3)

〈解説〉提示されている楽譜はバッハ作曲の「フーガ　ト短調」である。教科書にも掲載されている曲なので，かなり細かい部分まで問われている。(3)は対旋律を書く問題である。この曲をよく知らないと書けないので，教科書に掲載されている曲については隅々まで見ておく必要があるだろう。

【3】(1)

(2)

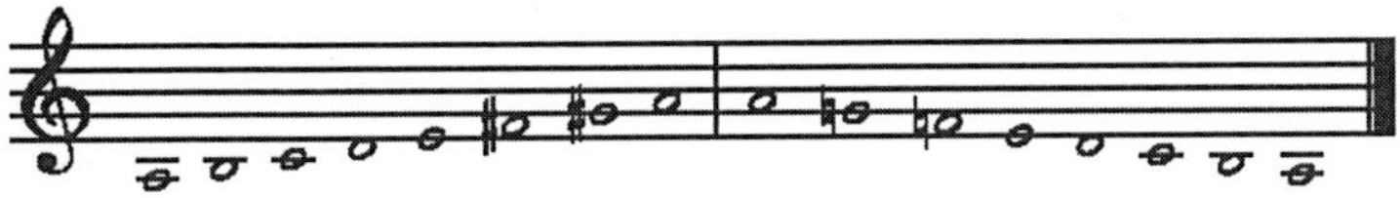

〈解説〉和声的短音階とは自然短音階の第7音を半音上げたものである。旋律的短音階とはさらに第6音も半音上げたものであり，上行形と下行形で音が異なる。下行形の場合，自然短音階で下りてくる。

【4】(1)

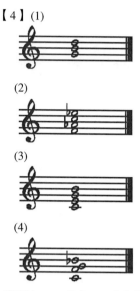

(2)

(3)

(4)

〈解説〉コードネームから構成音を書く問題である。コードネームは音楽
　科の教員として勤務するようになってからも必須の事項なので，試験
　対策だけでなく日頃からメロディー譜とコードネームだけで伴奏を付
　けられるように練習しておこう。特にsus4(サスフォー)など装飾され
　たコードネームについてよく構成音を確認しておこう。

【5】(1)

(2)

〈解説〉クラリネット(B♭)の場合，実音は記譜音より長2度低いから，提
　示されているテノール譜から長2度高く記譜すればよい。アルトサク
　ソフォンについては長6度高く記譜しよう。テノール譜からの読み間

違えに注意したい問題である。

【6】(1) リムスキー・コルサコフ (2) ① 千一夜 ② 伴奏
③ 響き (3) (ア) ヴァイオリン (イ) トロンボーン
(ウ) トランペット (エ) Lento (オ) Capriccioso
(カ) Molto moderato

〈解説〉交響組曲「シェエラザード」はコルサコフの作品である。ロシア
5人組の一人としても有名である。教科書に掲載されていることから，
作品の細部までよく知っておきたい組曲であり，頻出度も高い。作品
中に出てくるテーマについては，楽語についても問われることがあり，
本問でも原語で書くようにと指示されている。楽語については，イタ
リア語のものを中心にできるだけ多く覚えておきたい。提示される作
品がフランスやドイツのものだと楽語も作品に準ずるので，できれば
フランス語とドイツ語の楽語も基本的なものは理解しておこう。

【7】(1) ① 1300 ② 管絃 ③ 儀式 ④ 平安 ⑤ 朗
詠 (2) ① 竜笛 ② 笙 ③ 鉦鼓 ④ 鞨鼓 ⑤ 太
鼓 ⑥ 琵琶 ⑦ 箏 (3) ① 塩梅 ② 芦舌

〈解説〉雅楽に関する問題である。日本の伝統的な音楽である雅楽や能楽
などは内容が複雑に入り組んでいて理解するのに時間がかかる。それ
は，西洋音楽では中世→ルネサンス→バロック…のように年代と音楽
様式の変化がある程度一致しているのに対して，日本の伝統的な音楽
は，ある流派が途絶えぬままそこから新しい流派が派生して登場する
ケースが多い傾向にあるからである。したがって，図示しようとする
と，非常に緻密なものとなりわかりにくい。頻出傾向にあるものだけ
を自分でノートにまとめて，演目・使用楽器・時代区分の3点セット
で覚えるようにしよう。使用楽器で用いられる奏法についても漢字表
記でややこしいものが多いので，早い段階から学習を始めることをお
すすめしたい。

【8】(1)　①　尾瀬　　②　叙情　　③　情景　　④　工夫

(2)　①

mp
(②)
(③)
mp
dim
みずばしょう のは な が さいている ゆめみてさいている み ず の ほ と り
p
mf
(②)
(④)
p
しゃくなげいーろにたそがれ る はるかなおぜ とおいそら

②　　　③　*PP*　　④　

〈解説〉歌唱共通教材である「夏の思い出」についての問題である。学習指導要領で示されている「指導計画と内容の取扱い」に準じて言葉を埋めよう。また，「夏の思い出」だけに限らず，歌唱共通教材として指定されている楽曲については旋律を書かせたり歌詞を書かせたりする問題が頻出である。「早春賦」や「荒城の月」など文語調で書かれた作品については歌詞の意味を問われることも多い。歌唱共通教材については，何をどういう風に問われても解答できるように学習を深めておく必要がある。

【9】①　グレゴリオ　　②　ネウマ　　③　ルネサンス　　④　対位　⑤　オペラ　　⑥　協奏　　⑦　ロマン　　⑧　標題　　⑨　ケージ　⑩　図形

〈解説〉西洋音楽史に関する問題である。中世から始まっている。グレゴリオ聖歌はネウマ譜と一緒に覚えよう。頻出度が高い。ルネサンスで中心となったのは多声音楽(ポリフォニー)の発達である。この様式で多くの宗教曲や合唱曲が書かれた。バロックに入るとオペラが誕生した。協奏曲が器楽曲のジャンルの中で重要な位置を占めたのもこの時代である。個性を重んじ，文学や詩と結びついて形式にとらわれない音楽はロマン派の時代に起こったものである。この時代には絶対音楽の対義語となる標題音楽が発達した。ジョン・ケージはプリペアドピアノで知られる人物である。彼は図形を用いた楽譜を用いるなど，前

衛的な試みを数多く行った。

【10】(1) ① (ウ)　② (キ)　③ (ア)　④ (イ)　⑤ (オ)
(2) ① 対話的　② 知識　③ 活用　④ 判断力　⑤ 情報　(3) ① 背景　② 文化　③ 郷土　④ 諸民族
⑤ 多様性

〈解説〉問1　①　文部科学省は体罰が社会問題化したことを受け，平成25年3月に「体罰の禁止及び児童生徒理解に基づく指導の徹底について」を通知した。その中で懲戒と体罰の区別について文部科学省は，「教員等が児童生徒に対して行った懲戒行為が体罰に当たるかどうかは，当該児童生徒の年齢，健康，心身の発達状況，当該行為が行われた場所的及び時間的環境，懲戒の態様等の諸条件を総合的に考え，個々の事案ごとに判断する必要がある。この際，単に懲戒行為をした教員等や，懲戒行為を受けた児童生徒・保護者の主観のみにより判断するのではなく，諸条件を客観的に考慮して判断すべきである」としたうえで，「その懲戒の内容が身体的性質のもの，すなわち，身体に対する侵害を内容とするもの(殴る，蹴る等)，児童生徒に肉体的苦痛を与えるようなもの(正座・直立等特定の姿勢を長時間にわたって保持させる等)に当たると判断された場合は，体罰に該当する」としている。
②　「地方教育行政の組織及び運営に関する法律」(地教行法)は昭和31年に制定されたもので，教育委員会の設置，市町村立学校の教職員の身分，学校運営協議会の設置などの地方公共団体の教育行政の基本について定めた法律。平成27年4月1日には大きな制度改正を行うためその一部を改正する法律が施行され，教育委員長と教育長を一本化した新「教育長」の設置，教育長へのチェックの機能の強化と会議の透明化，「総合教育会議」の全自治体設置，教育に関する「大綱」の策定が行われた。　③　地方公共団体の権能を定めたものである。なお日本国憲法第92条では「地方公共団体の組織及び運営に関する事項は，地方自治の本旨に基いて，法律でこれを定める。」とされている。
④　「教育基本法」が制定された昭和22年から60年が経過し，価値観

201

の多様化，規範意識の低下，科学技術の進歩，国際化，核家族化などの教育を取り巻く環境の大幅な変化を踏まえ，「教育基本法」が改正され，平成18年12月公布・施行された。この改正において第4条(旧第3条)は一部文言が修正されている。　⑤　「学校教育法」第33条は「小学校の教育課程に関する事項は，第29条及び第30条の規定に従い，文部科学大臣がこれを定める。」(中学校については第48条，高等学校については第52条で同様に規定としている。)としている。それを受けて文部科学省令たる「学校教育法施行規則」第52条は「小学校の教育課程については，この節に定めるもののほか，教育課程の基準として文部科学大臣が別に公示する小学校学習指導要領によるものとする。」としている。これらの規定により，教育課程については国が学習指導要領などで学校が編成する教育課程の大綱的な基準を公示し，学校の設置者たる教育委員会が教育課程など学校の管理運営の基本的事項について規則を制定し，学校(校長)が学校や地域，児童生徒の実態等を踏まえ，創意工夫した教育課程を編成・実施することになっている。

(2)　各教科等の指導に当たって配慮する事項からの出題であり，この部分について「中学校学習指導要領解説　総則編」は「(1)知識及び技能が習得されるようにすること，(2)思考力，判断力，表現力等を育成すること，(3)学びに向かう力，人間性等を涵養することが偏りなく実現されるよう，単元や題材など内容や時間のまとまりを見通しながら，生徒の主体的・対話的で深い学びの実現に向けた授業改善を行うこと，その際，各教科等の「見方・考え方」を働かせ，各教科等の学習の過程を重視して充実を図ることを示している。」と解説している。

(3)　現行の学習指導要領解説からの出題である。「要素や構造」などの「○や○」と示されているものはセットで覚えるようにしよう。なお中学校においては平成33年度から新学習指導要領が全面実施されることとなっている。新学習指導要領では，同項目(B　鑑賞)において(ア)～(ウ)のように，より具体的に内容が示されているので，新指導要領及び解説にも目を通しておくとよいだろう。

【高等学校】

【1】(1)

(2)

(3)

〈解説〉聴音の問題である。はじめに問題に目を通し、調号と拍子記号を書き忘れないように注意しよう。全部で5回通奏されるので、1回目で拍の頭の音を書き、2回目で最初の4小節を書こう。3回目で最後の4小節を書き、4回目は全体の聴き損なった部分の確認。5回目は最終確認という段取りで行うと確実性が増すだろう。

【2】※①〜⑤は全員正解とする(解答非公表)

〈解説〉鳥取県は本問の全て(①〜⑤)を全員正解とし、解答を非公表としている。詳細は各自で自治体に問い合わせられたい。以下は①がウ(学校教育法)、②がキ(地方教育行政の組織及び運営に関する法律)、③がア(日本国憲法)、④がイ(教育基本法)、⑤がオ(学校教育法施行規則)によるものとして解説をする。　①　文部科学省は体罰が社会問題化し

たことを受け，平成25年3月に「体罰の禁止及び児童生徒理解に基づく指導の徹底について」を通知した。その中で懲戒と体罰の区別について文部科学省は，「教員等が児童生徒に対して行った懲戒行為が体罰に当たるかどうかは，当該児童生徒の年齢，健康，心身の発達状況，当該行為が行われた場所的及び時間的環境，懲戒の態様等の諸条件を総合的に考え，個々の事案ごとに判断する必要がある。この際，単に懲戒行為をした教員等や，懲戒行為を受けた児童生徒・保護者の主観のみにより判断するのではなく，諸条件を客観的に考慮して判断すべきである」としたうえで，「その懲戒の内容が身体的性質のもの，すなわち，身体に対する侵害を内容とするもの(殴る，蹴る等)，児童生徒に肉体的苦痛を与えるようなもの(正座・直立等特定の姿勢を長時間にわたって保持させる等)に当たると判断された場合は，体罰に該当する」としている。　②　「地方教育行政の組織及び運営に関する法律」(地教行法)は昭和31年に制定されたもので，教育委員会の設置，市町村立学校の教職員の身分，学校運営協議会の設置などの地方公共団体の教育行政の基本について定めた法律。平成27年4月1日には大きな制度改正を行うためその一部を改正する法律が施行され，教育委員長と教育長を一本化した新「教育長」の設置，教育長へのチェックの機能の強化と会議の透明化，「総合教育会議」の全自治体設置，教育に関する「大綱」の策定が行われた。　③　地方公共団体の権能を定めたものである。なお日本国憲法第92条では「地方公共団体の組織及び運営に関する事項は，地方自治の本旨に基いて，法律でこれを定める。」とされている。　④　「教育基本法」が制定された昭和22年から60年が経過し，価値観の多様化，規範意識の低下，科学技術の進歩，国際化，核家族化などの教育を取り巻く環境の大幅な変化を踏まえ，「教育基本法」が改正され，平成18年12月公布・施行された。この改正において第4条(旧第3条)は一部文言が修正されている。　⑤　「学校教育法」第33条は「小学校の教育課程に関する事項は，第29条及び第30条の規定に従い，文部科学大臣がこれを定める。」(中学校については第48条，高等学校については第52条で同様に規定としている。)としてい

る。それを受けて文部科学省令たる「学校教育法施行規則」第48条は
「小学校の教育課程については，この節に定めるもののほか，教育課
程の基準として文部科学大臣が別に公示する小学校学習指導要領によ
るものとする。」としている。これらの規定により，教育課程につい
ては国が学習指導要領などで学校が編成する教育課程の大綱的な基準
を公示し，学校の設置者たる教育委員会が教育課程など学校の管理運
営の基本的事項について規則を制定し，学校(校長)が学校や地域，児
童生徒の実態等を踏まえ，創意工夫した教育課程を編成・実施するこ
とになっている。

【3】 Ⅰ　知覚　　Ⅱ　感受　　①　音色　　②　リズム　　③　旋律
　　④　テクスチュア　　⑤　強弱　　⑥　追分
〈解説〉学習指導要領ならびに学習指導要領解説に関する問題である。現
　　行の学習指導要領からの出題となっている。高等学校においては，平
　　成31年度から新学習指導要領の先行実施が開始される。したがって次
　　年度以降の試験では，新学習指導要領からの出題となる可能性が高い。
　　新学習指導要領は現行の学習指導要領に加わる形で派生した項目が新
　　設されていたり，語句が変わっていたりするので同解説，新旧対照表
　　も含めてよく目を通しておこう。

【4】(1)　長7度　　(2)　減5度　　(3)　重増6度　　(4)　短3度
　　(5)　重増2度

〈解説〉(1)　E－Dは半音2つを含む短7度だが，Esで幅が広がるので長7度。
　　(2)　F－Cは半音1つを含む完全5度だが，Fisにより幅がせばまるので
　　減5度。　　(3)　HとGは半音2つを含む短6度だが，BとGisisで幅が広が
　　るので重増6度。　　(4)　転回音程を答えるので，D－Fは半音1つを含

205

む短3度。　(5)　転回音程を答えるので，G−Aは半音を含まず，かつ，Gesesで幅が広がるので重増2度。

(6)〜(10)　指定されている音程を全音符で書けばよい。書いた後，その通りの音程になっているか確認するとよいだろう。様々な音部記号があるので，十分注意して取り組もう。

【5】(1)　ト短調　　(2)　ホ長調　　(3)　変ホ短調
〈解説〉調判定はまず音階の固有音を見つけることが大切である。そして楽器にたよらずに楽譜を見ただけで音のイメージが鳴るような能力が備わっていると一番よい。音階固有音であるか臨時記号で上げ下げされている音か見極める方法は多々あるが，まず第一に次の音に跳躍進行する音は音階固有音である。楽典の問題集等で数をこなして練習し，準備しておこう。

【6】①　シェーンベルク　　②　ヴァーグナー　　③　ストラヴィンスキー　　④　ハイドン　　⑤　シューマン
〈解説〉設問は比較的有名なものが多いが，一部マイナーなものも交じっている。頻出傾向があるのはシェーンベルクの連作歌曲集「月に憑かれたピエロ」とヴァーグナーの楽劇「トリスタンとイゾルデ」であろう。教科書に掲載されている鑑賞教材を中心に，できるだけ多くの作品名と作曲者名を紐付けられるようにしておこう。

【7】(1)　曲名…青少年のための管弦楽入門　　作曲者名…ブリテン
(2)　パーセル　　(3)　①　ピッコロ(C管)　　②　クラリネット(B♭管)　　③　ホルン(F管)　　④　トランペット(C管)　　⑤　ティンパニ　　⑥　スネアドラム　　⑦　シンバル　　⑧　バスドラム
(4)

(5)

(5)　戦争レクイエム

〈解説〉提示されている楽譜はブリテン(1913～1976年)作曲の「青少年のための管弦楽入門」である。教科書にも掲載されている曲である。

(2)　パーセルの主題が楽器編成を変えて登場する。　(3)～(5)　使用されている楽器名等についてかなり細かく問われている。これは高等学校の教科書で本曲の取扱いが「オーケストラ・スコアを見てみよう」という名目で取り上げられているからだと思われる。教科書に掲載されている鑑賞教材や資料については，かなり細かく目を通しておく必要がある。　(6)　これは難問である。「戦争レクイエム」はブリテンの代表的な作品の一つであり，平和主義者であるブリテンの思いがこもった作品である。

【8】(1)

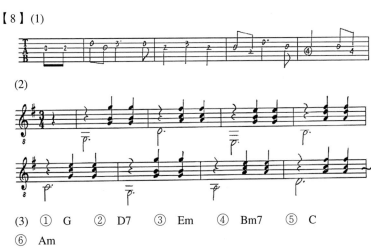

(2)

(3)　① G　② D7　③ Em　④ Bm7　⑤ C
⑥　Am

〈解説〉(1)，(2)　ギターのタブ譜については頻出問題である。本問のように五線譜からタブ譜へ書きかえる問題やタブ譜から五線譜へ書きか

える問題(本問では両方とも出題)がよく出題されている。日頃からギターに親しみ，体感的に解答できるように対策しておくことが必要だろう。　(3)　各小節の構成音からコードネームを割り当てればよい。コードネームは試験対策だけでなく，音楽科の教員となってからも必要不可欠なものである。日頃からコードネームとメロディー譜だけで弾き歌いができる程度の練習を重ねておこう。特にコードネームが苦手な人はDm7(マイナーセブンス)なのかDM7(メジャーセブンス)なのか区別できるようにしよう。併せてsus4などの装飾的なコードネームについても学習を深めるとよいだろう。

【9】(1)　①　文化譜　　②　勘所　　③　人さし　　④　漢字…唱歌　読み仮名…しょうが　　⑤　琵琶

(2)

一の糸　　二の糸　　三の糸

調弦法…本調子　　(3)　①　スクイ　　②　ハジキ　　③　ウチ

(4)　①　タンギング　　②　指打ち　　③　サミング

④

リコーダー　　　　　　　　　　　　　篠笛

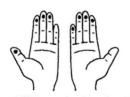

〈解説〉(1)　三味線に関する問題である。三味線に使われる楽譜を文化譜という。勘所とはギターでいうところのポジションに当たる。どこを押さえるかで音高が変わる。文化譜には唱歌(しょうが)という歌詞に似たものが書かれており，これを基にして曲を覚えたり伝えたりできる。　(2)　三味線にはたくさんの調弦法があり，ギターのように一

筋縄にはいかない。最もポピュラーな3つの調弦法は，本調子，二上り，三下りである。これらは一緒に演奏する人の声の高さや楽器の音高によって変化するため，絶対的な音の高さではないことも覚えておこう。　(3)　スクイ，ハジキ，ウチは基本的な奏法なので，記号と名称が一致するように覚えておこう。　(4)　篠笛とリコーダーの違いに関する問いである。リコーダーはタンギングを使って音を切るが，篠笛は打ち指(指打ち)という方法で一瞬孔から指を離し素早く戻す方法を用いる。またリコーダーにはサムホール(裏孔)があるので親指を使うが，篠笛は裏孔がないので親指は使わない。この点については頻出事項であるので，必ず覚えておこう。

2018年度　実施問題

【中学校】

【１】次の(1)～(3)の演奏を聴き，五線譜に書き取りなさい。各問いの前
に主和音を1回弾き，1回目のみ1小節分カウントを入れてから演奏し
ます。30秒の間を空けて5回繰り返します。

 (1) C－Dur （ハ長調） 4分の4拍子 8小節 旋律

 (2) F－Dur （ヘ長調） 8分の6拍子 8小節 旋律

 (3) c－moll （ハ短調） 4分の3拍子 8小節 旋律

(☆☆☆☆◎◎◎◎)

【２】次の楽譜について，あとの(1)～(5)の各問いに答えなさい。

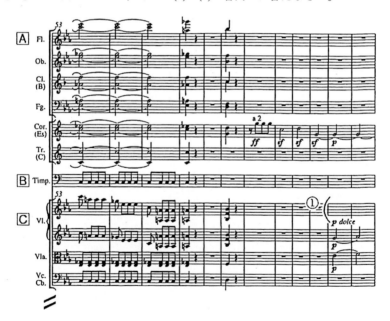

(1)　この曲の曲名を答えなさい。

(2)　この曲の作曲者名を答えなさい。

(3)　この曲の第1楽章の形式名を答えなさい。

(4)　楽譜上の A Fl. B Timp. C Vl.の演奏楽器は，(ア)気鳴楽器，(イ)体鳴楽器，(ウ)弦鳴楽器，(エ)膜鳴楽器のいずれに分類されるか記号で答えなさい。

(5)　空欄①〜⑤に，適切な音符・スラー・臨時記号を五線譜に記入し，楽譜を完成しなさい。

(☆☆☆○○○○)

212

【3】次の旋律を高音部譜表上，G−Dur(ト長調)に移調しなさい。

(☆☆◎◎◎◎)

【4】(1)，(2)に指定されたそれぞれの教会旋法を全音符で1オクターブのみ書きなさい。

(1) ドリア旋法

(2) リディア施法

(☆☆☆☆◎◎◎◎)

【5】民謡と日本の音階について，次の(1)，(2)の各問いに答えなさい。

(1) 次の①〜③の民謡の楽譜は，下のア〜エのうち，どの音階に属するか記号で答えなさい。

①

②

③

ア　沖縄音階　　イ　都節音階　　ウ　民謡音階　　エ　律音階

213

(2)　次に示す条件に従って，日本の音階を用いて，旋律をつくりなさい。

【条件】

①　高音部譜表上，ハ音から始まる民謡音階を使用すること。

②　4分の2拍子で8小節の旋律とし，♩=80とすること。

③　♩ ♫のリズムを3回以上使用すること。

④　タイトルを子守歌とすること。

(☆☆☆☆◎◎◎◎)

【6】日本の伝統芸能について，次の空欄(　①　)～(　⑦　)に入る最も適切な語句や人名をそれぞれ答えなさい。

　文楽は，17世紀末に大坂(現在の大阪)で生まれた人形劇である。大坂の町人文化を背景にして発展した文楽は，(　①　)と三味線によって演奏される(　②　)に人形遣いがぴたりと呼吸を合わせ，人間どうしが織りなすさまざまな物語を表現する。

　(　①　)は，登場人物のせりふや地の文などを1人で語り分ける。おなかから力強く息を出して発声するため，下腹に「腹帯」をきつく巻き，懐に「(　③　)」というおもりを入れて姿勢を整える。

　三味線は，(　①　)との呼吸や(　④　)を大切にしながら，語りを補ったりリードしたりする。(　②　)では，棹が太くて胴が大きい「太棹」という種類の三味線を用いる。音の響きと余韻が特徴的である。

　文楽では，通常，1体の人形を「(　⑤　)」「左遣い」「足遣い」の3人で動かす。これを「三人遣い」という。(　②　)は，1684年，大坂の道頓堀に創設された「竹本座」という人形(　⑥　)の劇場で演奏され，(　⑦　)(1653～1724)の台本を魅力的な声で語り，人気を博した。

(☆☆☆◎◎◎◎)

【7】「花の街」について，次の(1)，(2)の各問いに答えなさい。

(1)　中学校学習指導要領解説音楽編(平成20年9月)第4章「指導計画の作成と内容の取扱い」の中にある「2　内容の取扱いと指導上の配

慮事項」に「花の街」の指導事項が記載されている。次の(①)
～(④)に入る最も適切な語句をそれぞれ答えなさい。

> 「花の街」は，(①)に満ちた思いを叙情豊かに歌いあげた
> 楽曲である。例えば，強弱の変化と旋律の緊張や(②)との関
> 係，歌詞に描かれた(③)などを感じ取り，(④)のまとま
> りを意識して表現を工夫することなどを指導することが考えら
> れる。

(2) 「なないろの～かぜのリボン」までの歌詞に合わせて(①)の五
線譜上に音符を書き，楽譜を完成しなさい。また，(②)～
(⑥)に該当する最も適切な強弱に関する記号をそれぞれ書きな
さい。

(☆☆☆○○○)

【8】次の(1)～(5)の文は，舞曲についての説明である。最も適切な舞曲
名をあとの①～⑩の中から選び，それぞれ番号で答えなさい。

(1) 「ドイツの」という意味のフランス語に由来する。弱起(アウフ
タクト)で始まるゆるやかな宮廷舞曲である。

(2) 代表的なフランスの宮廷舞曲。ゆったりとした3拍子で優雅に踊
られる。中間にトリオをはさむ三部形式である。

(3) キューバ発祥の舞曲。4分の2拍子のゆったりとした付点のリズム

を特徴とする。

(4)　アルゼンチンの代表的な舞曲。4分の2拍子のはっきりしたリズム
を刻みながら男女がペアとなって踊る。バンドネオンを中心とした
合奏で伴奏される。

(5)　ポーランドの民族舞曲。テンポは比較的ゆるやかで，4分の3拍子
の力強いリズムをもつ。

①　シチリアーナ　　②　ジーグ　　　　③　メヌエット

④　ポルカ　　　　　⑤　アルマンド　　⑥　ハバネラ

⑦　ガボット　　　　⑧　ポロネーズ　　⑨　タンゴ

⑩　マズルカ

(☆☆☆◎◎◎◎)

【9】次の文章は，中学校学習指導要領(平成20年3月)第2章「各教科」第
5節　音楽において示された「指導計画の作成と内容の取扱い」の一
部である。空欄(①)～(⑤)に入る最も適切な語句をそれぞれ答
えなさい。

> (2)　器楽の指導については，指導上の必要に応じて(①)，弦
> 楽器，管楽器，打楽器，鍵盤楽器，電子楽器及び世界の
> (②)の楽器を適宜用いること。なお，(①)の指導につ
> いては，3学年間を通じて1種類以上の楽器の表現活動を通し
> て，生徒が我が国や(③)の伝統音楽のよさを味わうことが
> できるよう工夫すること。
>
> (5)　創作の指導については，(④)に音を出しながら音のつな
> がり方を試すなど，音を音楽へと構成していく体験を重視す
> ること。その際，理論に偏らないようにするとともに，必要
> に応じて(⑤)を記録する方法を工夫させること。

(☆☆☆◎◎◎◎)

解答・解説

【中学校】

【 1 】(1)

(2)

(3)

〈解説〉リスニングの試験では，テスト前に主和音と拍のカウント(1小節分)が提示されるので，集中して聴くこと。聴音が始まったら，最初は拍を感じ取りながら，音とリズムを五線譜に書き取っていく。その際，旗や付点などは省略し，自分でわかるように五線譜に印を付けていく。2, 3回目は1回目で書き取った印の中で，自信のある小節から音符に書き直していく。3, 4回目は不確実な小節に集中して，休符，タイなどが絡むリズムの把握と臨時記号で変化する音に注意して，音符に書き直していく。5回目は弾かれる旋律に合わせて，自分が書き留めた旋律を心の中で歌いながら最終確認する。過去の出題では，ハ長調，それ以外の長調，短調と，3種類の課題が出されることが多い。聴き取りの力を養うためには，普段からリスニングの練習をすることが必要なので，学習時間を工夫して聴音にも取り組むようにしたい。

【２】(1)　交響曲第5番ハ短調　　(2)　ベートーヴェン　　(3)　ソナタ形

式　　(4)　$\boxed{A}$　(ア)　　$\boxed{B}$　(エ)　　$\boxed{C}$　(ウ)

(5)　①

②

③

④

⑤

〈解説〉(1)(2)(3)　出題の楽譜は，ベートーヴェン作曲「交響曲第5番ハ短
調　作品67」の，第2主題が現れるところである。この楽曲は，日本
では一般的に「運命」と呼ばれ，中学校の教科書でもよく取り上げら
れているので，楽譜等についても目にする機会は多かっただろう。交
響曲の特徴は，一般的に4楽章で構成され，最初と最後の楽章がソナ
タ形式で作曲されていることである。ソナタの最も基本的な形式は，
提示部・展開部・再現部の3部構成だが，序奏・提示部・展開部・再
現部・結尾部から成る場合もある。　(4)　この問題では，(ア)～(エ)
の楽器の定義をしっかり把握しておくことが必要である。(ア)の気鳴
楽器は，空気の振動によって音がつくり出されるもので，$\boxed{A}$のフルー
ト(Fl.)をはじめ，管楽器やオルガンが含まれる。　(イ)の体鳴楽器は，
楽器そのものの振動によって音がつくり出されるもので，太鼓以外の
打楽器やシンバル，木琴などが含まれる。(ウ)の弦鳴楽器は，弦の振

動によって音がつくり出されるもので，C のヴァイオリン(Vl.)をはじめ，弦楽器やピアノが含まれる。(エ)の膜鳴楽器は，膜の振動によって音がつくり出されるもので，太鼓類が含まれる。B のティンパニ(Timp.)は膜鳴楽器である。 (5) ①②③の旋律は，第2主題の冒頭の部分で，①のヴァイオリン(Vl.)の奏でる旋律(シ♭ミ♭ レミ♭ ファド ドシ♭)が，②のクラリネット(Cl.(B))と，③フルート(Fl.)で繰り返される部分である。②は長2度上げて旋律を書き，③のフルートは①のオクターブで記譜することになる。④⑤は①の旋律の展開部分で主題が変化しながら④(シ♭ド レ♭ド シ♭ド シ♭ラ♭)⑤(レ♭ミ♭ ファミ♭ レ♭ミ♭ レ♭ド)と旋律が上昇し，クレッシェンドをつくっていくところである。第1主題(ハ短調)，第2主題(変ホ長調)の平行調の関係を理解し，相互の主題をしっかり把握しておくことが大事である。

【3】

〈解説〉提示された譜例は低音部譜表で，変ホ長調の楽譜である。この調を高音部譜表上のト長調に移調する場合は，オクターブ＋長3度の関係を保って，各音を書き換えていくことになる。移調に当たっては臨時記号等に細心の注意を払わなくてはならない。鳥取県では，移調の記譜問題が頻出しているので，普段から練習しておくことが望ましい。

【4】(1)

(2)

〈解説〉教会旋法とは，グレゴリオ聖歌など中世の西洋音楽を構成した音階で，それぞれD,E,F,Gの終止音(主音)を持つ全音階的音列である。ドリア旋法はD,リディア旋法はF，そのほかフリギア旋法がE，ミクソリディア旋法がGの終止音となっている。後に，Aが終止音のエオリア旋法と，Bが終止音のイオニア旋法が付け加えられた。

【5】(1)　①　イ　　②　エ　　③　ア

(2)

〈解説〉この様な民謡に関する問題では，4つの視点で学習しておくことが望ましい。まず，日本固有の音階である「沖縄音階・都節音階・民謡音階・律音階」の違いについて理解しておくこと。次に，仕事歌，祝い歌，踊り歌，子守歌など，成り立ちから来る民謡の種類を知ること。また，その民謡がどの地域のものかも把握しておきたい。そして，追分様式や八木節様式などの，リズム様式についての理解も必要である。　(1)　①は新潟県の「佐渡おけさ」で，都節音階(ドレ♭ファソラ♭ド)である。②は宮崎県の「刈干切唄」で，律音階(ドレファソラド)である。③は沖縄県の「谷茶前」で，沖縄音階(ドミファソシド)である。　(2)　旋律を創作する課題であるが，まずは「民謡音階」と指示があるので，その音階の構成(ドミ♭ファソシ♭ド)を踏襲すること。タイトルが「子守歌」なので，音域の幅を比較的狭くして，あまり複雑な旋律にならないように，やさしく自然と口ずさむことができるよう

な旋律がよい。「竹田の子守唄」や「五木の子守唄」など，著名な民
謡の楽譜を確認しておくとよいだろう。

【6】 ① 太夫　② 義太夫節　③ オトシ　④ 間　⑤ 主遣
い　⑥ 浄瑠璃　⑦ 近松門左衛門
〈解説〉文楽は，大阪で生まれた人形浄瑠璃であり，太夫，三味線，人形
が一体となった総合芸術といえる。江戸時代中期に，竹本義太夫の義
太夫節と近松門左衛門の作品により人気を得て全盛期を迎え，竹本座
が創設された。演目には「曽根崎心中」や「心中天網島」などの世話
物と，「仮名手本忠臣蔵」や「義経千本桜」などの時代物がある。
1955年には日本の代表的な伝統芸能として，重要無形文化財に指定さ
れている。今回の出題内容や空欄の語句は，中学校や高等学校の教科
書に掲載されているものである。普段から各校種の教科書に目を通し
ておくこと。同時に，実際に文楽を鑑賞してみるなど，親しみながら
理解を深めることも，これから教師になる人に求められる素養の一つ
といえる。

【7】(1) ① 希望　② 弛緩　③ 情景　④ フレーズ
(2) ①

② *mp*　③ ＜ crescendo　④ *mf*　⑤ *f*　⑥ ＞

〈解説〉学習指導要領において挙げられている共通歌唱教材には，「花の
街」のほかに，「赤とんぼ」，「荒城の月」，「早春賦」，「夏の思い出」，
「花」，「浜辺の歌」がある。これに加えて「さくらさくら」，「ふるさ
と」，「この道」などの主要な日本歌曲は，作曲家，作詞家，歌詞，旋

律について，覚えておくことが望ましい。「花の街」は，團伊玖磨作曲，江間章子作詞である。また，学習指導要領解説によると，表現領域(歌唱，器楽，創作ごと)の内容については「歌詞の内容や曲想，楽器の特徴，言葉や音階の特徴などをとらえ，イメージをもって曲にふさわしい表現や構成を工夫すること，表現をするために必要な技能を身に付けること，音楽の背景となる文化などに目を向けること，これらが相互に関連し合うことが大切である。」と述べられている。「花の街」を指導する際には，同じリズムの旋律や歌詞の繰り返し部分についている強弱記号や，繰り返しのフレーズの始めの休符によって生み出される緊張感などに着目することが重要となる。

【8】(1)　⑤　　(2)　③　　(3)　⑥　　(4)　⑨　　(5)　⑧
〈解説〉(1)　アルマンドは，バロック時代に栄えた，ゆるやかな2拍子系のドイツ舞曲である。　(2)　メヌエットは，17〜18世紀のフランス宮廷で流行した，中庸の速度の典雅な舞曲である。　(3)　ハバネラは，タンゴの母体の一つであり，ビゼーのオペラ「カルメン」の中のアリアが有名である。　(4)　タンゴ演奏の主要な楽器であるバンドネオンは，アコーディオンを基に1840年頃ドイツで発明された。　(5)　ポロネーズは，宮廷の儀式や戦士の凱旋行進から発達したため，壮麗で祝祭的である。ショパンは英雄ポロネーズ，軍隊ポロネーズなど，多くの楽曲を残している。解答以外の選択肢では，①のシチリアーナは，ゆったりとした付点のリズムを含むシチリア島発祥の舞曲である。②のジークは，テンポが速く活発なイギリス発祥の舞曲である。④のポルカは，チェコの民族舞踊で，急速で快活な4分の2拍子のリズムを持つ。⑦のガボットは，快活な2分の2拍子のリズムが特徴のフランスの宮廷舞曲である。⑩のマズルカは，ポロネーズと並んで，ポーランドの代表的な民俗舞曲の一つである。

【9】① 和楽器 ② 諸民族 ③ 郷土 ④ 即興的 ⑤ 作品

〈解説〉学習指導要領の問題は広範囲から出題されるが，そのなかでも「指導計画の作成と内容の取扱い」の部分は，教科目標や学年目標とともに，かなり高い出題率になっている。文言の穴埋め問題も多いので，本文を熟読してしっかり覚えておくこと。また，現行の学習指導要領では，和楽器を用いる意義について「生徒が我が国や郷土の伝統音楽のよさなどを味わい，愛着をもち，我が国の音楽文化を尊重する態度を養うこと」と示されている。このように，伝統音楽の指導の充実が求められているため，和楽器に関する出題も増えている。この分野についても，理解を深めておくことが望ましい。

2017年度 ｜ 実施問題

【中学校】

【 1 】次の(1)〜(3)の演奏を聴き，五線譜に書き取りなさい。各問題の前に主和音を1回弾き，1回目のみ1小節分カウントを入れてから演奏します。30秒の間を空けて5回繰り返します

(1)　C-Dur　　（ハ長調）　　4分の4拍子　　8小節　　旋律
(2)　G-Dur　　（ト長調）　　4分の2拍子　　8小節　　旋律
(3)　c-moll　　（ハ短調）　　4分の3拍子　　8小節　　旋律

(☆☆☆◎◎◎)

【 2 】長調とその関係調について，以下の(1)，(2)の各問いに答えなさい。

(1)　C-Dur(ハ長調)の平行調の音階を，高音部譜表上に全音符で記入し，調名も答えなさい。

(2)　C-Dur(ハ長調)の下属調の音階を，高音部譜表上に全音符で記入し，調名も答えなさい。

(☆◎◎)

224

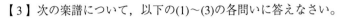

【3】 次の楽譜について，以下の(1)～(3)の各問いに答えなさい。

(1) この曲の曲名を答えなさい。

(2) この曲の作曲者名を答えなさい。

(3) Clar.の A のパートの小節に，適切な音符や休符等を五線譜に記入し，楽譜を完成しなさい。

(☆☆◎◎◎)

【4】 次の旋律を高音部譜表上，長9度高く移調しなさい。

(☆☆☆◎◎)

【5】次の楽譜について，以下の(1)，(2)の各問いに答えなさい。

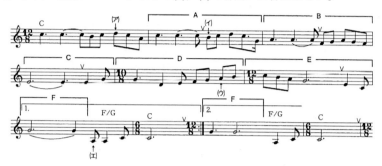

(1)　A～Eの小節及びFの小節の一部に入る最も適切なコードを答えな
さい。

(2)　(ア)～(エ)で示した音について，アルトリコーダーの運指を以下
の【例】のように書きなさい。

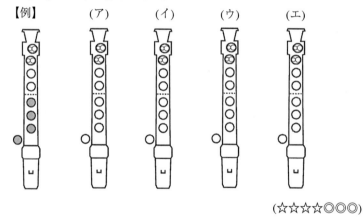

（☆☆☆◎◎◎）

【6】次の文章は，ポピュラー音楽について説明した内容である。次の空
欄（　①　）～（　④　）に入る最も適切な語句を答えなさい。

　（　①　）は，1930年代～1940年代にブルースやゴスペルなどが合流
し，生み出された音楽。R&Bと略されることもある。その後発生する
ソウル，ファンク，ブラック・コンテンポラリーと呼ばれる音楽の原

点でもある。

（　②　）は，19世紀末，ラグタイムの影響を受けながら，ニューオーリンズを中心に生まれた音楽。躍動的なシンコペーションと即興的な演奏が特徴で，スウィングと呼ばれる独特のリズム感で演奏される。

（　③　）は，アメリカ西部のカウボーイ・ソングや，民謡などをまとめた総称。C&Wと略されることもある。バンジョーやスティール・ギターなどの楽器で演奏される。

（　④　）は，1970年代初頭に，ニューヨークのブロンクスで誕生したDJ(ディスク・ジョッキー)，ラップ，ブレイク・ダンス，グラフィティ・アートなどの複合的なストリート・カルチャーである。音楽は，ターンテーブルのスクラッチ(アナログ盤レコードを回したり，擦ったりして音を出す奏法)や，ビートサウンドに合わせ，韻(ライム)をふみながらしゃべるように歌う「ラップ」が特徴的である。

(☆☆☆◎◎)

【7】「三味線」について，以下の(1)～(3)の各問いに答えなさい。

(1)　次の①～④の各部の名称を答えなさい。

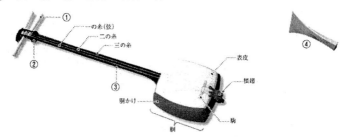

(2)　次の「本調子」の楽譜を参考に，「二上り」「三下り」の調弦の音を書きなさい。

(3)　次の空欄（　①　），（　②　）に入る最も適切な語句を答えなさい。

　　三味線の楽譜には，五線譜や(　①　)など，さまざまな記譜の方法がある。(　①　)は，三味線の糸に見立てた3本の線上に，押さえる勘所の数字を記している。

　　三味線の大きな特徴の一つに(　②　)がある。これは，上駒にのっていない一の糸を弾くと，糸が(　②　)山という部分に軽く触れて，「ビーン」という独特な響きを得られるものである。

(☆☆☆◎◎◎)

【8】「能」について，以下の(1)〜(5)の各問いに答えなさい。

(1)　次の空欄(　①　)〜(　⑦　)に入る最も適切な語句を答えなさい。

　　「能」は，音楽，(　①　)，演劇などの要素を持った歌舞劇である。(　②　)時代の初め頃，(　③　)と(　④　)の親子によって基本的な形が整えられ，(　⑤　)時代には幕府の式楽(儀式に用いる音楽や(　①　))として用いられていた。「能」では，主役のことを(「　⑥　」)，相手役のことを(「　⑦　」)と呼ぶ。

(2)　「能」の演技では，感情はさまざまな型によって表現される。悲しみを表現する型を何というか答えなさい。

(3)　「能」で使用される楽器(囃子)は，太鼓の他に3つある。3つの楽器名を答えなさい。

(4)　次の文章は，(能「羽衣」)のあらすじについて説明した内容である。次の空欄(　①　)〜(　③　)に入る最も適切な語句を答えなさい。

　　ある春の朝，三保の(　①　)に住む漁師の(　②　)は，松の枝に掛かっている美しい衣を見つける。(　②　)はその衣を家宝にしたいと思い，持ち帰ろうとする。すると，(　③　)が現れ，「衣がないと天界に戻ることができない」と嘆き悲しむ。(　③　)の悲しむ様子を見た(　②　)は，衣を返すかわりに天界の舞楽を見たいと頼む。天界のさまざまな舞(東遊)を見せた(　③　)は，三保の(　①　)から富士山へと舞い上がり，霞に紛れて天界へ戻っていく。

(5)　次の図は，能舞台を真上から見た図である。(　①　)〜(　③　)の名称を答えなさい。

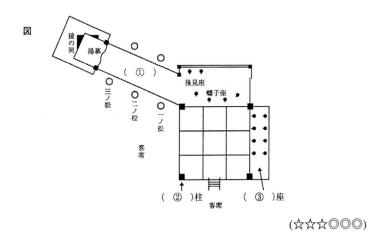

図

鏡の間
揚幕

(①)

後見座

囃子座

三ノ松
二ノ松
一ノ松

客席

(②)柱　　客席　　(③)座

(☆☆☆○○○)

【9】中学校学習指導要領(平成20年3月告示　平成27年3月一部改正)第2章第5節音楽について，以下の(1)，(2)の各問いに答えなさい。

(1) 「各学年の目標及び内容」第2学年及び第3学年の2内容B　鑑賞について，次の空欄(①)～(⑤)に入る最も適切な語句を答えなさい。

ア　音楽を形づくっている(①)や構造と(②)とのかかわりを理解して聴き，(③)をもって批評するなどして，音楽のよさや美しさを味わうこと。

イ　音楽の特徴をその背景となる(④)・歴史や他の芸術と関連付けて理解して，鑑賞すること。

ウ　我が国や郷土の伝統音楽及び諸外国の様々な音楽の特徴から音楽の(⑤)を理解して，鑑賞すること。

---

(2) 「指導計画の作成と内容の取扱い」1(3)に示された内容について，次の空欄(①)～(③)に入る最も適切な語句を答えなさい。

(3)　第2の各学年の内容については，生徒がより（　①　）を生かした音楽活動を展開できるようにするため，表現方法や表現形態を（　②　）できるようにするなど，学校や生徒の実態に応じ，効果的な指導ができるよう（　③　）すること。

(☆☆☆◎◎◎)

解答・解説

【中学校】

【1】(1)

(2)

(3)

〈解説〉各問題とも，演奏が始まる前にそれぞれの調性・拍子を意識し，準備しておく。最初の1小節のカウントで速さをつかみ，拍に乗り遅

れないよう最後まで聴き，音とリズムをできる限り書き取る。演奏時
は旗や付点などだけで省略して書き，後できちんと清書すること。
2・3回目までに大体の音とリズムを書き取り，臨時記号や複雑なリズ
ムなどは3・4回目で確かめて，5回目では全体を見直す余裕が欲しい。
本番で慌てないよう，事前に書き取りの練習をしてイメージをつかん
でおきたい。

【2】(1)

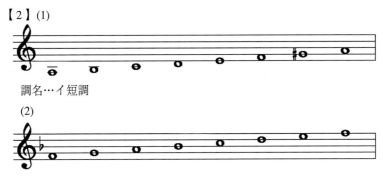

　　調名…イ短調

(2)

　　調名…へ長調

〈解説〉調の五度圏を理解し，関係調について問われたら確実に答えられ
　　るようにしておくこと。　(1)　平行調は短3度下の調になる。
　　(2)　下属調は完全4度上の調となる。

【3】(1)　ボレロ　　(2)　ラヴェル
　　(3)

〈解説〉(1)・(2)　楽譜よりフルートの旋律からラヴェル作曲の「ボレロ」
　　と判断できる。バレエ音楽として作曲されたもので，曲を通してずっ
　　と変わらないリズムをバックに，2種類のメロディーが繰り返される

のが特徴である。　(3)　クラリネット(Clar.)はフルートと同じ旋律を演奏するが，クラリネットb管の記譜音は実音より長2度高くなるので，フルートのパートを長2度上げたニ長調の調号で記譜する。

【4】

〈解説〉長9度なので1オクターブと長2度上げて記譜する。ここで注意する点は，まず第1に元の楽譜がアルト譜表であること。そして第2に，臨時記号の移調についてである。第7小節の嬰ロ音は1点ハ音の異名同音なので，1オクターブと長2度上げると重嬰2点ハ音になる。

【5】(1) A　Am　　B　F　　C　Em　　D　Dm　　E　Am7　　F　G
　　(2)【例】　　　(ア)　　　(イ)　　　(ウ)　　　(エ)

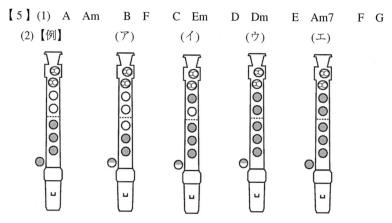

〈解説〉(1)　曲はミュージカル「キャッツ」より「メモリー」の冒頭部分である。和音進行はT―S―T―S―T―Dとなる。旋律の和音構成や和音進行，代理コードなどを使ってコードを判断する。　(2)　アルトリコーダーは全孔塞いだ状態が最低音で，基本的に順に指孔を開けていくごとに音が高くなる。アは親指がサミングとなる。イの音は運指

が変則なので注意。ウとエはちょうど1オクターブ違うので，親指以外の運指は同じで，ウの親指ではサミングを使う。

【6】① リズム・アンド・ブルース　② ジャズ　③ カントリー・アンド・ウェスタン　④ ヒップ・ホップ

〈解説〉① アメリカの黒人たちから生まれ，ゴスペルの高揚感，シャウト，フレーズのくり返し，独特の節を持つ旋律，情緒的な歌詞などが融合してできた音楽。黒人特有のリズムと，ブルースの旋律が特徴。② ラグタイムはニューオーリンズが発祥とされ，ジャズにつながるスウィングが特徴的な音楽。19世紀後半から20世紀にかけて，アフリカ系の人々によるマーチングバンドや黒人霊歌に端を発するブルースなど，同時期の様々な音楽が発展・融合し，ジャズを初めとする様々な新しい音楽が生み出された。③ 18世紀アメリカの西部開拓時代に，南東部と西部地方の大自然を背景にうまれた白人系民族音楽を始まりとする。④ 音楽としてのヒップ・ホップは，DJがスクラッチやサンプリングによって作り出すバックトラックに，ラッパーが即興でラップを乗せていく形式で，メッセージ性の強いリリックと呼ばれる歌詞が特徴である。

【7】(1) ① 糸巻　② 乳袋　③ 棹　④ ばち

(2) 二上り

三下り

(3) ① 文化譜　② サワリ

〈解説〉(1) 三味線は大きく，天神(棹の先の糸巻きが並んだ部分)・棹・

胴の3つに分かれている。 ① 音緒に結ばれた3本の糸をそれぞれ巻き上げているところ。 ② 天神の付け根にある左右にふくらんだ部分。 (2) 「二上り」は本調子を基本にして，そこから二の糸を2律上げたもの，「三下り」は三の糸を2律下げたもの。 (3) ① 4代目杵家弥七による考案で，調弦に関係なく奏法がひと目でわかる横書きの譜となっている。 ② 通常の音色に加えて振動による倍音を響かせる機能で，強さの調節もでき，一種のノイズだが音に独特の趣を添える。

【8】(1) ① 舞踊 ② 室町 ③ 観阿弥 ④ 世阿弥 ⑤ 江戸 ⑥ シテ ⑦ ワキ (2) シオリ (3) 笛，小鼓，大鼓 (4) ① 松原 ② 白竜 ③ 天人 (5) ① 橋掛 ② 目付(柱) ③ 地謡(座)

〈解説〉(1) 能は14世紀半ば，面白みで大衆に評判を得ていた猿楽をもとに，観阿弥・世阿弥親子が中心となって歌や舞が中心の優美なものへと集大成した。観阿弥は足利義満のお抱え役者になり，それ以降能楽師は歴代の権力者の庇護を受け，能楽は武家の教養として発展した。主にシテを務めるシテ方，主にワキを務めるワキ方，囃子方，狂言方という4つの役がある。 (2) 萎れるから転じた。眉のあたりに手をかざす「シオリ」と，より深い悲しみを表し顔を覆う所作「モロジオリ」がある。 (3) 笛(能管)・小鼓・大鼓・太鼓を四拍子という。笛(もしくは太鼓)・小鼓・大鼓の3つの拍子が揃うと調和がとれることから，3つの必要な要素が整っている様子を指していう「三拍子揃った」という表現の由来となった。 (4) 羽衣伝説をもとにした能。昔話では天人が羽衣を隠されて泣く泣く人間の妻になるのだが，能では人のいい漁師・白竜がすぐに羽衣を返す話となっている。 (5) ① 本舞台と鏡の間をつなぐ，橋のような部分。演者の通路だけでなく，舞台の延長としての演技空間でもある。 ② 舞台四隅にある柱はそれぞれ名前があり，舞台に向かって右奥から時計回りに「笛柱」(笛方が座る位置に近い柱だから)，「ワキ柱(大臣柱)」(ワキが座を占めることが

多い場所だから)，「目付柱(角柱)」(演者が所作の目印とする役割から)，
「シテ柱」(シテの常座に近いから)と呼ばれる。　③　能舞台は本舞
台・地謡座・後座・橋掛りの4つの部分に分かれている。地謡座は舞
台に向かって右側の間口の部分で，地謡の人々が舞台に向かって横2
列で並んで座る。

【9】(1)　①　要素　　②　曲想　　③　根拠　　④　文化　　⑤　多
様性　(2)　①　個性　　②　選択　　③　工夫
〈解説〉(1)　中学校学習指導要領(平成20年3月告示　平成27年3月一部改
正)と，中学校学習指導要領解説音楽編(平成20年7月)を熟読しておき
たい。特に，学習指導要領の教科の「目標」と，学習指導要領解説の
「音楽科改訂の要点」は，頻出なのできちんとおさえておこう。
(1)　音楽科改訂の要点が理解できていれば難しくないだろう。解けな
かったときは，もう一度きちんと覚えよう。　(2)　「個性」「多様性」
(diversity，ダイバーシティ)は，教育に限らず，近年キーワードとなっ
ている言葉である。教師によって画一的な指導に生徒を当てはめるの
ではなく，生徒に選択の自由を与えることが求められてきている。そ
のためには，教師の側も型通りの指導をするのではなく，学校や生徒
の実態に応じた指導の工夫が必要となるだろう。

2016年度　実施問題

【中学校】

【1】次の(1)〜(3)の演奏を聴き，五線譜に書き取りなさい。各問題の前に主和音を1回弾き，1回目のみ1小節分カウントを入れてから演奏します。30秒の間を空けて5回繰り返します。

(1)　C-Dur　（ハ長調）　4分の4拍子　8小節　旋律

(2)　A-Dur　（イ長調）　4分の2拍子　8小節　旋律

(3)　c-moll　（ハ短調）　4分の3拍子　8小節　旋律

(☆☆◎◎◎◎)

【2】次の(1)〜(3)の音階を，示された音から順に上行形で五線譜に全音符で記入しなさい。

(1)　民謡音階

(2)　都節音階

(3)　沖縄音階

(☆☆☆☆◎◎)

【3】次の指定する調の終止形を，3小節で，調号を用いずに臨時記号で記入しなさい。また，和音の下にそれぞれの和音記号を書きなさい。

(1) ト長調

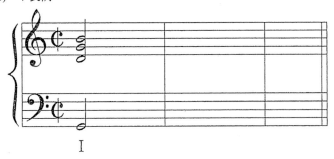

(2) ニ短調

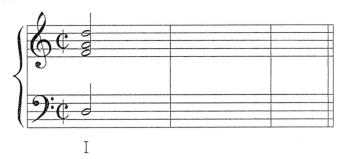

(☆☆☆○○○○)

【4】次の旋律を高音部譜表上，G-durに移調しなさい。

(☆☆○○○○)

【５】次の①〜⑦の速度記号を速い順に左から並べかえ，番号で答えなさい。

① Andante　　　② Presto　　　③ Largo　　　④ Andantino
⑤ Prestissimo　⑥ Allegro　　　⑦ Larghetto

(☆☆☆◎◎)

【６】次の楽譜の小節の進み方を左から順番に，A〜Jの記号で答えなさい。解答例[A，B，C，D，A，E]

(1)

(2)

(☆☆◎◎◎)

【７】次の(1)〜(5)の和音に該当するギターコード名を下の①〜⑫の中からそれぞれ1つ選び，番号で答えなさい。また，ポジションをあとのア〜シの中からそれぞれ1つ選び，記号で答えなさい。

① B♭　　② C7　　③ F　　④ Dm6　　⑤ C　　⑥ F7
⑦ Em　　⑧ G7　　⑨ Am　　⑩ G　　⑪ Dm7　⑫ E

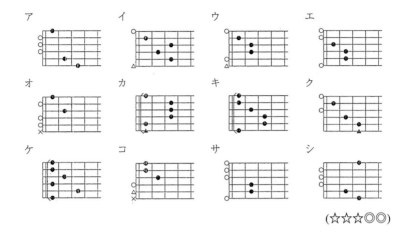

(☆☆☆◎◎)

【8】中学校学習指導要領解説音楽編(平成20年9月)について，以下の(1)，(2)の各問いに答えなさい。

(1) 「第3章各学の目標及び内容」第2節　第2学年及び第3学年の目標と内容2　(1)　A表現に示された内容について，次の空欄(①)～(④)に入る最も適切な語句を答えなさい。

　　指導に当たっては，音を音楽へと構成する楽しさや(①)を実感できるようにするとともに，反復，変化，(②)などの音楽を構成する原理の働きや，全体的な(③)が音楽として意味をもたらすことに気付くようにすることが重要となる。また，学習を効果的に進めるために，生徒同士の中間発表や(④)の場面を設けることも大切である。

(2) 「第4章指導計画の作成と内容の取扱い」に示された内容について，次の空欄(①)，(②)に入る最も適切な語句を答えなさい。

　　指導計画の作成に当たっては，各活動を有機的かつ効果的に関連させることによって教科及び学年の目標を実現していくように，内容の構成や(①)の設定，適切な(②)の選択と配列などに配慮することが大切である。

(☆☆☆☆◎◎◎◎)

【9】次の文章は，世界の諸民族の音楽について説明した内容である。次の空欄(　1　)～(　5　)に入る最も適切な語句を答えなさい。

(　1　)は，古代インドの英雄叙事詩ラーマーヤナの物語を，男声合唱を伴奏に演じる舞踊劇。病気の治癒を祈願する儀礼で用いられてきた男声合唱をもとに，1930年代に劇仕立ての芸能として新たに創られた。

(　2　)は，アメリカ合衆国で生まれたプロテスタント教会の賛美歌。特徴的なものは，2つある。1つは，手拍子とともに歌い踊るアフリカ起源の舞踊の要素やスピリチュアル(霊歌)，さらに世俗音楽のブルースなど同時代の音楽文化が結びついて形成されたもの。もう1つは，ヨーロッパ由来の民謡に根ざしたカントリー・ミュージックの様式を取り入れたもので，南部を拠点としている。

(　3　)は，青銅製の打楽器群を中心とする合奏。この音楽には骨格となる旋律があり，約十種類の楽器が，旋律を大まかになぞって演奏したり，細かく分割あるいは装飾して演奏したりと，楽器ごとに異なる演奏をする。

(　4　)は，19世紀後半にリオ・デ・ジャネイロで生まれたとされ，アフリカ由来の舞踊音楽とヨーロッパの舞踊音楽の混交がみられる。2拍子の軽快なリズムは，複数の打楽器のアンサンブルにより生み出される。

(　5　)は，オスマン帝国時代に生まれた軍楽隊。リード楽器のズルナをはじめ，ラッパ類，太鼓類，金属の鳴り物などで編成され，式典，祭礼，各種競技などの場で演奏された。18世紀初頭にはヨーロッパで広く知られるようになり，トルコ行進曲など「トルコ風」の音楽を生み出すきっかけとなった。

(☆☆☆◎◎)

【10】歌舞伎について，以下の(1)～(5)の各問いに答えなさい。
(1) 次の空欄(　①　)～(　⑤　)に入る最も適切な語句を答えなさい。
　　歌舞伎は，能・(　①　)，(　②　)とともに日本を代表する舞台

芸術で，2005年にユネスコの無形文化遺産に登録された。音楽，舞踊，(③)の要素が一体となった(④)芸術で，(⑤)時代にはじまったものである。

(2) 次の空欄の(①)，(②)に入る最も適切な語句を答えなさい。

　　長唄は，唄と(①)が一体となった音楽であり，歌舞伎では，囃子が加わり舞台上で舞踊の伴奏をしたり，(②)の中で場面に応じた音楽を演奏したりする。

(3) 役者が一瞬静止して，絵姿のようになって，両目をグッとよせてにらんでみせ，観客に強い印象を与える，歌舞伎の演技上とても重要な型のことを何というか答えなさい。

(4) 歌舞伎における特殊な化粧法で，正義や悪のほか，超人的な力をもつ役柄などを強調するために，紅や墨などの色彩で，一定の型に顔面を彩ることを何というか答えなさい。

(5) 次の図は，歌舞伎の舞台を真上から見た図です。①～④の説明について，あとのア～エからそれぞれ選び，記号で答えなさい。

図

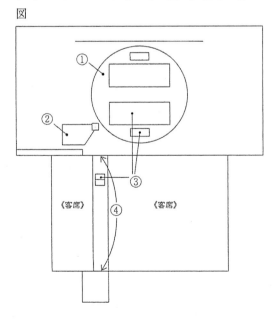

ア　舞台下から人物を登場させる仕掛けである。

イ　芝居の場面転換をするときに効果的に用いられる。この仕掛けが世界で最初に造られたのは，歌舞伎の舞台である。

ウ　歌舞伎の舞台の特徴の一つである。役者の登場や退場の場面は，物語の見せ場になることが多い。観客が役者を身近に感じることができる場所である。

エ　舞台の下手にある部屋は，情景や登場人物，場面などの演出に必要な音楽や自然を描写する音を演奏している場所である。

(☆☆☆◎◎◎)

解答・解説

【中学校】

【1】(1)

(2)

(3)

〈解説〉(1)　拍節を基礎として音を追い，どの小節の何拍子目の部分の音を記譜しているのか，把握しながら記譜するようにする。一通り音高を書いた後で，後半の放送を聴いてリズムを書いてもよいだろう。臨時記号を忘れず，また，臨時記号がついた音が次の小節にあるかどうかの確認も怠らないようにしたい。次の小節に臨時記号がある場合は，念のために♮をつけるためである。自然なメロディであるため，難易度はさほど高くない。

【2】(1)

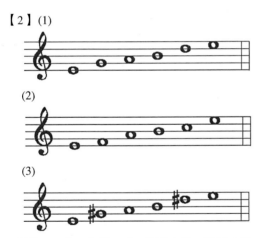

(2)

(3)

〈解説〉日本の音階には，民謡音階，都節音階，律音階，沖縄音階の4種がある。過去にも似た問題が出題されている。それぞれの音階の違いを理解し，具体的に音の並びを覚えて試験に臨もう。

【３】(1)

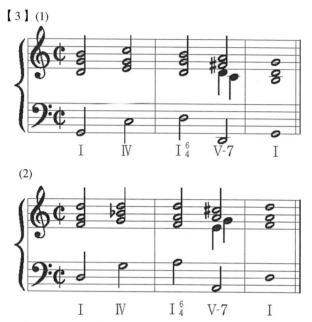

(2)

〈解説〉和声の終止形に関する問題である。ここで主要三和音の機能について復習しておこう。Ⅰ度の和音(T:Tonic)は主和音で，その調の要の和音であり何の和音へも進むことができる機能をもっている。Ⅳ度の和音(S:Subdominant)は下属和音で，主和音(T)及び属和音(D)に，Ⅴの和音(D:Dominant)は属和音で，主和音(T)に進もうとする機能をそれぞれもっている。さて，終止形には様々な形があるが，この問題では「完全終止」で課題に対応するのが順当である。ここで注意したいのは，和音進行D→TにⅤ→Ⅰの基本形の和音を当て，ソプラノに根音(主音)を置くことで終わるのが完全終止形であるということ。それぞれの和音には転回形や七の和音があるので，和声の学習状況に応じて使用し，和声の課題に対応することも考えられる。しかし，ここでは「終止形」という指示であり，最も基本的な和声進行で解答してもよいだろう。例を挙げておくので参考にしてほしい。

例

(1)

I　IV　　　I　　V　　　　I

(2)

I　IV　　　I　　　V　　　　I

【4】

〈解説〉問題の楽譜はEs-durである。G-durに移調するにはすべての音を
　　　長3度上げる必要がある。高音部譜表とはト音記号の楽譜のことであ
　　　る。

【5】 ⑤→②→⑥→④→①→⑦→③

〈解説〉②「Presto(急速に)」→⑥「Allegro(速く)」→①「Andante(ほどよ
　　　くゆっくり)」→③「Largo(幅広く，ゆるやかに)」の順に速いことは比
　　　較的判断しやすいと思われる。ポイントは，①「Andante」と④

「Andantino(アンダンテよりやや速く)」，また，③「Largo」と⑦「Larghetto(ラルゴよりやや速く)」のそれぞれの意味の違いを判断できるかどうかである。

【6】(1)　A，B，C，D，E，B，C，D，F，F，G，H，I，J，G，II

(2)　A，B，C，D，A，B，C，E，F，G，A，B，H，I，J

〈解説〉(1)(2)とも合唱曲などでよく使われるので，しっかりと覚えて試験対策を行いたい。　(1)　「bis」とは「繰り返す」を意味する記号である。「D.S.」(ダル・セーニョ)はdal segnoの略で，「ここから％の場所まで戻る」を意味する。「Fine」(フィーネ)とは「終わり」の意味で，そこで楽曲が終わることを指す。　(2)　「D.C.」(ダ・カーポ)はda capoの略で，「そこから曲の一番初めに戻る」ことを意味する。「⊕」はコーダと読み，D.C.の後，1つめのコーダから2つ目のコーダの位置まで飛ぶことを意味する。

【7】(コード名，ポジションの順に)　(1)　⑤，ク　　(2)　⑧，ア

(3)　①，カ　　(4)　③，キ　　(5)　⑪，コ

〈解説〉(1)　構成音はド，ミ，ソなのでコードネームはCである。ギターのタブ譜は，下の弦から開放弦が，ミ，ラ，レ，ソ，シ，ミである。どの弦も指で押さえる箇所が1フレット右にいくごとに半音上がる。この原則を当てはめればタブ譜の正答はクと判断できる。　(2)　和音の構成音がソ，シ，レ，ファなのでコードネームはG7である。(1)の原則に当てはめれば，タブ譜の正答はアである。タブ譜の左側に○がついている場合は，開放弦を鳴らすことを意味する。　(3)　和音の構成音はシ♭，レ，ファ，コードネームはB♭なので，タブ譜はカ。タブ譜で▲になっている箇所は，弾いても弾かなくてもよい箇所である。

(4)　構成音はファ，ラ，ド，コードはFなので，タブ譜はキである。

(5)　構成音はレ，ファ，ラ，ド，コードネームはDm7であることから，タブ譜はコである。

【8】(1) ① 喜び　②対照　③ まとまり　④ 相互評価
(2) ① 主題　② 教材
〈解説〉鳥取県では例年，学習指導要領解説から出題されている。近年は選択形式の出題が多かったが，今回は記述式なのでやや難易度が高い。こうした記述式の問題にも対応できるよう，学習指導要領はもちろんのこと，解説にもよく目を通し，ポイントとなる箇所をよく学習して試験に臨むべきである。　(1)　「創作」のイ「表現したいイメージをもち，音素材の特徴を生かし，反復，変化，対照などの構成や全体のまとまりを工夫しながら音楽をつくること」に示されている配慮事項である。　(2)　指導計画作成上の配慮事項である「(2) 第2の各学年の内容の「A表現」の(1)，(2)，(3)及び「B鑑賞」の(1)の指導については，それぞれ特定の活動のみに偏らないようにすること」についての解説文である。ここでは，指導計画の作成に当たり，表現及び鑑賞の幅広い活動を通して生徒の興味・関心を引き出し，学習への意欲を喚起するため，歌唱や鑑賞のみに偏ったり，歌唱の指導について合唱活動に偏ったり，鑑賞の指導について特定の曲種に偏ったりすることのないように留意するよう促している。

【9】(1) ケチャ　(2) ゴスペル　(3) ガムラン　(4) サンバ
(5) メヘテルハーネ
〈解説〉(1) ケチャは，インドネシア・バリ島発祥の芸能。男声合唱によって少女をトランス状態にさせて躍らせる，悪魔祓いのためのトランス儀礼に，バリの舞踊家とドイツ人画家ヴァルター・シュピースによってラーマーヤナ物語が結び付けられ，新しい舞踊劇として創作されたものである。　(2)　ゴスペルは，1940年代に生じた新しい宗教音楽で，あらゆる宗派の黒人教会に浸透するとともに，コンサートホールなどの世俗的な場でも歌われるものになった。　(3)　ゴング(銅鑼)やメタロフォン(青銅製の板を並べたような打楽器)等を用いた合奏音楽は，東南アジア独特のものである。特に，複数のゴングを一定の音階に調律してセットで用いる「ゴングチャイム」は旋律打楽器として東

南アジアで多用されており，ガムランもその1つである。　(4)　ブラジル音楽を代表するサンバは，アフリカの音楽様式と密接に結び付いている。その特徴は駆り立てるようなリズム，打楽器の重要性，舞踊重視などである。　(5)　軍楽隊メヘテルハーネは18世紀初め，東洋的な音と目を引く制服姿によってヨーロッパ人を魅了。これによって軍楽はきわめて短期間のうちに各国の軍隊で採用されることになった。この耳新しい音楽をハイドン，モーツァルト，ベートーヴェンらがその作品の中に用い，いわゆる「トルコ音楽」のイメージがヨーロッパ音楽の中に定着した。

【10】(1)　①　狂言　　②　文楽　　③　演技　　④　総合
　　　⑤　江戸　　(2)　①　三味線　　②　黒御簾　　(3)　見得
　(4)　隈取　　(5)　①　イ　　②　エ　　③　ア　　④　ウ
〈解説〉(1)　能の音楽は謡曲，文楽の音楽は義太夫節，歌舞伎の音楽は長唄や常磐津節・清元節などの浄瑠璃である。いずれも総合芸術で，その一部として音楽が含まれる。長唄の演奏は二挺一枚(三味線方二名，唄方一名)の独吟を最小単位とするが，数十挺数十枚で演奏することも可能であり，清元節や常磐津節などの浄瑠璃と一曲を細かく分担して交互演奏(掛合)することもある。　(3)　役者が「見得」を切るとき，ツケと呼ばれる木を打ち付ける音で動きが強調される。　(4)「隈取」は主に時代物の登場人物に施される化粧法である。役柄によって使う色が決められており，赤は正義感や強さを持つ役，藍色は敵役，茶色は鬼や妖怪といった人間以外の役，となっている。　(5)　①は「廻り舞台」，②は「黒御簾」，③は廻り舞台上が「せり」，花道上にあるのは「すっぽん」，④が「花道」である。歌舞伎や能など，伝統芸能の舞台構造について問う設問は時々出題されている。基本的な知識なので，日ごろから日本の伝統芸能に興味や関心を持ち，初心者向けの本や資料を読んでおくのはもちろん，関連するテレビ番組等の視聴，また，実際に劇場で鑑賞することが学習の大きな助けとなるだろう。特に映像資料などを見ておくと，舞台にどのような演出上の仕掛けが工夫されているのか等，詳しい知識を得ることができる。

2015年度　実施問題

【中学校】

【１】次の(1)～(3)の演奏を聴き，五線譜に書き取りなさい。各問題の前
に主和音を1回弾き，1回目のみ1小節分カウントを入れてから演奏し
ます。30秒の間を空けて5回繰り返します。

(1)	C-Dur	(ハ長調)	4分の4拍子	8小節	旋律
(2)	As-Dur	(変イ長調)	4分の3拍子	8小節	旋律
(3)	g-moll	(ト短調)	8分の6拍子	8小節	旋律

(☆☆☆◎)

【２】次の(1)～(4)の各音程について，転回音程を答えなさい。

(☆☆◎)

【３】次の(1)～(4)に示した音を根音として，その上に属七の和音を作り
なさい。なお，所属する調名をDur，mollの2種類について答えなさい。

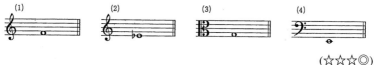

(☆☆☆◎)

【４】 次のC-DurのカデンツをG-Durに移調しなさい。ただし，転回はしないこととする。

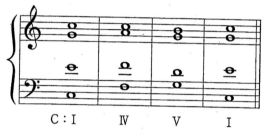

(☆☆◎)

【５】 次の楽譜Flute(in C)を，(1)Clarinet用(in A)，(2)Viola用(in C)に移調しなさい。ただし，(2)については，アルト譜表で書きなさい。

(☆☆☆◎)

【６】 中学校学習指導要領解説音楽編(平成20年9月)について，以下の各問いに答えなさい。

(1) 音楽科の目標について，次の空欄(①)～(④)に入る最も適切な語句を下のア～クの中から選び，記号で答えなさい。

　　表現及び鑑賞の幅広い活動を通して，音楽を愛好する(①)を育てるとともに，音楽に対する(②)を豊かにし，音楽活動の(③)能力を伸ばし，音楽文化についての理解を深め，豊かな(④)を養う。

ア　基礎的な　　　イ　創作　　　ウ　発展的な　　　エ　心情

オ　情操　　　　　カ　態度　　　キ　表現　　　　　ク　感性

(2) 「第4章　指導計画の作成と内容の取扱い」2の(8)に示された各学年の〔共通事項〕のイの用語や記号のうち，次の①～④の説明にあてはまる最も適切なものを答えなさい。

① 音楽の流れの中で，自然に区切られるまとまり

② 高さの違う二つ以上の音が同時に響くことによって生まれるもの

③ 我が国の伝統音楽におけるリズムや速度に関する特徴的なものの一つで，雰囲気や味わいなどが醸し出される

④ 我が国の伝統音楽において，速度が次第に速くなる構成や形式上の三つの区分を表すものとして用いられているもの

(3) 読譜の指導については，小学校における学習を踏まえ，中学校においては，どの程度をもった調号の楽譜の視唱や視奏に慣れさせるよう配慮することと示されているか。2つ答えなさい。

(4) 変声期の生徒に対しての，配慮すべき事項を2つ答えなさい。

(☆☆☆◎)

【7】次の(1)～(4)の説明を読み，①楽曲名②作曲者名③西洋音楽史上の時代を答えなさい。

(1) スエズ運河の開通を記念して，エジプトの首都カイロに歌劇場が建てられた。そこで最初に上演するために作曲されたオペラで，1871年に初演された。

(2) 1803年から約5年の年月をかけて作曲された。全4楽章にわたって，いろいろな形で繰り返される第1楽章の冒頭の音型について，作曲者自身が，「このように運命は扉をたたく」と語ったとされている。

(3) それぞれの曲にはソネットという短い形の詩が付けられ，自然の様子やそこで起こったことなどが，音楽によって表現されている。全合奏の部分と独奏ヴァイオリンの部分が交互に現れる，リトルネッロ形式によって作られている。

(4) 1957年にブロードウェイで初演され，61年に映画化されたミュージカル「ウエスト・サイド物語」の中でトニーとマリアの愛の2重唱として歌われる。

(☆☆☆◎)

【8】中学生がアルトリコーダーで演奏するための教材を作りたい。次に
　示す条件に従って，旋律を完成させなさい。
　【条件】
　　①　ハ音から始まる沖縄の音階を使用すること。
　　②　リズム・パターンを反復，変化させること。
　　③　4分の4拍子で8小節の旋律とすること。

(☆☆☆◎)

【9】「筝」について，以下の各問いに答えなさい。
　(1)　次の①〜④の筝の各部の名称を答えなさい。

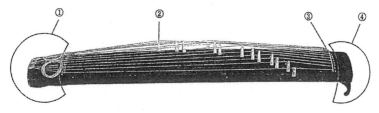

(2) 次の楽譜に示されたA〜Dの奏法を書きなさい。また，各奏法の説明をア〜カからそれぞれ1つ選び，記号で答えなさい。

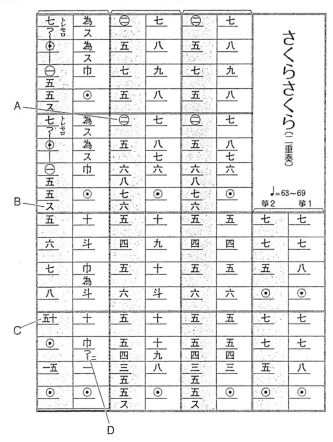

【奏法の説明】

ア　1オクターブの関係にある2本の弦を，親指と中指で同時に弾く奏法。弾いたあとはそれぞれ次の弦に当てて止める。

イ　左手で弦を押して音高を上げる奏法。柱の左側10〜15cmぐらいの位置を，人さし指と中指で押す。全音上げる強押しと半音上げる弱押しがある。

　ウ　複数の弦を連続して弾くグリッサンドのような奏法。親指で巾
　　から一へ向かって続けて弾く。

　エ　親指の爪の裏側で手前に向かって弾く奏法。向こうに弾いたあ
　　とに続けて用いることが多く，いずれも弦をこするように弾くた
　　め柔らかい音が出る。

　オ　人さし指で，1本の弦を連続して弾く奏法。親指を添え，角爪
　　の角(中指側)，丸爪の先で弾く。

　カ　左手や右手の薬指など，爪を付けていない指で弦をはじく奏法。

(3)　平調子の調弦で，一の弦を「ニ音」にした場合の「斗・為・巾」
　　の音を全音符で書きなさい。

(4)　次の文章は，中学校学習指導要領(平成20年3月告示)第2章第5節音
　　楽　第3　指導計画の作成と内容の取扱いの一部である。(　①　)，
　　(　②　)にあてはまる最も適切な数字，語句を答えなさい。

　2　第2の内容の指導については，次の事項に配慮するものとする。

　　(2)　楽器の指導については，指導上の必要に応じて和楽器，弦楽
　　　器，管楽器，打楽器，(　①　)，電子楽器及び世界の諸民族の
　　　楽器を適宜用いること。なお，和楽器の指導については，3学
　　　年間を通じて(　②　)種類以上の楽器の表現活動を通して，生
　　　徒が我が国や郷土の伝統音楽のよさを味わうことができるよう
　　　工夫すること。

(☆☆☆☆◎)

解答・解説

【中学校】

【1】(1)

(2)

(3)

〈解説〉主和音で調性を，1小節分のカウントで拍感をつかみ，演奏される旋律に感覚を合わせて書き取ること。途中で聴き取れないところがあっても拍感を止めずに最後まで書きとる。リズムが複雑な所や休符が混ざった所は注意深く確認する。始まりの音の高さを間違えないようにC4〜C5の音高を楽器なしでもとれるようにしておくのも大切である。今回臨時記号音はなかったが，短調は導音が半音高くなることを忘れないように。5回の内，最後の1回分は全体を見直すために取っておくぐらいの配分で聴き取る方がよい。

【２】(1)　増4度　　　(2)　短2度　　　(3)　長6度　　　(4)　短3度

〈解説〉転回音程は構成する2音の音名をそのままに，上下を入れ替える
こと。元の音程とその転回音程の「度」を足すと「9」になり，音程
の種類である「長・短・増・減」は反対の意味に変わる。　(1)　元の
音程はEとB♭で減5度なので，転回音程は9－5＝4で4度となり，「減」
の反対は「増」で増4度となる。　(2)　元の音程はFとEで長7度，転回
音程は9－7＝2，「長⇔短」。　(3)　元の音程はD#とF#で短3度，転
回音程は9－3＝6，「短⇔長」。　(4)　元の音程はB♭とGで長6度，
転回音程は9－6＝3，「長⇔短」。

【３】(1)

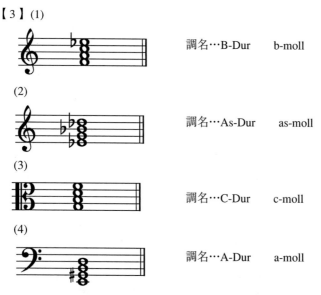

調名…B-Dur　　　b-moll

(2)

調名…As-Dur　　　as-moll

(3)

調名…C-Dur　　　c-moll

(4)

調名…A-Dur　　　a-moll

〈解説〉属七の和音は長三和音にさらに，根音から短7度の音を加えた和
音。属七の和音は根音から完全5度下の長調と短調の和音，つまり同
主調同士の属七の和音が同じ和音になる。　(1)　構成音はF・A・C・
E♭となり，♭調号の3番目であるA音に♭がついていないことから調
は♭2つの変ロ長調。しかしその♭がつかないA音を短調の導音で半音
上がっているとみなせば変ロ短調に当てはまる。変ロ長調と同じ調号

256

のト短調は導音であるF音が半音上がるので当てはまらない。

(2)　構成音はE♭・G・B♭・D♭となり，♭調号の5番目のG音に♭が
ついていないことから調は♭4つの変イ長調。しかしそのG音を短調の
導音とみなせば変イ短調に当てはまる。変イ長調と同じ調号のヘ短調
は導音のE音が半音上がるので当てはまらない。　(3)　構成音はG・
B・D・Fとなり，#調号と♭調号の各1番目のF音とB音に調号がついて
いないのでハ長調。B音を短調の導音で半音上がっているとみなせば
ハ短調にも当てはまる。ハ長調と同じ調号のイ短調は導音Gが半音上
がるので当てはまらない。　(4)　構成音はE・G#・B・Dとなり，#調
号の4番目のD音に#がついていないことから調は#3つのイ長調。G#を
短調の導音とみなせばイ短調にも当てはまる。イ長調と同じ調号の嬰
ヘ短調はE音が半音上がるので当てはまらない。

【4】

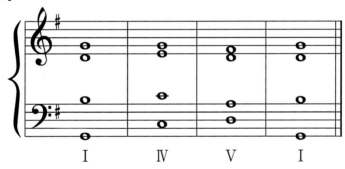

〈解説〉G-durの調号は#1つで，Ⅰ和音はG・B・D，Ⅳ和音はC・E・G，
　Ⅴ和音はD・F#・Aとなる。和音の転回形は第1転回形→基本形→第2
　転回形→第2転回形となっている。ベースの音高に注意して同じ和音
　転回でカデンツをつくる。

【5】(1)

(2)

〈解説〉(1)　フルートの記音は実音と同じ。A管のクラリネットの実音は記音より長6度高いので，記音は長6度低く記譜する。調も同じようにし，元の楽譜の調はニ長調から長6度下げるとヘ長調で♭1つとなる。
(2)　ヴィオラは実音と記音が同じだが，アルト譜表に記譜する際はハ音の位置に気をつけてフルート同じ音名の音を記譜する。

【6】(1)　①　エ　　②　ク　　③　ア　　④　オ　　(2)　①　フレーズ　　②　和音　　③　間　　④　序破急　　(3)　1♯，1♭
(4)　・変声期について気付かせるとともに，変声期の生徒に対しては心理的な面についても配慮する。　　・適切な声域と声量によって歌わせるようにする。
〈解説〉『中学校学習指導要領解説　音楽編』に関する出題である。学習指導要領の理解には同解説とあわせて学習することが大切である。
(1)　出題にある文章は，学習指導要領の教科の目標であるが，教科の目標は全文を正確に書けるように覚えることが必要である。『中学校学習指導要領解説　音楽編』第2章第1節の「1　教科の目標」では，「①　生活に音楽を生かし，生涯にわたって音楽を愛好しようとする思い。　②　音や音楽のよさや美しさなどの質的な世界を感じ取る心の働き。　③　生涯にわたって楽しく豊かな音楽活動ができるための基になる能力。　④　美しいものや優れたものに接して感動する，情感豊かな心。」と解説している。　(2)　『中学校学習指導要領解説　音楽編』第4章の2の(8)に〔共通事項〕の中の9項目についての解説が記載されているので，全項目を確認しておこう。なお，次の解説も参考

にされたい。　①　「楽句」または「楽節」とも呼ぶ。クラシックでは4小節であることが多い。フレーズを意識することによって表現を工夫したり鑑賞を意味深く行える。　②　和音の種類に着目して，全体の響きを理解したり旋律をつくる手がかりにすることができる。

③　日本音楽における時間概念の用語で，そこから生み出る効果や働きを感じ取る。　④　邦楽一般で用いられる構造形態。緩急の変化が生み出す効果や働きを感じ取る。　(3)　『中学校学習指導要領解説音楽編』第4章の2の(4)に示されている。小学校音楽科で調号がつかない長調・短調楽譜を歌ったり演奏したりする学習の上に成り立っている。　(4)　『中学校学習指導要領解説　音楽編』第4章の2の(1)のイに示されている。誰もが経験することであるが，個人差が著しく，変声前や変声中，変声後の生徒が混在し，それぞれの不安に対処できる工夫が必要。声にはそれぞれ個性があって，自分の声に自信をもって表現できるように指導することが大切である。

【7】(1)　①　アイーダ　　②　ヴェルディ　　③　ロマン派

(2)　①　交響曲第5番ハ短調　　②　ベートーヴェン　　③　古典派

(3)　①　春(「和声と創意の試み」第1集「四季」から)　　②　ヴィヴァルディ　　③　バロック　　(4)　①　Tonight　　②　バーンスタイン　　③　現代

〈解説〉(1)　カイロ歌劇場のこけら落としのためにヴェルディに委託されてできたエジプトを舞台にしたオペラ。19世紀のヨーロッパを中心とする音楽をロマン派時代のロマン派音楽という。　(2)　「運命」は通称であって正式名称ではない。古典派の期間はバッハの死(1750)からベートーヴェンの死(1827)までに当たる。　(3)　「和声と創意への試み」の中でも特に有名な「四季」その中でも最初の「春」はヴィヴァルディが新しい協奏曲の形式を開拓したとともに，標題協奏曲という形式をも試みた作品。バロック時代は1600〜1750年ごろの期間を指す。(4)　現代版「ロミオとジュリエット」といえるミュージカルで，作曲家バーンスタインの名を不動のものにした作品。「ロミオとジュリエ

ット」のバルコニーの場面にあたるのが「トゥナイト」。現代音楽は
20世紀後半から現在までを指す。

【8】

〈解説〉沖縄音階「ドミファソシド」と付点のリズムを使うとそれらしく
　　聞こえる。2小節をモチーフとして考え，それを基にリズム変化や音
　　進行の変化をつけてみる。リズムの反復を使うので二部形式で構成を
　　考えるとよい。各小節が条件の拍子に合った拍であること，付点のリ
　　ズムで音の跳躍を出さないこと，中学生のアルトリコーダーの教材で
　　あることを考えて，複雑すぎるリズムや細かすぎる音進行も避ける方
　　がよい。

【9】(1)　①　竜尾　　②　柱　　③　竜角　　④　竜頭
　　(2)　A　奏法…ピッツィカート　　説明…カ　　B　奏法…スクイ爪
　　説明…エ　　　C　奏法…合せ爪　　説明…ア　　D　奏法…流し爪
　　説明…ウ
　　(3)　斗

巾

(4) ① 鍵盤楽器 ② 1

〈解説〉(1) 箏は架空の伝説の生き物「竜」に見立てて各部の名称が付けられている。演奏する側の先端部分，箏の頭部は竜の頭に見立てて「竜頭」，ブリッジの部分が「竜角」，その反対の竜の尾にあたる部分の「竜尾」には通した弦の残りが巻かれている。音の高さを決める道具は弦を下から支えているので「柱(じ)」。 (2) Ａ 漢数字を丸で囲っているものはピッツィカート。二の弦をピッツィカートする。

Ｂ カタカナの「ス」はスクイ爪を指す。右手親指を向こうから手前にすくうように弾く。 Ｃ 2種類の漢数字が書いてあるので合せ爪。2本の弦を挟むようにして同時に弾く。 Ｄ 小さな数字は指番号，大きな数字は弦番号を表す。巾から一の弦まで人差指で弾く，流し爪。その他の選択肢，イは押し手，オはトレモロを指している。

(3) 平調子の音階は「半音・二音・一音・半音・二音」の関係に並ぶので，一弦がD音ならば「D・E♭・G・A・B♭・D」となり，この音階が始まるのは一，五，十なので，「斗・為・巾」は「十」のD音の続きとなる。 (4) 学習指導要領解説第4章第2節(2)より。様々な楽器の特徴に気づかせるために，各楽器の種類名をあげている。また自国の伝統音楽の良さを味わうために1種類以上の和楽器を扱うようにとある。

2014年度 ｜ 実施問題

【中学校】

【1】次の(1)～(3)の演奏を聴き，五線譜に書き取りなさい。各問題の前
に主和音を1回弾き，1回目のみ1小節分カウントを入れてから演奏し
ます。30秒の間を空けて5回繰り返します。

(1)　e－moll(ホ短調)　　　4分の3拍子　　　8小節　旋律

(2)　D－Dur(ニ長調)　　　4分の4拍子　　　8小節　旋律

(3)　B－Dur(変ロ長調)　　4分の2拍子　　　8小節　旋律

(☆☆☆◎◎)

【2】次の(1)～(3)の五音音階を，示された音から順に上行で五線譜に全
音符で記入しなさい。

(1)　律音階

(2)　陰音階

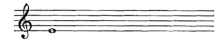

(3)　沖縄の音階

(☆☆☆☆◎◎◎)

【3】次の(1)，(2)の和音の□で示した音が，その和音の第何音(あるいは根音)であるかを答えなさい。

(1)   (2)

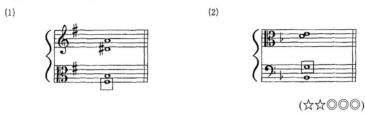

(☆☆◎◎◎)

【4】次の(1)～(3)の曲想に関する用語の意味として，最も適切なものを下のア～オの中から選び，記号で答えなさい。

(1) arioso　　(2) risoluto　　(3) leggiero

　　ア　単純に　　イ　決然と　　ウ　優雅に　　エ　歌うように
　　オ　軽く

(☆☆☆◎◎◎)

【5】次の(1)，(2)の音程について，転回音程を答えなさい。

(1) 増6度　　(2) 短3度

(☆☆☆◎◎◎)

【6】次の楽譜(in A)を，(1) Corni用(in F)，(2) Flauto用(in C)に移調しなさい。

(☆☆☆◎◎◎)

【7】中学校学習指導要領解説音楽編(平成20年9月)について，次の(1)～(3)の問いに答えなさい。

(1) 第2学年及び第3学年の目標について，次の空欄(①)～(④)に入る最も適切な語句をあとのア～クの中から選び，記号で答えなさい。

(1)　音楽活動の楽しさを体験することを通して，音や音楽への興味・関心を(①)，音楽によって生活を明るく豊かなものにし，(②)音楽に親しんでいく態度を育てる。

(2)　多様な音楽表現の豊かさや美しさを感じ取り，表現の技能を(③)，創意工夫して表現する能力を高める。

(3)　多様な音楽に対する理解を(④)，幅広く主体的に鑑賞する能力を高める。

　　ア　生涯にわたって　　　イ　生涯をとおして　　　ウ　育て

　　エ　高め　　　　　　　　オ　伸ばし　　　　　　　カ　深め

　　キ　身に付け　　　　　　ク　養い

(2)　各学年の〔共通事項〕のイの用語や記号として，「第4章指導計画の作成と内容の取扱い」2の(8)に示された次の①～③の説明として最も適切なものを下のア～オの中から選び，記号で答えなさい。

　　①　動機　　②　拍子　　③　拍

　　ア　音楽を時間的なまとまりとしてとらえる際の手掛かりとなるもの

　　イ　音楽を時間の流れの中でとらえる際の基本的な単位

　　ウ　音楽を構成する単位として最も小さなもの

　　エ　音楽を構成する単位として最も大きいもの

　　オ　音楽の流れの中で，自然に区切られるまとまり

(3)　B鑑賞(2)において，取り扱う鑑賞教材として示された我が国や郷土の伝統音楽を，具体的に3つ答えなさい。

(☆☆☆◎◎◎)

【8】次の(1)～(3)のダイヤグラム(ギター)が示すコードを答えなさい。

(1)　　　　　　　　　　　(2)　　　　　　　　　　　(3)

(☆☆☆◎◎)

【9】 次の(1)～(3)の運指表(アルトリコーダー)が示す音を，五線譜に全音符で答えなさい。

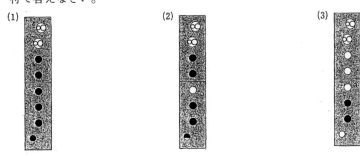

(1)　　　　　　　(2)　　　　　　　(3)

(☆☆☆◎◎◎)

【10】 次の(1)～(4)が示すアーティキュレーションを答えなさい。
  (1)　タンギングの後はすぐに息を止め，音を短く切る。
  (2)　息の流れを止めずに，なめらかにタンギングをする。
  (3)　タンギングをする前に軽く息を止め，音と音との間を少しあける。
  (4)　最初の音でタンギングをした後は，息の流れを止めずに音だけを変える。

(☆☆☆◎◎◎)

【11】 バロック音楽について，次の(1)～(3)の問いに答えなさい。
  (1)　音楽史でいわれるバロック時代の期間として，最も適切なものを次のア～エの中から選び，記号で答えなさい。
　　　ア　1300年～1450年　　　イ　1400年～1550年
　　　ウ　1500年～1650年　　　エ　1600年～1750年
  (2)　バロック音楽の代表的な鍵盤楽器であるチェンバロについて，次の①，②での名称を答えなさい。
　　　①　英語名　　　②　フランス語名
  (3)　次の楽譜はバロック音楽の代表的な楽曲の一部分である。楽曲名と作曲者名を答えなさい。

(☆☆☆◎◎◎)

【12】カンツォーネについて，次の(1)，(2)の問いに答えなさい。

(1)　「サンタ　ルチア」と「帰れソレントへ」について，それぞれの拍子記号を答えなさい。

(2)　特徴として最も適切なものを次のア～エの中から選び，記号で答えなさい。

　ア　美しく上品で愛らしい雰囲気のものが多い。

　イ　気候風土の影響を受け，明るく表情豊かなものが多い。

　ウ　多民族国家のため，哀愁に満ちたものや陽気なものが多い。

　エ　形式的によくととのい，感情に流されず深みのあるものが多い。

(☆☆☆◎◎◎)

【13】鳥取県の作曲家について，次の(1)，(2)の問いに答えなさい。

(1)　「ふるさと」の作曲者名を漢字で答えなさい。

(2)　「大黒さま」「金太郎」などの童謡の作曲者名を漢字で答えなさい。

(☆☆☆◎◎)

【14】次の(1)～(5)の指導のねらいについて，あてはまる教材をア～ケの中から選び，記号で答えなさい。

(1)　音楽を形づくっている要素に気付き，詩と伴奏と歌のかかわりの一体感がつくりだす楽曲の豊かさを感じ取ることができる。

(2)　音楽と他の芸術とのかかわりを理解し，総合芸術のよさや特徴について自分の言葉で説明することができる。

(3)　動機の展開に気付いたりソナタ形式のしくみを理解したりしながら，曲の構成のおもしろさや名曲の魅力を感じ取ることができる。

(4) 独奏楽器の表現の多様さに気付くとともに，オーケストラの対比と調和の美しさを感じ取ることができる。

(5) フランス近代の音楽表現の特徴に関心を持ち，ピアノの表現技法の多様さを感じ取ることができる。

ア　アランフェス協奏曲／ロドリーゴ作曲

イ　「水の戯れ」／ラヴェル作曲

ウ　「惑星」／ホルスト作曲

エ　「アイーダ」／ヴェルディ作曲

オ　交響曲第5番ハ短調／ベートーヴェン作曲

カ　「ラ・カンパネラ」／リスト作曲

キ　小フーガト短調／バッハ作曲

ク　「魔王」／シューベルト作曲

ケ　「モルダウ(ブルタバ)」／スメタナ作曲

(☆☆☆◎◎◎)

【15】創作の指導について，次の(1)，(2)の問いに答えなさい。

(1) 次の文章の(①)～(③)に入る最も適切な語句を答えなさい。

創作の指導については，(①)に音を出しながら音のつながり方を試すなど，音を(②)へと構成していく体験を重視する。その際，(③)に偏らないようにするとともに，必要に応じて作品を記録する方法を工夫させるようにする。

(2) 次の楽譜について，アルトリコーダーで中学校2年生が演奏するオブリガートを作りなさい。ただし，跳躍進行を1か所のみ入れて作ることとする。

(☆☆☆◎◎◎)

解答・解説

【中学校】

【1】(1)

(2)

(3)

〈解説〉聴音は1人で勉強することが難しいので，仲間同士や先生など，周りの人に協力してもらいながら練習を積んでおくことが肝心である。取り方は十人十色だが，基本は拍を見失わないことである。まずは各小節の一拍目の音を確実に書き取り，繰り返すうちにその間を埋めていけばずれることがない。不安な場合は，始まる前に小節を拍ごとに区切っておいてもよいだろう。音符や休符の長さまで正確に書けるように，また臨時記号を付け忘れないように，全て書き終わってからも見直しをして確認しよう。

【2】(1)

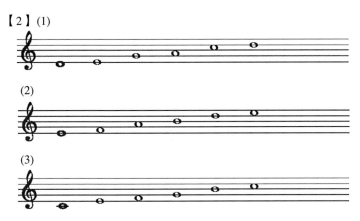

(2)

(3)

〈解説〉律音階は雅楽の音階，陰音階は俗楽の音階。雅楽の音階にはほか
　　に呂音階，俗楽の音階にはほかに陽音階がある。これらに沖縄音階(琉
　　球音階)をあわせた5種類の音階は書けるようにしておきたい。示され
　　た音が変わっても書けるように，音程関係を覚えておこう。

【3】(1)　第5音　　(2)　第3音
〈解説〉アルト記号の読み間違いに注意しよう。　(1)　基本形に直すと，
　　H，Dis，Fis，Aの属七の和音。示された音はFisなので，第5音である。
　　(2)　基本形に直すと，E，G，B，Dの減五短七の和音。示された音は
　　Gなので，第3音である。

【4】(1)　エ　　(2)　イ　　(3)　オ
〈解説〉いずれも基本的な音楽用語(曲想に関する用語，発想標語)で，曲
　　中で用いられることも多いので，すぐに意味が浮かぶようにしておき
　　たい。

【5】(1)　減3度　　(2)　長6度
〈解説〉転回音程の度数は，9−(もとの度数)である。また転回させると，
　　もとの音程が完全音程の場合は完全音程のままだが，長短，増減は逆
　　になる。

【6】(1)

(2)

〈解説〉示された楽譜はin Aなので，まず実音を考えよう。in Aの楽譜の場合，実音は記譜より長6度高いので，この曲の実音は1音目がDで始まるD durであることが分かる。つまり(2)Flauto用はin C(=実音)なので，(2)の楽譜はこのD durに移調して書けば良いことになる。一方(1)Corni用はin Fで，実音が記譜より完全4度高くなるので，1音目がDの完全4度下，Aから始まるように移調して書けば良い。

【7】(1) ① エ ② ア ③ オ ④ カ (2) ① ウ
② ア ③ イ (3) 雅楽，能楽，三味線音楽 など
〈解説〉(1) 各学年の目標は全文を暗記できれば良いが，本問のように部分的に言葉や表現を問う問題が頻出なので，キーワードを抜き出して覚えたり，学年ごとに表現の異なる箇所を特におさえておくことが有効である。 (2) 各学年の〔共通事項〕に示す用語や記号は，中学校学習指導要領解説音楽編「第4章　2　(8)」で詳しく解説されている。必ず読んで説明できるようにしておこう。 (3) その他，琵琶楽，歌舞伎音楽，箏曲，尺八音楽などを挙げることができる。これらは中学校学習指導要領解説音楽編「第3章　第1節　2　(2)　B鑑賞」の(2)において鑑賞教材の具体例として挙げられている。

【8】(1) F (2) Em (3) G$_7$
〈解説〉ギターのダイヤグラムは頻出である。ギターを触ったことがないと馴染みが薄いので，できればギターを実際に手にし，ダイヤグラムとコードを確認しておきたい。本問のような基本的なコードは一目で見て分かるようにしておくことが望ましい。

【9】(1)

(2)

(3)

〈解説〉リコーダーの運指も頻出。音は分かっていても五線譜に書く時に高さを間違えたりすることがあるので気を付けよう。また音によって替え指があったり，バロック式とジャーマン式で運指が異なる場合もあるので注意しよう。

【10】(1)　スタッカート　　(2)　ポルタート　　(3)　ノンレガート
　(4)　レガート
〈解説〉これらのアーティキュレーションは，リコーダーで主に用いられるものである。中学校でも指導するものなので，名称と意味をしっかり理解しておこう。(2)のポルタート奏法はテヌート奏法と呼ぶ場合もある(ポルタート奏法を記譜する場合テヌート記号で表すため)。

【11】(1)　エ　　(2)　①　ハープシコード　　②　クラブサン
　(3)　楽曲名：水上の音楽　　作曲者名：ヘンデル
〈解説〉(1)　バロック時代は1600年からバッハの没年である1750年までとされている。　(2)「チェンバロ」はドイツ語名である。
　(3)「水上の音楽」は，ヘンデルが作曲した管絃楽曲集。第1組曲(HWV348)と第2組曲(HWV349)があるが，示された楽譜は第1組曲の第8曲，『ホーンパイプ』である。

【12】(1)　「サンタ ルチア」：$\dfrac{3}{8}$　　「帰れソレントへ」：$\dfrac{3}{4}$

(2)　イ

〈解説〉(1)　いずれも3拍子だが拍子の種類は異なる。この2曲は中学校の教材としてもよく用いられるので，教材研究を徹底させておきたい。(2)　カンツォーネとは，「歌」を意味するイタリア語で，「イタリア民謡」あるいはその中でも特に有名な「ナポリ民謡」の意味として，呼ばれることが多い。ナポリの気候は温暖で雨が少なく，太陽が燦々と輝く地中海性気候の都市である。

【13】(1)　岡野貞一　　(2)　田村虎蔵

〈解説〉(1)　岡野貞一は「ふるさと」のほか，「春が来た」「春の小川」などの唱歌をのこしている。　(2)　田村虎蔵も多くの唱歌をのこし，「大黒さま」「金太郎」のほか，「うらしまたろう」等がある。

【14】(1)　ク　　(2)　エ　　(3)　オ　　(4)　ア　　(5)　イ

〈解説〉(1)　「詩と伴奏と歌のかかわり」という点から，選択肢中では歌曲である「魔王」がふさわしい。　(2)　「総合芸術」といえばオペラ。選択肢中では「アイーダ」しかない。　(3)　「ソナタ形式」という点から，選択肢中では交響曲第5番がふさわしい。交響曲は少なくとも1つの楽章がソナタ形式である。　(4)　「独奏楽器」と「オーケストラ」の双方を組み込めるのは協奏曲がふさわしいので，選択肢中では「アランフェス協奏曲」が適当。　(5)　選択肢中，ピアノ曲は「水の戯れ」のみである。

【15】(1)　①　即興的　　②　音楽　　③　理論

(2)

〈解説〉(1)　本問は中学校学習指導要領音楽の「第3　指導計画の作成と内容の取扱い2　(5)」に示された文章からの出題。現行学習指導要領

で焦点化・明確化された項目の一つがこの創作の指導内容で，この部分は問題としても頻出である。必ず覚えておこう。　(2)　主旋律と綺麗に合うように，動かしすぎないことが重要である。跳躍進行は1箇所入れば良いので，他はできるだけ少ない動きで，無理なく演奏できる旋律にしよう。

2013年度　実施問題

【中学校】

【１】次の(1)〜(3)の演奏を聴き，五線譜に書き取りなさい。各問題の前に主和音を1回弾き，1回目のみ1小節分カウントを入れてから演奏します。30秒の間を空けて5回繰り返します。

(1)　F-Dur(ヘ長調)　4分の4拍子　8小節　旋律

(2)　a-moll(イ短調)　4分の3拍子　8小節　旋律

(3)　D-Dur(ニ長調)　8分の6拍子　8小節　旋律

(☆☆☆◎◎◎)

【２】次の(1)〜(5)に示されている音の上に，指定された音程を全音符で答えなさい。

(1)　長2度　　　　(2)　完全4度　　　　(3)　減5度

(4)　重減6度　　　(5)　増4度

(☆☆◎◎◎◎)

【３】次の(1), (2)について，それぞれに示された演奏順序になるように，楽譜の中に適切な記号や用語を答えなさい。

(1)　ABCDAB

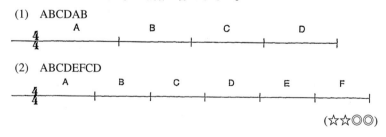

(2)　ABCDEFCD

(☆☆◎◎)

【4】筝の調弦(平調子)と演奏について，次の(1)～(5)の問いに答えなさい。

(1) 次の楽譜の音で一の弦を調弦した時の，二の弦の音を全音符で答えなさい。

一

(2) 八と九の弦の音程を答えなさい。

(3) 七の弦とオクターブの関係にある弦の名称を2つ答えなさい。

(4) 筝を演奏する時，生田流で使用する爪の名称を答えなさい。

(5) 筝を演奏する時，弦を弾く位置を，ア～ウから1つ選び，記号で答えなさい。

　　ア　竜角から2～3cm　イ　竜角から5～6cm　ウ　竜角と柱の中間

(☆☆☆☆◎◎)

【5】次の(1)～(5)に示されている関係調(近親調)を，ドイツ語で答えなさい。

(1) F-Durの属調

(2) Ges-Dur平行調

(3) c-mollの同主調の下属調

(4) as-mollの同主調の平行調

(5) B-Durの平行調の下属調

(☆☆◎◎◎)

【6】次の(1)～(5)の拍子を，ア　単純拍子，イ　複合拍子，ウ　混合拍子の3つに分類すると，どれに当てはまるか，ア～ウから1つずつ選び，記号で答えなさい。

(1) 4分の2拍子　(2) 8分の6拍子　(3) 8分の3拍子

(4) 4分の5拍子　(5) 8分の12拍子

(☆☆◎)

【7】次の楽譜(inC)を，(1)CL用(inB♭)(2)A.Sax用(inE♭)に移調しなさい。

(☆☆◎◎)

【8】中学校学習指導要領解説音楽編(平成20年9月)について，次の(1)～
(3)の問いに答えなさい。

(1)　第1学年の目標について，次の空欄(　①　)～(　④　)に入る最も
適切な語句を下のア～キから1つずつ選び，記号で答えなさい。

(1)　音楽活動の楽しさを体験することを通して，音や音楽への(　①　)を
養い，音楽によって生活を明るく豊かなものにする態度を育てる。

(2)　(　②　)の豊かさや美しさを感じ取り，基礎的な表現の技能を
身に付け，(　③　)して表現する能力を育てる。

(3)　(　④　)のよさや美しさを味わい，幅広く主体的に鑑賞する能
力を育てる。

　　ア　多様な音楽　　イ　情操　　　　ウ　興味・関心
　　エ　協力　　　　　オ　創意工夫　　カ　我が国の音楽
　　キ　多様な音楽表現

(2)　第2学年及び第3学年の〔共通事項〕について，次の空欄(　①　)～
(　③　)に入る最も適切な語句を答えなさい。

　　音色，リズム，(　①　)，旋律，テクスチュア，強弱，形式，構
成などの音楽を形づくっている要素や要素同士の関連を(　②　)し，
それらの働きが生み出す特質や雰囲気を(　③　)すること。

(3)　歌唱共通教材について，次の①，②の問いに答えなさい。

①　次のア～クの歌唱曲の中から，歌唱共通教材に示されていない
2曲を選び，記号で答えなさい。

　　ア　「赤とんぼ」　　　イ　「荒城の月」　　ウ　「砂山」
　　エ　「夏の思い出」　　オ　「花」　　　　　カ　「花の街」
　　キ　「浜辺の歌」　　　ク　「椰子の実」

②　①のア～クの歌唱曲の中から，作詞者が同じ作品を2曲選び，

記号で答えなさい。また，その作詞者名を漢字で答えなさい。

(☆☆○○○○○)

【9】歌曲「魔王」(F.P.シューベルト作曲)について，次の(1)〜(5)の問いに答えなさい。
(1) 作詞者を答えなさい。
(2) 次のA〜Cの旋律を歌う，それぞれの登場人物を答えなさい。

(3) 「das Kind war tot」の意味を答えなさい。
(4) 「詩の内容と曲想の変化とのかかわり」を感じ取ることができるために示したい鑑賞の視点を2つ答えなさい。
(5) より主体的で深まりのある聴き方ができる力を育てるための，「言語活動」を生かした学習活動例を具体的に答えなさい。

(☆☆☆○○○)

【10】「早春賦」(作詞：吉丸一昌，作曲：中田章)について，次の(1)〜(5)の問いに答えなさい。
(1) この楽曲にふさわしい速度を次のア〜ウの中から1つ選び，記号で答えなさい。
　　ア ♩.=120　　イ ♩=60　　ウ ♪=116
(2) 次の空欄にあてはまる1番の冒頭の歌詞を，漢字を含めて答えなさい。
　　(　　　)風の寒さや
(3) 2番の歌詞に出てくる「さては時ぞと」の意味を答えなさい。

(4)　この曲の拍子が生み出す雰囲気を感じ取るために，効果的な指導の工夫例を答えなさい。

(5)　この曲に使われている強弱の変化が生み出している効果は何か答えなさい。

(☆☆☆○○○)

【11】日本の伝統音楽「雅楽」について，次の(1)～(4)の問いに答えなさい。

(1)　次の楽譜(龍笛用)の曲名を漢字で答えなさい。

(2)　演奏に使用される次の①～⑤の楽器の役割を，ア～カから1つずつ選び，記号で答えなさい。

①　篳篥　　②　笙　　③　鞨鼓　　④　太鼓　　⑤　琵琶

(役割)　ア　和音を演奏する。

　　　　イ　リズムパターンの区切り目を示す。

　　　　ウ　速度を決めたり，終わりの合図を出したりして合奏を統率する。

　　　　エ　一定の音型を演奏し，拍を明確にする。

　　　　オ　主旋律を演奏する。

　　　　カ　やや修飾した主旋律を演奏する。

278

(3)　中学校学習指導要領解説音楽編(平成20年9月)に示された「音楽科改訂の趣旨」を生かして，題材「日本の伝統音楽に親しもう〜雅楽の鑑賞を通して〜」の目標を設定し，文章で答えなさい。

(4)　次の①，②について，西洋の音楽と比較して，特徴を答えなさい。

①　リズム　②　速度

(☆☆☆☆◎◎◎)

【12】和楽器について，次の(1)〜(4)の問いに答えなさい。

(1)　箏が日本に伝来したのは，日本のいつの時代か，また，どこの国から伝来したのかを答えなさい。

(2)　箏に柱を立てる際，奏者に最も近い弦に用いる柱の名称を漢字で答えなさい。また，その読み方をひらがなで答えなさい。

(3)　「ツンツンテーン」「トンツンチテツン」「ドッコーンドンドン」など，旋律や奏法を覚えたり伝えたりするための歌の名称を漢字で答えなさい。また，その読み方をひらがなで答えなさい。

(4)　次の三味線楽譜(文化譜)を五線譜に書き直しなさい。ただし，調弦は三下がりとする。

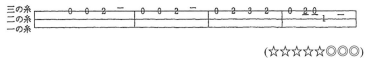

(☆☆☆☆☆◎◎◎)

【13】下の生徒作品(創作における図形楽譜)についての適切な評価を行い，文章で答えなさい。ただし，評価のポイントは，次の①，②とする。

①　音素材　②　構成

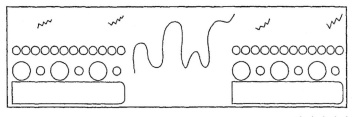

(☆☆☆☆☆◎)

解答・解説

【中学校】

【1】(1)

(2)

(3)

〈解説〉聴音は得意・不得意が出やすいものであるが，音高を聞き取るのが苦手でも，調号や拍子などの条件は正しく記載できるはずである。問題として出されている曲は単旋律で比較的容易なものなので，部分的にでも記譜することが大切である。　(1)　調号は♭が1つである。主和音のいずれかの音から始まる可能性が高いので，問題の前の和音を頼りにするとわかりやすいだろう。順次進行でリズムもシンプルである。　(2)　調号はつかないが，曲中，導音に♯がつくので注意が必要である。3連符や8分休符が正しく記譜できるようにしたい。

(3)　調号は♯が2つである。音符が小節をまたぐ箇所には特に注意が必要である。わかりにくいリズムなので，リズムだけに注目してもよいだろう。

【2】(1)　　　　　　　　　　　(2)

(3)　　　　　　　　　　　(4)

(5)

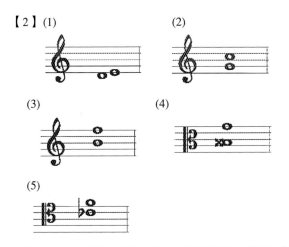

〈解説〉(1)　2度，3度，6度，7度は音程に「短」「長」をつけて表す。「長2度」は半音で数えると2つ分である。　(2)　鍵盤で表すと，「黒鍵がないところが1つある4度」が「完全4度」である。ここでは，ソとドの間で黒鍵がないところ(シとドの間)が1つある。　(3)　鍵盤で表すと，「黒鍵がないところが1つある5度」が「完全5度」である。「減5度」は，完全5度を半音狭めた音程である。　(4)　「長6度」より半音狭い音程が「短6度」，さらに半音狭い音程が「減6度」，さらに半音狭い音程が「増減6度」である。　(5)　完全4度から半音広い音程が「増4度」である。

【3】(1)

(2)

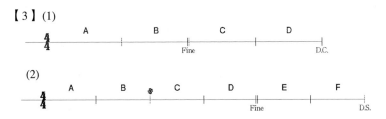

〈解説〉(1)　「D.C.」(ダ・カーポ)は「はじめに戻る」という意味である。「Fine」(フィーネ)は「ここで終わる」という意味である。終止線の記入も忘れないようにしよう。　(2)　「D.S.」(ダル・セーニョ)は「セー

ニョに戻る」という意味である。セーニョマークは，書く練習もして
おくとよいだろう。

【４】(1)

(2)　短2度　　(3)　二，為　　(4)　角爪　　(5)　ア

〈解説〉(1)　近年，日本楽器に関する出題が増えている。箏，三味線，
尺八の各部名称や基本的な奏法などについて理解しておくとよいだろ
う。二の弦を主音で「ラ」と考えると，一の弦は「ミ」となる。音高
として一の弦は「レ」に近いので，「レ」と覚えている人は1音上げて
考えるとよい。　　(2)　主音が「ラ」のイ短調として考えると，八の弦
は「シ」，九の弦は「ド」である。この音程は短2度である。

(3)　弦には「一，二，三，四，五，六，七，八，九，十，斗(と)，為
(い)，巾(きん)」という名称が付けられている。西洋音楽の音階のよう
なものと考えるとわかりやすい。ほかにもオクターヴ関係の弦がある
ので確認しておこう。　　(4)　爪には「角爪」と「丸爪」があり，流派
によって使い分けられる。生田流の爪は先が広がり四角い「角爪」で，
山田流の爪は先が丸い「丸爪」である。どちらの爪も右手の親指，人
さし指，中指の3本の指にはめる。雅楽で使用する爪は少し小さめで
ある。　　(5)　「竜角」は楽器本体の端にあり，弦を支える役割をもつ。
また，「柱(じ)」は音の音高を調節する部品である。竜角から2～3cmの
あたりを，やわらかくつかむように弾くとよいだろう。

【５】(1)　C-Dur　　(2)　es-moll　　(3)　F-Dur　　(4)　f-moll
(5)　c-moll

〈解説〉(1)　もとになる調の属音(完全5度上)の調を「属調」という。Fの
属音はCであるからF-Durの属調はC-Durである。　　(2)　もとになる調

と調号が等しい調を「平行調」という。例えば，調号はないC-Durの平行調はa-mollである。スケールを練習することで，自然と身についていくはずである。　(3)　もとになる調と主音が等しい調を「同主調」という。c-mollの同主調はC-Durである。もとになる調の下属音(完全5度下)の調を「下属調」という。Cの属音はFであるから　C-Durの下属調はF-Durである。　(4)　as-mollの同主調はAs-Durである。As-Durの平行調はf-mollである。　(5)　B-Durの平行調はg-mollである。g-mollの下属調はc-mollである。

【6】(1)　ア　　(2)　イ　　(3)　ア　　(4)　ウ　　(5)　イ
〈解説〉2拍子と3拍子を「単純拍子」という。よって，4分の2拍子と8分の3拍子が単純拍子である。また，6拍子と9拍子と12拍子を「複合拍子」という。よって，8分の6拍子と8分の12拍子が「複合拍子」である。また，単純拍子を組み合わせた拍子を「混合拍子」という。

【7】(1)

(2)

〈解説〉(1)　ホルスト作曲の「『惑星』より『木星』」をF-Durで記譜している。「in B♭」の楽器を使うときは，長2度高く演奏することになるので，Fより長2度高いGが主音のG-Durで記譜することになる。
(2)　「in E♭」の楽器を使うときは，短6度高く演奏することになるので，Fより短6度高いDが主音のD-Durで記譜することになる。調号さえ正しく記入すれば，ほかに臨時記号をつける必要はなく容易である。

【8】(1)　①　ウ　　②　キ　　③　オ　　④　ア　　(2)　①　速度　②　知覚　　③　感受　　(3)　①　ウ，ク　　②　エ，カ
・作詞者…江間章子

〈解説〉(1)　学習指導要領は出題頻度が最も高いので，熟読しておこう。音楽科の目標は全文を暗記し，さらに，文言の中の言葉について問われることも多いので意味をよく理解しておこう。また，学年の目標や，「表現(歌唱・器楽・創作)」「鑑賞」の指導事項，「指導計画の作成と内容の取扱い」の中の配慮事項についても，重要語句を中心におさえておきたい。　(2)　〔共通事項〕は，今回の改訂で新設された。特に重要であるので，各要素の意味，その指導例についても，学習指導要領解説で確認して意味をつかんでおくことが大切である。　(3)　歌唱共通教材は「赤とんぼ」「荒城の月」「早春賦」「夏の思い出」「花」「花の街」「浜辺の歌」の7曲である。これらについては，歌詞の表記，記譜，作曲者名，作詞者名を書けるようにすることはもちろん，「弾き歌い」ができるまで練習しておく必要がある。さらに，作曲者・作詞者の他の作品や生い立ちまでをおさえておくとよいだろう。

【9】(1)　ゲーテ　　(2)　A　子　　B　魔王　　C　父　　(3)　子はすでに息絶えぬ　　(4)　・伴奏の変化　　・登場人物による音高の変化　(5)　気づいたことや感じたことを関連づけて話し合い活動を展開する。

〈解説〉(1)　シューベルト(1797～1828年)はオーストラリアの作曲家として有名である。特にドイツ歌曲で優れた作品を残し，「歌曲王」とよばれる。「魔王」は若き日のシューベルトがゲーテの詩に影響を受け作曲した作品である。　(2)　Aは恐怖に震える子どものセリフの部分で特に有名である。実際の演奏を聞き，魔王，父，子ども3人の役割を演じ分けている歌声に触れると理解しやすいだろう。　(3)　ゲーテの詩の最後の部分である。ドイツ語ではあるが，魔王が馬に乗った父子を誘い，最後に子どもが魂を奪われて亡くなってしまうというストーリーから判断したい。「子どもは死んでいた」という意味が書かれていればよいだろう。　(4)　「魔王」では，オペラのように役割を分担しておらず，1人が3人の声を演じ分けている点に特徴がある。また，伴奏の音形や調の変化が緊張感を高める効果を生んでいる。

(5) 学習指導要領では,「鑑賞」の内容の中で,「音楽を形づくっている要素や構造と曲想とのかかわりを感じ取って聴き,言葉で説明するなどして,音楽のよさや美しさを味わうこと」と記載されている。今回の学習指導要領の改訂では,どの教科においても記述することが重視されている。「言葉で説明する」ことについても,漠然と感想を述べるのではなく客観的な根拠をもって感じたことを説明する必要がある。

【10】(1) ウ   (2) 春は名のみの   (3) 今がその時だと
(4) 身体表現を取り入れる。   (5) 歌詞と旋律のまとまりを感じることができる。

〈解説〉(1) 歌唱共通教材については楽譜も確認しておこう。「♪＝116」とは,1分間に♪を116回打つ速さを意味する。この曲は,8分の6拍子の曲なので,4分音符で速さを示す可能性は低い。   (2) 「春は名のみの　風の寒さや」とは,「春とは名ばかりで,まだまだ風は寒いなあ」という意味である。日本の歌唱で歌詞の意味が取りにくいものについては,意味を問われる可能性が高いので注意したい。   (3) 2番の歌詞の意味は,「氷が溶けさって葦は芽吹いている　今がその時だと思ったらあいにく　今日も昨日も雪の空だなあ」となる。   (4) 8分の6拍子の2拍子を感じるためには,体を揺らしながら歌うことで,拍子の雰囲気を感じることができる。明るくやさしい曲そのものの雰囲気も理解しやすいはずだ。   (5) 「強弱」は,音楽を形づくっている要素の1つである。学習指導要領解説では,「強弱」に関連する学習では,「ふさわしい強弱の設定,強弱を保ったりさまざまに変化させたりすること,強弱の対比,音楽の全体や部分における強弱の変化など」を指導例としてあげている。具体的な指導計画をあげよとの問題も増えているので,国立教育政策研究所の「評価規準の作成,評価方法等の工夫改善のための参考資料」を参考に,指導案づくりにも取り組んでおくとよいだろう。

【11】(1)　越天楽　　(2)　①　オ　　②　ア　　③　ウ　　④　イ
⑤　エ　　　(3)　雅楽の音楽の特徴を理解することを通して，我が国の
音楽文化に愛着をもつことができるようにする。　　(4)　①　拍が一定
でない。　　②　全曲を通して速度が上がる。

〈解説〉(1)　雅楽は，伝統的な音楽の1つ。日本では現在，宮内庁式部職
楽部で伝承されている。「越天楽」は，雅楽の中で最も有名な曲で，
「越天楽」に歌詞をつけたのが「越天楽今様」である。写真の楽譜は
「カナ譜」と呼ばれ，唱歌と指使いが示されている。　　(2)　笙，篳篥
は息を吹き込んで音を出す管楽器である。「鼓」の文字がつく楽器は
たたいて音を出す楽器である。琵琶は弦を弾いて音を出す楽器である。
実際に音を出している映像で楽器の音を確認し，どのような役割を果
たしているか確認するとよいだろう。　　(3)　改訂の趣旨において「国
際社会に生きる日本人としての自覚の育成が求められる中，我が国や
郷土の伝統音楽に対する理解を基盤として，我が国の音楽文化に愛着
をもつとともに他国の音楽文化を尊重する態度等を養う観点から，学
校や学年の段階に応じ，我が国や郷土の伝統音楽の指導が一層充実し
て行われるようにする」とある。ここを根拠として目標を設定するこ
と。　　(4)　曲には序(じょ)・破(は)・急(きゅう)という形式がある。序
は，ゆったりしたテンポで旋律を演奏する。破は，序同様ゆったりし
ているものの，拍子が入る。急は，テンポがアップした演奏形態であ
る。

【12】(1)　時代…奈良時代　　国…唐　　(2)　漢字…巾柱　　読み…き
んじ　　(3)　漢字…唱歌　　読み…しょうが
(4)

〈解説〉(1)　13本の弦を持つ箏は，奈良時代に唐より伝った。箏は調弦
などの出題は多いが，歴史に関する出題は珍しいので注意が必要であ
る。　　(2)　柱にはいろいろな形状がある。端に立てるために足の部分

が特殊な形になっている。「小柱(こじ)」「二段小柱(にだんこじ)」,「三段小柱(さんだんこじ)」と呼ばれる柱もある。 (3) 「唱歌」は普通「しょうか」と読むが,旋律や奏法を伝えるときは「しょうが」という。人から人へと伝える伝統音楽などではこの方法が使われる。

(4) 三下りで調弦されている場合,一の糸がド・二の糸がファ・三の糸がラの音が出る。四分音符=0,八分音符=0とする。実際に三味線を演奏したことがある人にとっては容易だが,経験がないと難しく感じるだろう。ギターなどの弦楽器の経験があれば理解できるはずだ。

【13】① 音素材をそろえて使用する中に,異素材をアクセントとして取り入れようとすることがわかる。 ② 反復や変化を用いているところがおもしろい。

〈解説〉図形楽譜に関する出題は非常に少ないが,今後増えてくる可能性がある。図形楽譜にはじめて接する人も多いだろう。しかし,同じ形の固まりが繰り返し出てくることから,反復を用いていることなどは理解できるはずである。形から音の違いも想像できるだろう。

2012年度　実施問題

【中学校】

【 1 】 次の(1)，(2)の演奏を聴き，五線譜に書き取りなさい。各問題の前に主和音を1回弾き，1回目のみ1小節分カウントを入れてから演奏します。30秒の間を空けて5回繰り返します。

(1)　C-Dur(ハ長調)　4分の4拍子　8小節　旋律

(2)　e-moll(ホ短調)　4分の3拍子　8小節　旋律

(☆☆☆◎◎◎)

【 2 】 次の(1)～(6)の演奏は，箏曲「六段の調」の各段の冒頭部分である。初段の冒頭部分を選び，(1)～(6)の番号で答えなさい。(1)～(6)は2回繰り返します。

(☆☆☆◎◎◎)

【 3 】 次の(1)～(5)について，音程名と転回音程名をそれぞれ答えなさい。

(☆☆☆◎◎◎)

【 4 】 次の(1)～(10)の音楽用語の分類として最も適切なものを，A(速度に関する用語) B(奏法に関する用語) C(曲想に関する用語)から選び，A～Cの記号で答えなさい。

(1)　accelerando　　(2)　vibrato　　(3)　furioso

(4)　misterioso　　(5)　una corda　　(6)　marcato

(7)　con fuoco　　(8)　prestissimo　　(9)　Moderato

(10)　colla voce

(☆☆☆◎◎◎)

【5】 次の(1)～(3)の楽譜について，それぞれの曲名と作曲者名を(例)にな
らって答えなさい。ただし，曲名は下のA～Eから選ぶこととする。

	(例)
曲名	F
作曲者名	ラヴェル

(例)

(1)

(2)

(3)

〈曲名〉

A 「青少年の管弦楽入門」

B 「春」(「和声と創意の試み」第1集「四季」から)

C ピアノ協奏曲 イ短調 作品16

D 「アランフェス協奏曲」

E 交響曲 第5番 ハ短調 作品67

(例) F 「ボレロ」

(☆☆☆◎◎◎)

【6】 次の(1)，(2)の日本の音階名を，漢字で答えなさい。

(1)

(2)

(☆☆☆◎◎◎)

【７】次の楽譜を，(1)Clarinet用(in B ♭)　(2)Horn用(in F)に移調しなさい。
Oboe

(☆☆☆☆◎◎)

【８】中学校学習指導要領解説音楽編(平成20年9月)について，次の(1)，(2)の問いに答えなさい。

(1)　音楽科の目標について，次の空欄(①)〜(⑥)に入る最も適切な語句を答えなさい。

　　表現及び鑑賞の(①)活動を通して，音楽を(②)心情を育てるとともに，音楽に対する(③)を豊かにし，音楽活動の(④)能力を伸ばし，(⑤)についての理解を深め，豊かな(⑥)を養う。

(2)　改訂の要点「(2)内容の改善」として示された8項目のうち，次の①〜⑥を除く残りの2項目を答えなさい。

① 　内容の構成の改善　　　　　② 　歌唱共通教材の提示
③ 　和楽器を取り扱う趣旨の明確化　④ 　鑑賞領域の改善
⑤ 　〔共通事項〕の新設　　　　⑥ 　その他

(☆☆☆☆◎◎◎)

【９】中学校学習指導要領解説音楽編(平成20年9月)で新設された〔共通事項〕について，次の(1)〜(4)の問いに答えなさい。

(1)　次の「音楽を形づくっている要素」について，中学校のみに示されているものを次の①〜⑥からすべて選び，番号で答えなさい。

①　音色　　②　旋律　　③　形式　　④　テクスチュア
⑤　強弱　　⑥　構成

(2)　次の「用語や記号」について，小学校学習指導要領(平成20年3月告示)第2章第6節音楽第3の2の(6)に示されたものに加え，中学校で新たに取り扱うものを次の①～⑩からすべて選び，番号で答えなさい。

①　拍　　　　　②　スラー　　③　ブレス　　④　音階
⑤　反復記号　　⑥　調　　　⑦　*f*　　　　⑧　*ff*
⑨　三連符　　　⑩　アクセント

(3)　次の①，②の説明として最も適切な用語を漢字で答えなさい。

①　我が国の伝統音楽において，速度が次第に速くなる構成や形式上の三つの区分を表すものとして用いられているもの。

②　我が国の伝統音楽におけるリズムや速度に関する特徴的なものの一つ。

(4)　〔共通事項〕を指導する上での留意点を答えなさい。

(☆☆☆☆◎◎◎)

【10】次の楽譜(日本の民謡の一部)について，下の(1)～(4)の問いに答えなさい。

(1)　曲名を漢字で答えなさい。

(2)　出だしの歌詞をひらがな7文字で答えなさい。

(3)　この曲は，当時の人々のどのような生活の状況の中から生まれてきたのかを，簡潔に説明しなさい。

(4)　この曲を，題材「日本の民謡に親しもう」の中で教材として扱う場合，生徒の興味・関心を高める工夫例を2つ答えなさい。

(☆☆☆☆◎◎)

【11】歌唱共通教材「夏の思い出」について，次の(1)～(5)の問いに答えなさい。

(1)　作詞者名と作曲者名を漢字で答えなさい。

(2)　曲の形式を答えなさい。

(3)　歌い出しの部分について，「穏やかで流れるような感じがする」と感受した生徒は，「旋律」のどのような特徴を知覚したと，考えることができるかを答えなさい。

(4)　次の楽譜の(　)にあてはまる強弱記号を答えなさい。

(5)　(4)の楽譜の中の①で示した休符があることで，表現にはどのような効果が生まれるのかを答えなさい。また，その効果に気付くことができるための，指導の工夫例を1つ答えなさい。

(☆☆☆◎◎◎)

【12】次の楽譜について，下の(1)～(3)の問いに答えなさい。

(1)　アルトリコーダーで演奏する場合，曲の表情を豊かにするための基本的なアーティキュレーションを4つ答えなさい。

(2)　(ア)で示した音を，アルトリコーダー(A・R)で演奏する場合の指番号を答えなさい。また，その指番号でソプラノリコーダー(S・R)を演奏する場合の音名をドイツ語で答えなさい。

(3)　AとBの小節に入る最も適切なコードを，次の①～⑤からそれぞれ1つずつ選び番号で答えなさい。

①　G7　　②　B♭　　③　Dm₇　　④　Em　　⑤　C7

(☆☆☆◎◎)

【13】 次の(1)，(2)は，創作の授業における学習活動の事例である。それ
ぞれの活動をすることで育てたい力を2つ答えなさい。

(1) 班活動においてマッピングシートを作成する。

(2) 鍵盤打楽器をいろいろな種類のマレットで演奏する。

(☆☆☆◎◎◎)

解答・解説

【中学校】

【1】

(1)

(2)

〈解説〉聴音は，聴く時間と書く時間の両方をうまく配分することが重要。
この問題のように5回聴ける場合は，1回目は全体を聴いてメモ程度に
書きとめ(音符を斜線で表す程度)，2回目は前半，3回目は後半を集中
して聴き，4回目，5回目は見直しと書き直しに使えると余裕ができる。
聴き取りが苦手な場合は，各小節の1拍目だけずれないように集中し
て聴くと整理しやすい。

【２】(5)

〈解説〉箏曲「六段の調」は，楽曲名のとおり6つの段(部分)から成っている。各段を聴いておくことが望ましいが，特に初段の冒頭は有名なので必ずおさえておきたい。

【３】(音程名，転回音程名の順)　(1)　長6度，短3度　　(2)　短2度，長7度　(3)　減6度，増3度　　(4)　減6度，増3度　　(5)　増5度，減4度

〈解説〉音程の問題は，完全，長・短，増・減の関係を理解しておけば難しくないが，数え間違いが生じやすい。全問正解を狙える問題なので，必ず見直しをすること。転回とは，音程を構成している2音のうち，下の音をオクターヴ上に，あるいは上の音をオクターヴ下に移動すること。それによってできた音程を転回音程という。転回音程の度数は，9－原音程の度数。音程の種類は，原音程が長なら短，原音程が増なら減，原音程が完全なら完全と決まっている。

【４】(1)　A　　(2)　B　　(3)　C　　(4)　C　　(5)　B　　(6)　B　(7)　C　　(8)　A　　(9)　A　　(10)　B

〈解説〉音楽用語は頻出問題である。出題された用語は基本的なものなので，全て意味をおさえておきたい。それぞれの用語の意味は以下のとおり。(1)　しだいに速く　　(2)　音の高さを細かく上下に震わせる技法　　(3)　激しく　　(4)　神秘的に　　(5)　(ピアノで)弱音ペダルを踏んで　　(6)　はっきりと　　(7)　熱烈に，火のように(8)　きわめて速く　　(9)　中くらいの速さで　　(10)　歌の速さに合わせて

【５】(曲名，作曲者名の順)　(1)　D，ロドリーゴ　　(2)　E，ベートーヴェン　　(3)　B，ヴィヴァルディ

〈解説〉示された3つの楽譜は，全て中学校の鑑賞共通教材である。共通教材については楽譜を見たらすぐわかるようにしておきたい。(1)はロドリーゴ作曲の『アランフェス協奏曲』で，第1楽章の冒頭の旋律で

ある。(2)はベートーヴェン作曲の交響曲第5番ハ短調で，第2楽章冒頭の旋律である。(3)はヴィヴァルディ作曲の『春』(「和声と創意の試み」第1集「四季」から)で，第3楽章冒頭の旋律である。

【6】(1)　律(音階)　　(2)　沖縄(音階)

〈解説〉日本音階については，特に雅楽と俗楽，沖縄音階について構成を理解しておくとよい。(1)の律音階は，日本音階(雅楽)の1つ。雅楽の音階には律音階の他に呂音階がある。(2)の沖縄音階は，ハ長調のレとラをぬいた音階と覚えることもでき，馴染みやすい。

【7】(1)

(2)

〈解説〉(1)　クラリネット(in B♭)は，記譜のCで実音(実際に鳴る音)がB♭となる。つまり，実音は記譜の長2度下である。示された楽譜を実音にするためには，Cから始まる楽譜を書けばよい。もとの楽譜から長2度上に移調して書くことになる。　(2)　考え方は(1)と同様。ホルン(in F)は，記譜のCで実音がFとなる。つまり，実音は記譜の完全5度下なので，示された楽譜を完全5度上に移調して書けばよい(Fから始まる楽譜になる)。

【8】(1)　①　幅広い　　②　愛好する　　③　感性　　④　基礎的な
⑤　音楽文化　　⑥　情操　　(2)　我が国の伝統的な歌唱の充実，創作の指導内容の焦点化・明確化

〈解説〉(1)　教科の目標，学年の目標は最頻出なので，学習指導要領を学習する際は，まず始めに覚えておくこと。学年の目標は第1学年，第2・3学年の2つに分かれており，それぞれ3つずつ記載されている。各学年の目標は第1学年，第2・3学年を比較し，表現の違いに注意し

ながら学習しよう。

【9】(1)　③, ④, ⑥　　(2)　①, ④, ⑥, ⑧, ⑨　　(3)　①　序破急
②　間　　(4)　(例)　表現や鑑賞の活動と切り離して単独に指導する
のではなく，表現・鑑賞の各内容と関連させて適切に指導すること。
〈解説〉学習指導要領で示された事項について，小学校と中学校の相違点
を問う問題。かなり細かく出題されているので，要素や用語・記号に
ついて徹底して覚えることが重要である。小学校の学習指導要領を読
む機会はあまりないと思われるが，これを機会に学習するとよい。な
お，(1)の「音楽を形づくっている要素」は小学校(各学年)と中学校で
異なるので，それぞれを区別して覚えておこう。(2)の「用語や記号」
については，学習指導要領の「内容の取扱いと指導上の配慮事項」に
示されているので参照すること。また，(4)の共通事項は，表現及び鑑
賞の活動の支えとなる指導内容として示されたものである。各活動に
関する能力を育成する上で共通に必要となるものであることから，必
ず各内容と関連させて指導することが重要である。

【10】(1)　貝殻節　　(2)　なんのいんがで　　(3)　(例)　貝(ホタテ，イ
タヤ)が繁殖した当時，採取にあたった漁師は寝る間もないほど忙しい
生活を送っていた。重労働の辛さを紛らわすために唄い始めた。
(4)　(例)　・他の国や地方の民謡を聞き，比較することで，より特徴
をとらえることにより，興味・関心を高める。　　・ゲストティー
チャーを招き，生演奏を聴いたり，当時の話を聞いたりすることによ
り，興味・関心を高める。
〈解説〉(1)　示された楽譜は，鳥取県気高郡に伝わる民謡『貝殻節』の
旋律である。　　(2)　有名な冒頭句は，「何の因果で貝殻漕ぎなろた」
である。　　(3)　当時は御簾という巨大な熊手のような道具を使って漁
をしていたが，人力で舟を漕いでいたため，その上で御簾をひくのは
重労働であった。その作業のさなかに労働歌として生まれたのが民謡
『貝殻節』である。　　(4)　日本の伝統音楽や郷土の民謡を扱う場合に

は，その音楽の特徴をとらえ音楽の多様性を理解すること，そして単に音楽の知識を得るだけでなく，人々の暮らしとともに音楽文化があることを理解することが重要である。地元の民謡に親しんだ上で，他との共通点や相違点に気付かせ比較させることや，ゲストティーチャーによる生演奏や講演を通して，音楽文化と人々の暮らしについて理解させること等の工夫ができるだろう。

【11】(1) 作詞者名…江間章子　作曲者名…中田喜直　(2) 二部(形式)　(3) 順次進行を中心にした旋律の動きを知覚している。
(4) pp　(5) 効果…休符があることで日本語のもつリズムを意識しやすくなる。　指導の工夫…休符を入れた場合と入れない場合を歌い比べる。

〈解説〉(2) 形式は，その曲がいくつの楽節から成っているかによって決まる。楽節には「完結した1曲」として成立する最小単位である8小節の「大楽節」と，4小節の「小楽節」がある。形式を考える場合には大楽節がいくつあるかで考える場合が多い。『夏の思い出』は，A(a, a)，B(b, a')という構成で，大きく分けて前半(A)と後半(B)の2つの大楽節から成っているので2部形式となる。　(3) 「旋律」に関する知覚は，音のつながり方，旋律線のもつ方向性，フレーズ，旋律装飾などの特徴がとらえやすいだろう。『夏の思い出』の冒頭は，跳躍のない順次進行中心のやわらかな動きが特徴的である。　(4) 『夏の思い出』の後半は，細かい強弱の指示がある。示された部分は，曲中唯一のppの部分である。　(5) 日本語の歌詞と旋律の関係については，休符の有無や旋律の形で気付かせることができる。特にこの部分は，強弱とあわせて少し緊張感のあるところ。あえて休符を入れずに歌ってみると，表現の違いに気付きやすいだろう。

【12】(1) レガート(奏法)，ノン・レガート(奏法)，ポルタート(奏法)，スタッカート(奏法)　(2) A・R…2　S・R…D　(3) A…⑤ B…③

〈解説〉(1)　レガート奏法は，スラーのついた最初の音だけをタンギングし，なめらかに奏する方法，ノン・レガート奏法は，はっきりとしたタンギングで奏する方法，ポルタート奏法は1音1音をつなぐように奏する方法，スタッカート奏法は舌先で1音1音短く切って奏する方法である。　(2)　示された音はアルトリコーダーの場合，2の指だけ指穴をふさいで奏する音で，同じ指使いでソプラノリコーダーを吹くとDの音が鳴る。　(3)　コードは，小節内の構成音か，前後関係(進行)から判断できる。この問題の場合特にAの判断が難しいが，消去法で考えるとさほど迷わない。

【13】(1)　(例)　・他の考えや感じ方のよさに気づき，自分が音楽で表現したいイメージを広げたり，深めたりする力。　・音楽で表現したいイメージを，他者と考えを伝え合ったり，共感し合ったりしながらコミュニケーションをとる力。　(2)　(例)　・自分のイメージを膨らませて音の質感を感じ取る力。　・音色を試しながら，思考，判断する力。

〈解説〉(1)　創作の学習においては，工夫や表現意図を生徒同士が話し合うなどのグループによる活動が効果的であり，そのためにマッピングシートの活用は有効である。他者と考えを共有したり自分の考えとの差異に気付くことで，より自分の音楽に対するイメージが広がるきっかけになると考えられる。　(2)　楽器やマレットの種類による音色の違いを，実際に知覚させることが重要で，それらの違いによる音の特質や雰囲気を感受させることがイメージの拡大につながってゆく。また生徒が実際に音を鳴らし，探りながら音に向き合うことも重要。このことは創作としての表現の完成度を追求するだけでなく，活動の過程で音楽の構成への思考力，判断力をはぐくむことにもつながる。

2011 年度　実施問題

【中学校】

【 1 】 次の(1)，(2)の演奏を聴き，五線譜に書き取りなさい。各問題の前に主和音を1回弾き，1回目のみ1小節分カウントを入れてから演奏します。30秒の間を空けて5回繰り返します。

(1)　G-Dur(ト長調)　4分の4拍子　8小節　旋律

(2)　d-moll(ニ短調)　8分の6拍子　8小節　旋律

(☆☆☆◎◎◎◎)

【 2 】 次の(1)～(3)の三味線の調弦を聴き，「本調子」を選んで(1)～(3)の番号で答えなさい。(1)～(3)の調弦をそれぞれ2回ずつ演奏します。

(☆☆☆☆◎◎◎)

【 3 】 次の(1)～(6)について音程名を答えなさい。

(☆☆☆☆◎◎◎◎)

【 4 】 次の(1)～(3)の楽譜は曲の一部であるが，調名を日本語音名で答えなさい。

(1)

(2)

(3)

(☆☆☆◎◎◎)

【５】次の(1)～(6)のギターのコードダイヤグラムについて，コードネームを答えなさい。

(1)　　　　　　　(2)　　　　　　　(3)　　　　　　　(4)

(5)　　　　　　　(6)

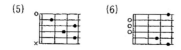

(☆☆☆◎◎◎)

【６】次の(1)～(3)については意味を，(4)～(6)については省略しない読み方を答えなさい。

(1)　con anima　　　(2)　pastorale　　　(3)　stringendo

(4)　accel　　　　　(5)　ad lib.　　　　(6)　rit

(☆☆☆◎◎◎)

【７】次の楽譜を(1)，(2)の指示に従って移調しなさい。
flute

(1)　alto saxophone in E♭用に高音部譜表に移調しなさい。

(2)　長3度下に移調し，アルト譜表にしなさい。

(☆☆☆☆◎◎◎)

300

【8】平成20年に示された中学校学習指導要領解説(音楽編)について，次の(1)～(4)の問いに答えなさい。

(1) 内容の構成について改善が図られた点を，従前と比較しながらわかりやすく説明しなさい。

(2) 移動ド唱法を用いることで育てたい力を2つ答えなさい。

(3) 中学校の歌唱共通教材として示された曲の曲数を答えなさい。また，小学校高学年で示された歌唱共通教材8曲のうち，2曲について曲名を答えなさい。

(4) 「指揮などの身体的表現活動」を取り上げることのよさと留意点をそれぞれ1つずつ答えなさい。

(☆☆☆◎◎◎◎)

【9】次の(1)～(8)は，和楽器の奏法について説明している文章である。説明に当てはまる楽器を，A 箏　B 三味線　C 尺八から1つ選び，A～Cの記号で答えなさい。また，それぞれの奏法を答えなさい。

(1) あごを出して吹くことで音高が上がり，明るく開放的な音色になる奏法。

(2) ばちの先で糸を下から上へすくい上げて弾く奏法。

(3) ある勘所から他の勘所へ指を滑らせる奏法。

(4) 柱の左側の弦をつまみ，右方向に引いて余韻をさげる奏法。

(5) 柱の左側の弦を押して余韻を高く変化させる奏法。

(6) 息を強く吹き入れて独特の噪音を出す奏法。

(7) 中指と親指を使って，二つの弦を同時に弾く奏法。

(8) あごを上下に振って音を揺らす奏法。

(☆☆☆☆◎◎◎◎◎)

【10】次の(1)～(4)の舞曲についての説明文を作成しなさい。ただし，作成にあたっては，舞曲の特徴としてふさわしい語句を，下の語群A～Dからそれぞれ1つずつ選んで使用すること。(使用回数は1回とは限らない。)

(1)　タンゴ　　(2)　ボレロ　　(3)　マズルカ　　(4)　ポルカ

《語群》

A：ゆるやかな　　中庸な速さ　　急速な

B：4分の2拍子　　4分の3拍子　　4分の4拍子　　8分の6拍子

C：アクセント　　リズム　　シンコペーション　　スタッカート

D：チェコ　　ポーランド　　スペイン　　アルゼンチン

(☆☆☆◎◎◎◎)

【11】次の(1)～(4)の楽曲について，歌い初めの主旋律4小節分を，示された条件に従って楽譜に書きなさい。(弱起は，1小節分に数えないこととする。)

(1)　「荒城の月」(土井晩翠　作詞／滝廉太郎　作曲)

　　　ロ短調　　4分の4拍子

(2)　「花」(武島羽衣　作詞／滝廉太郎　作曲)

　　　ト長調　　4分の2拍子

(3)　「花の街」(江間章子　作詞／團伊玖磨　作曲)

　　　ヘ長調　　4分の2拍子

(4)　「早春賦」(吉丸一昌　作詞／中田章　作曲)

　　　変ホ長調　　8分の6拍子

(☆☆☆☆◎◎◎)

【12】題材名「楽曲にふさわしい歌い方の工夫をしよう」において，歌唱
共通教材「花」を扱い次のような指導計画を作成した。この指導計画
について次の(1)～(3)の問いに答えなさい。

題材の目標「歌詞の内容や曲想と旋律や強弱とのかかわりを生かして，
歌唱表現ができるようにする」

指導計画(3時間扱い)

時	◆本時の目標　　　　　○学習活動
第1時 (本時)	◆ 歌詞の内容から、情景をイメージして歌うことができるようにする。 　○ 発声練習 　○ 言葉に注意して歌詞を読む。 　○ 上声部（旋律）を歌う。 　○ 下声部を歌う。 　○ 音程に留意して合唱する。
第2時	◆ 歌詞の内容や曲想と旋律や強弱とのかかわりを感じ取ることができるよう にする。 　　　　　（以下省略）
第3時	◆ 歌詞の内容や曲想と旋律や強弱とのかかわりを生かし、表現を工夫して歌 うことができるようにする。 　　　　　（以下省略）

(1)　第1時(本時)の「学習活動」における問題点を説明しなさい。

(2)　(1)の問題点をふまえ，第1時(本時)の目標に迫る学習活動を組み
立てなさい。

(3)　中学校学習指導要領(平成20年3月告示)音楽の指導計画の作成と内
容の取扱いにおいて，「道徳の時間などとの関連を考慮しながら，
第3章道徳の第2に示す内容について，音楽科の特質に応じて適切な
指導をすること」と明記されている。本題材において効果的に扱う
ことができると考える道徳教育の内容を1つ答えなさい。

(☆☆☆☆◎◎◎)

303

【13】第1学年の一番初めに行う授業(1時間扱い)について，次の様式で指導計画を作成しなさい。

本時の目標		
	学 習 活 動	学習活動のねらい
学習の展開		

(☆☆☆☆◎◎◎)

解答・解説

【中学校】

【1】(1)

(2)

〈解説〉聴音の書き取りは，拍子の速さ(テンポ)を感じ取り，書き取りを行っているときは常に拍子を数えていることが大切。単旋律は基本的な聴音であるが，一つの旋律の音とリズムを性格に判断することが必要である。

【2】(3)
〈解説〉三味線にはたくさんの調弦法があるが，代表的なものとして「本
　　調子」，「二上がり」，「三下がり」などがある。何度か聴いて，それぞ
　　れの特徴を把握しておこう。

【3】(1)　減5度　　(2)　短3度　　(3)　長6度　　(4)　増3度
　　(5)　減6度　　(6)　完全4度
〈解説〉音程を答える問題では，基本の音程を身につけておかなければな
　　らない。音程には完全系と長短系の度数の2種類があり，完全系の度
　　数が「長」または「短」に，および「長」から「短」，「短」から「長」
　　になることを把握しておこう。なお，長短系の度数が完全系になるこ
　　とはない。

【4】(1)　ホ長調　　(2)　変ロ長調　　(3)　ハ短調
〈解説〉調号とは音階にもとより備わっている派生音を楽譜の混雑をさけ
　　るために，あらかじめ音部記号の隣に書く変化記号のことを指す。調
　　号は主音を探して調名を判断することができる。

【5】(1)　Em　　(2)　D　　(3)　B7　　(4)　A　　(5)　C7　　(6)　G
〈解説〉ギターの基本的なコードの知識が求められる問題である。新学習
　　指導要領解説では，ギターと三味線を授業で取り扱う場合についても
　　触れている。ギター関連の出題ではコードが主で，各地で出題されて
　　いる。したがって，基本事項はおさえるべきであろう。

【6】(1)　活気をもって　　(2)　田園風の　　(3)　だんだんせきこんで
　　(4)　アッチェレランド　　(5)　アド・リビトゥム　　(6)　リタルダ
　　ンド
〈解説〉音楽用語に関しては読み方，意味，類似する用語など出題が多彩
　　である。音楽教諭としては基本事項なので，どのような問題が出され
　　ても解答できるようにしてほしい。

【7】(1)

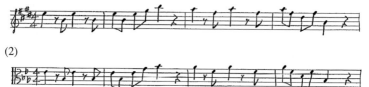

(2)

〈解説〉移調の問題である。各設問の指示に従って曲の各音の相対的な音程関係をかえずに，そっくり別な高さ(異名同音を含む)に移す必要がある。音符を書く問題では書き間違い等に注意すること。

【8】(1)　従前と同様に「A表現」及び「B鑑賞」の2つの領域で構成しつつ，表現及び鑑賞に関する能力を育成する上で共通に必要となる[共通事項]を新たに設けた。「A表現」については，歌唱，器楽，創作ごとに事項を示した。　(2)　相対的な音程感覚・読譜力　　(3)　曲数：7曲　　曲名：おぼろ月夜・ふるさと　　(4)　よさ：主体的に音楽を表現する手段の一つである。　留意点：専門的な技術を習得するような活動にならないよう留意する。

〈解説〉(3)　小学校高学年(第5学年，第6学年)の歌唱共通教材は「こいのぼり」「子もり歌」「スキーの歌」「冬げしき」「越天楽今様(えてんらくいまよう)」「おぼろ月夜」「ふるさと」「われは海の子」である。中学校の学習内容は，小学校の学習内容を引き継ぐので，小学校高学年の歌唱共通教材は一読しておく必要があるだろう。

【9】(楽器，奏法名の順)(1)　C，カリ　　(2)　B，スクイ
(3)　B，スリ　　(4)　A，引き色　　(5)　A，押し手　　(6)　C，ムラ息　　(7)　A，合せ爪　　(8)　C，ユリ

〈解説〉伝統器楽では箏，三味線，尺八のほかに笙や龍笛なども出題される。それぞれの和楽器の特徴については，表などにまとめておぼえるとよい。

【10】(1) (解答例) アルゼンチン(スペイン可)が起源の舞曲である。ゆるやかな4分の2拍子(4分の4拍子可)で，はぎれのよいスタッカートが特徴的である。 (2) (解答例) スペインが起源の舞曲である。中庸な速さの4分の3拍子で，始めから終わりまで同じリズムが繰り返されるのが特徴的である。 (3) (解答例) ポーランドが起源の舞曲である。中庸な速さの4分の3拍子で，第1拍の付点のリズムと第3拍のアクセントが特徴的である。 (4) (解答例) チェコが起源の舞曲である。急速な4分の2拍子で♬ ♬｜♩♪｜のリズムが特徴的である。

〈解説〉基本的な舞曲は頻出であるので，発祥地，リズム，楽器等を把握しておくこと。なお，最近では舞曲だけでなく，ミュージカルや映画のサウンドトラックからの出題もある。有名な曲については作曲者や楽譜を確認しておこう。

【11】

(1)

(2)

(3)

(4)

〈解説〉出題の楽曲は，いずれも学習指導要領で共通教材として指定されている。共通教材は頻出であるので，作詞・作曲者はもちろん，楽譜なども完全に把握しておきたい。なお，共通教材は出題の楽曲のほかに「赤とんぼ」(三木露風 作詞，山田耕筰 作曲)，「夏の思い出」(江間章子 作詞，中田喜直 作曲)，「浜辺の歌」(林古溪 作詞，成田為三 作曲)がある。

【12】(1)　(解答例)　本時の目標に迫るため,「情景をイメージする」ことができるような学習活動が必要である。　(2)　(解答例)　・歌詞を読み,内容を理解する。　・当時の様子がわかる写真や,桜の写真等でイメージを広げる。　・イメージしたものを話し合う。　・発声練習をし,旋律を歌う。　・情景をイメージしながら旋律を歌う。

(3)　(解答例)　日本人としての感性を大切にし,美しいものに感動する豊かな心情を養う,など

〈解説〉(1)(2)　本時の目標の内容については問題ないが,学習活動の内容が発声や合唱などに関するものだけで本時の目標と連動していないことが問題となる。したがって,解答(2)のような活動内容に変更しなければならない。　(3)　問題文中「第3章道徳の第2に示す内容について,……」に戸惑うかもしれない。学習指導要領に記載されている内容を明らかにしておくことが原則だが,中学校新学習指導要領解説 音楽編P.70〜71の一文「音楽の共通教材は,我が国の自然や四季の美しさを感じ取れるもの,我が国の文化や日本語のもつ美しさを味わえるものなどを含んでおり,道徳的心情の育成に資するものである」を理解していれば解答できるであろう。

【13】(解答例)　本時の目標:音楽が好きになる生徒を増えるようにする,など　　学習の展開(学習活動,学習活動のねらいの順):・音楽室の使い方を知る　3年間全校生徒が使用する音楽室の椅子や譜面台の扱い方,音楽室においてある楽器の扱い方等をおさえる　・小学校で既習したこと等のアンケートを書く　小中連携を意識して,接続がスムーズになるよう実態把握と今後の活動に生かす材料とする　・過去の合唱コンクールのビデオを見る　1年間の見通しが持てるようにする　・仲間と一緒にワルツのリズムを叩く(ゲーム)　生徒同士のコミュニケーションを重視しながら,体を使って楽しくリズム感を養うようにする　・教師のピアノ演奏を聴く　鑑賞の仕方を学ぶようにする　等

〈解説〉学習指導要領によると,音楽科の目標は「表現及び鑑賞の幅広い活動を通して,音楽を愛好する心情を育てるとともに,音楽に対する

感性を豊かにし，音楽活動の基礎的な能力を伸ばし，音楽文化についての理解を深め，豊かな情操を養う」とある。本時では本校での音楽活動や音楽室，楽器などを見てもらうことで，音楽に関する関心を高めたり，音楽を通して生徒同士のコミュニケーションを深めるといった，導入にふさわしい内容にすべきであろう。

2010年度　実施問題

【中高共通】

【1】次の(1)，(2)の演奏を聴き，五線譜に書き取りなさい。各問題の前に主和音を1回弾き，1回目のみ1小節分カウントを入れてから演奏します。30秒の間を空けて5回繰り返します。

(1)　B-Dur(変ロ長調)　4分の4拍子　8小節　旋律

(2)　a-moll(イ短調)　4分の3拍子　8小節　旋律

(☆☆☆☆◎◎◎)

【2】次の(1)～(5)については音程名を，(6)～(9)については転回音程名を答えなさい。

(☆☆☆◎◎◎)

【3】次の(1)～(4)の楽譜は曲の一部であるが，調名を日本語音名で答えなさい。

(1)

(2)

310

(3)

(4)

(☆☆☆◎◎◎)

【4】次の(1)～(5)のコードを全音符で答えなさい。

(1) B♭　　(2) C♯m　　(3) Eaug　　(4) Gdim　　(5) A♭m7

(☆☆☆◎◎◎◎)

【5】次の(1)～(4)については，(　　)に入る最も適切な調名をドイツ語音名で答えなさい。また，(5)～(8)については，(　　)に入る最も適切な関係調を答えなさい。

(1) F-Durの属調は(　　)である。

(2) b-mollの平行調は(　　)である。

(3) E-Durを属調とする調は(　　)である。

(4) Des-Durを下属調とする調の平行調は(　　)である。

(5) G-Durの(　　)はh-mo1の平行調と同じ調である。

(6) B-Durの(　　)の平行調はc-mollである。

(7) H-Durの属調はdis-mollの(　　)と同じ調である。

(8) es-mollを(　　)とする調の平行調はCes-Durである。

(☆☆☆◎◎)

【6】次の(1)，(2)の楽譜を，各問いの指示に従って，指定された音部記号と調号を用いて移調しなさい。

(1) 完全4度上に移調しアルト譜表にしなさい。

(2)　clarinet in Eb 用に高音部譜表に移調しなさい。

(☆☆☆◎◎◎◎)

【中学校】

【１】平成20年9月に示された中学校学習指導要領解説(音楽編)について，次の(1)～(8)の問いに答えなさい。

(1)　全面実施となる年度を答えなさい。

(2)　次の文は音楽科の目標である。(ア)，(イ)にあてはまる語句を答えなさい。

表現及び鑑賞の(ア)を通して，音楽を愛好する心情を育てるとともに，音楽に対する感性を豊かにし，音楽活動の基礎的な能力を伸ばして，(イ)を深め，豊かな情操を養う。

(3)　内容の構成が改善され新設された項目を答えなさい。また，その項目を指導する上での留意点を答えなさい。

(4)　歌唱共通教材が提示された観点を答えなさい。

(5)　器楽の指導において，和楽器を取り扱う趣旨が明らかにされたが，新たに示された配慮事項を答えなさい。

(6)　創作の指導において，音を音楽へと構成していく体験を重視することが明らかにされたが，その際の配慮事項を答えなさい。

(7)　音楽科の学習の特質に即して言葉の活用を図る観点から，鑑賞領域で示された要点を，〔第1学年〕と〔第2学年及び第3学年〕のそれぞれについて答えなさい。

(8)　音楽に関する知的財産権について簡潔に説明しなさい。

(☆☆☆☆◎◎◎◎)

【２】和楽器について，次の(1)～(4)の問いに答えなさい。

(1)　箏の代表的な調弦法「平調子」を，一の絃をホ音として，解答用紙の五線譜に書きなさい。

(2)　次の楽譜は,「平調子」で演奏される代表的な箏曲である。曲名と作曲者名を漢字で答えなさい。

(3)　三味線の代表的な調弦法「本調子」を一の絃をロ音として,解答用紙の五線譜に書きなさい。

(4)　能や歌舞伎などで用いられる,両面の皮を互いにひもや金具で締めて固定した太鼓の種類を答えなさい。

(☆☆☆◎◎◎)

【3】「フーガト短調」(J. S. バッハ作曲)について,次の(1)～(3)の問いに答えなさい。

(1)　演奏に使用される楽器名を答え,その楽器の音の出る仕組みについて簡潔に説明しなさい。

313

(2) 「第一声に現れる主題」の初めの2小節を，解答用紙の五線譜に書きなさい(調号を含む)。

(3) 「フーガ」について，簡潔に説明しなさい。

(☆☆☆◎◎)

【4】「世界の諸民族の音楽」について，次の(1)，(2)の問いに答えなさい。

(1) 次の①，②の説明を読み，それぞれの特徴にあてはまる音楽を答えなさい。

① スイスのアルプス地方やオーストリアのチロル地方などで歌われる独特の民謡で，胸声とファルセットをおりまぜて歌う。

② パキスタンのイスラム教音楽で，地声を用いて熱狂的に歌う。何度も同じ旋律を繰り返し，その間にリーダーの即興的な歌が挿入される。

(2) 次の①，②の題材について，それぞれ題材の目標を設定しなさい。

① アジアの音楽に親しもう

② アジアの音楽の特徴やよさを味わおう

(☆☆☆◎◎◎)

【5】創作の指導について，次の(1)，(2)の問いに答えなさい。

(1) 中学校における創作は，小学校においてはどのような名称で取り扱われているかを答えなさい。

(2) 「効果音」や「描写音」にとどまらない創作の授業展開における，指導上の留意点を2つ答えなさい。

(☆☆☆☆◎◎◎)

【6】「曲種に応じた発声」の指導について，次の(1)～(3)の問いに答えなさい。

(1) 「曲種に応じた発声」の指導をする際の留意点を2つ答えなさい。

(2) 「曲種に応じた発声」を通して生徒につけたい力を答えなさい。

(3) 我が国の伝統的な歌唱である「長唄」の特徴やよさを感じ取るこ

314

とができるような，授業展開の工夫を2つ書きなさい。

(☆☆☆☆○○○○○)

【高等学校】

【1】平成21年3月9日に告示された高等学校学習指導要領について，以下の各問いに答えなさい。

(1) 歌唱の指導において，「曲想を歌詞の内容や楽曲の背景とかかわらせて感じ取り，イメージをもって歌うこと」とあるが，実際にどのような指導方法が考えられるか，具体的な楽曲をあげて答えなさい。

(2) 鑑賞について，「楽曲の文化的・歴史的背景や作曲者及び演奏者による表現の特徴を理解して鑑賞すること」とあるが，実際に楽曲名をあげて指導方法を答えなさい。

(3) 器楽では，「楽器の音色や奏法の特徴を生かし，表現を工夫して演奏すること」とあるが，実際に考えられる指導方法を，楽器の名前をあげて答えなさい。

(4) 創作については，「音階を選んで旋律をつくり，その旋律に副次的な旋律や和音などを付けて，イメージをもって音楽をつくること」とあるが，実際にどんな指導方法が考えられるか答えなさい。

(5) 「内容の取扱い」には，「内容A(表現)の指導に当たっては，生徒の特性等を考慮し，視唱と視奏及び読譜と記譜の指導を含めるものとする」とある。これによってどのような教育効果を上げることができるか答えなさい。

(☆☆☆☆☆○○○)

【2】日本の伝統音楽について，以下の各問いに答えなさい。

(1) 三味線の調弦について，①～③はそれぞれどのような呼び方で呼ばれているか答えなさい。

(2)　三味線に関する次の文章を読み，文中の空欄(　①　)〜(　⑧　)
に入る最も適切な語句を，あとの〔語群〕から選んで答えなさい。

　　三味線は，ギターやヴァイオリンなどほかの弦楽器と同様，左手
で糸を押さえることによって音高を得ることができる。この押さえ
るときの位置を(　①　)という。また三味線の大きな特徴として，
上駒に乗っていない一の糸を弾くと「ビーン」という独特の音がす
るが，これは一の糸だけ上駒からはずれて，直接棹に触っているこ
とから出る音で，(　②　)とよばれている。

　　三味線は大きく分けて3種類に分けられるが，義太夫節で用いら
れる重厚で大きな音が出る(　③　)と，江戸時代初期に盲人音楽家
の地歌で用いられた(　④　)，そして歌舞伎に用いられた長唄に使
われる，軽快で粋な特徴を持つ(　⑤　)とがある。

　　三味線の曲に「寄せの合方」という曲があるが，これは「歌舞伎
十八番」のひとつ，(　⑥　)の付随音楽の部分である。これは源義
経一行が陸奥へと逃避行する途中，加賀(石川県)の関所で，従者弁
慶と，関所の番人(　⑦　)とのやりとりを描いた能，(　⑧　)に題
材をとった歌舞伎である。

〔語群〕

細棹	ハジキ	スクイ	サワリ	スリ		勘所
中棹	八橋検校	京鹿子娘道成寺		杵屋六三郎		観阿弥
上調子	本手	手事	船弁慶	市川団十郎		
富樫左衛門		勧進帳	太棹	津軽三味線		替手
タマ	高砂	義経千本桜		越後獅子		安宅

(☆☆☆◎◎◎◎)

【3】変イ長調を属調に移調すると変ホ長調になるが，さらに属調への移
調を繰り返したときに，増2度上の調になるには，何回移調を繰り返
せばよいか，回数を答えなさい。(変イ長調から変ホ長調への移調を1
回目として数えなさい。)

(☆☆☆◎◎)

【4】次の旋律はBEGIN作曲「涙そうそう」の一部である。メロディー
およびコードネームを参考にしながら，アルトパートおよび男声パー
トを作りなさい。

(☆☆☆◎◎◎)

解答・解説

【中高共通】

【1】(1)

(2)

〈解説〉1拍目をしっかりとること。臨時記号，タイ，三連符に気をつけ
たい。

317

【２】1)　減6度　　(2)　完全4度　　(3)　増5度　　(4)　増4度
　　(5)　重減8度　　(6)　減5度　　(7)　長2度　　(8)　減6度　　(9)　減3度
〈解説〉次の(　　)の前の1〜12の数字は，2音間の半音の数。1(短2度)
　2(長2度)　3(短3度)　4(長3度)　5(完全4度)　7(完全5度)　8(短6度)
　9(長6度)　10(短7度)　11(長7度)　12(完全8度)，さらに，「長」または
　「完全」より半音広い時「増」，2半音広いと「重増」。「短」または
　「完全」より半音狭い時「減」，2半音狭いと「重減」。

【３】(1)　ヘ長調　　(2)　イ短調　　(3)　変イ長調　　(4)　嬰ト短調
〈解説〉臨時記号がどれだけ固有音かを確認し，自分の考えと解答が一致
　するように分析しておきたい。また，できるだけ多く調判定の練習を
　しておくことが望ましい。

【４】

〈解説〉コードの基本的な作り方は，ルート(根音)から第3音と第5音まで
　の音程によって決められる。例　長3和音(メジャーコード)　ルート〜
　第3音=長3度，ルート〜第5音=完全5度。短3和音(マイナーコード) ル
　ート〜第3音=短3度，ルート〜第5音=完全5度。表記方法もさまざまな
　ので，じっくり研究して身につけておきたい。

【５】(1)　C-dur　　(2)　Des-dur　　(3)　A-dur　　(4)　f-moll
　　(5)　属調　　(6)　下属調　　(7)　平行調　　(8)　属調
〈解説〉基礎的な近親調なので，互いの関係を確実に把握したい。

【６】(1)

(2)

〈解説〉(1)　アルト譜表は第3線が1点ハになる。調号の位置を間違えないようにすること。　(2)　記譜音に対してE♭管の実音は短3度高い。その逆の短3度低い調(ロ長調)で記譜する。

【中学校】

【1】(1)　平成24年度　　(2)　ア　幅広い活動　　イ　音楽文化についての理解　　(3)　項目：共通事項　留意点：表現や鑑賞の活動と切り離して単独に指導するのではなく，歌唱・器楽・創作・鑑賞の各内容と関連させて適切に指導すること。　(4)　我が国のよき音楽文化を世代を超えて受け継がれるようにする観点。　(5)　表現活動を通して，生徒が我が国や郷土の伝統音楽のよさを味わうことができるように工夫すること。　(6)　理論に偏らないようにするとともに，必要に応じて作品を記録する方法を工夫すること。　(7)　〔第1学年〕言葉で説明する　〔第2学年及び第3学年〕根拠をもって批評する　　(8)　知的な創作活動によって何かをつくり出した人に対して付与される他人に無断で利用されない権利。例えば著作権がある。

〈解説〉指導要領からの出題頻度は高いので，語句の暗記にとどまらず，内容の理解とともに指導要領に沿った学習計画を出題されることもある。対応できる力をつけておきたい。改定ポイントや領域ごとに求められている目標は，とくに文章表記が求められている。簡潔に要点を述べられるようにしたい。著作権についても問われているので，正しい内容を把握しておきたい。

【2】(1)　平調子

(2)　曲名：六段の調　作曲者：八橋検校

(3)　本調子

(4)　締太鼓

〈解説〉(1)　調子とは音階のことで，雲井・古今・中空など音律の異なるものが多種ある。一般的にもっともよく使用されている調弦は，核音(音律の中心の実音)をD(壱越=いちこつ)である。実際にはあまり使用されないE(平調)を核音にすると指導上簡易であるので，Eからの調弦が用いられている。壱越の5度下の双調(そうじょう)もよく使われる。(2)「六段の調」は箏曲を代表するともいえる作品で，八橋検校によって作曲された。6つの部分(段)に分けられるため，「段物」と呼ばれる。1段目が54拍子，他は52拍子104拍となっている。三曲合奏や箏の替手と二重奏で演奏されたりすることもある。　(3)　二上がり(一の糸に対し，二の糸を完全5度上げる)，三下がり(同じく三の糸を短7度高く合わせる)も知っておきたい。　(4)　他の和楽器の構造・材質・奏法など観点ごとに研究しておきたい。

【3】(1)　楽器名：パイプオルガン(オルガン)　　仕組み：鍵盤を弾くと，特定のパイプに空気が送り込まれて音が鳴る。

(2)

(3)　初めに示された主題が，追いかけるように次々と加わる他の声部によって繰り返され，多声的に発展していく形式。

〈解説〉この楽曲では，作曲者についてとパイプオルガンの管の種類・材質，音栓(ストップ)について説明できるようにしておきたい。

【4】(1) ① ヨーデル ② カッワーリ (2) ① アジアの音楽に親しみ，表現の多様さを感じることができる。 ② 我が国の音楽と比較して，アジアの音楽の特徴やよさを味わうことができる。

〈解説〉アジアや世界の民族音楽と我が国の音楽について，音楽形態の名称，楽器の名称や特徴・構造，共通点や相違点，歴史など観点ごとにまとめておきたい。また，指導要領の目標として授業で鑑賞・表現・創作と関連付けた指導が求められているので，それも視野にいれた研究もしておくことが望ましい。

【5】(1) 音楽づくり (2) 「反復」「変化」「対照」などの構成やしくみを意識して創作するようにする。 イメージを共通事項と関連づけて創作できるようにする。

〈解説〉(1) 指導要領・小学校より「生活の中にある音に耳を傾けたり，様々な音を探したり音をつくったりして音の面白さに気付くとともに，音を音楽へと構成する音楽の要素や音楽の仕組みの面白さに触れるようにする。」 (2) 音そのものの素材を描写・表現することから，音楽としてのつながりや表現方法を工夫させていけるように，表現・鑑賞の領域も視野に入れておきたい。

【6】(1) 発声法にとどまらないこと。自分の声を出すなどの体験を通して，対象とする音楽本来の持ち味が表現できるように創意工夫して歌うように指導すること。 (2) それぞれの楽曲の特徴を表現することができるような発声の体験を通し，言葉の特性を生かして歌う能力。 (3) 「歌舞伎」を鑑賞し，声の特徴がどのような音色，どのような身体の使い方などによって表現されているのか，生徒自らが気付くように指導する。世界の多様な音楽の発声と長唄の発声を体験し，比較する。

〈解説〉指導要領に表記されているように，さまざまな発声が理解でき，楽曲にふさわしい発声の工夫を指導できるよう求められている。生徒自らが調べたり練習したりするとともに，広い視野を持てるような計画を心がけたい。生徒が根拠をもった批評をできる感性を養うことも

大切である。

【高等学校】

【１】(1)　楽曲名：貝殻節　つらい労働歌であることを，歌詞の内容から読み取り，その中から生み出された歌であることを理解させる。労働者の心情を歌いあげたものであるという認識を持って曲のイメージを作りながら歌う。　(2)　楽曲名：展覧会の絵　19世紀末のロシアの歴史と時代背景を知り，ムソルグスキーがヨーロッパの伝統的な様式に頼らず，旋律のみならず拍子や和声においてもロシア的なものを大切にして作曲したところに特徴があることを，楽曲の中から例をあげて鑑賞する。　(3)　楽曲名：ギター　コード(和音)が演奏できる楽器である特徴を生かし，メロディーパートと和音パートに分けて同属アンサンブルを組んだり，他の楽器や歌唱曲の伴奏としても演奏させることによりギターの持つ機能的で多彩な表現方法を生かしながら授業に取り入れる。　(4)　長調の音階を使い，明るいメロディをa，a'，b，a'のように2部形式で作らせる。また，aとa'の部分には違う和音をつけることにより，曲のイメージに変化をつけさせる。また，主旋律に対し，簡単な対旋律や伴奏型を考えさせることにより豊かな響きを求めるよう工夫する。　(5)　耳で聞く以前に，楽譜からある程度楽曲を想像する力を身につけること，強弱・発想・速度記号などから曲の持つイメージや性格を想像する力を身につけることが期待できる。また新しい楽曲を学習する際に，より早く演奏の中身に入っていくことが可能となる。

〈解説〉指導する曲に対して知識や情報が多いほど，生徒が意図を持ち工夫した表現をしやすい環境を作れる。楽曲の構造や形態だけでなく，時代や曲の背景などからもアプローチできれば，生徒の感性も豊かになる。また，表現・器楽・鑑賞・創作の領域の中で，関連付けた指導を行えるようにしたい。改定ポイントや領域ごとに求められている目標は，とくに文章表記が求められている。簡潔に要点を述べられるようにしたい。また，著作権についても問われることもあるので，正し

い内容を把握しておきたい。

【2】(1) ① 本調子 ② 二上り ③ 三下り (2) ① 勘所
② サワリ ③ 太棹 ④ 中棹 ⑤ 細棹 ⑥ 勧進帳
⑦ 富樫左衛門 ⑧ 安宅

〈解説〉(1) ① 調子とは音階のことで，雲井・古今・中空など音律の異なるものが多種ある。一般的にもっともよく使用されている調弦は，核音(音律の中心の実音)をD(壱越=いちこつ)である。実際にはあまり使用されないE(平調)を核音にすると指導上簡易であるので，Eからの調弦が用いられている。壱越の5度下の双調(そうじょう)もよく使われる。 ②③ 二上がり(一の糸に対し，二の糸を完全5度上げる)，三下がり(同じく三の糸を短7度高く合わせる) (2) ①② 各部の名称の中で演奏に大切な影響を与えるところである。 ③④⑤ 常盤津・清元・地歌・新内(それぞれ中棹)，津軽(太棹)，柳川(京)三味線(細棹よりさらに細い)などの種類がある。代表的な三種類は知っておきたい。 ⑥⑦⑧ 伝統芸能には三味線がよく使用され，鑑賞教材にも必ず使用されるので研究しておきたい。

【3】9回

〈解説〉As-dur → Es-dur → B-dur → F-dur → C-dur → G-dur → D-dur → A-dur → E-dur → H-dur

【4】

〈解説〉各コードと他のパートに振り分けられた音をよく研究しておきた
い。音の配置方法や構成音の使い方各パートの役割は，数多く見たり
研究することで慣れてくる。じっくりと取り組んでいきたい。

2009年度　実施問題

【中高共通】

【1】次の各演奏を聴き，五線譜に書き取りなさい。各問題の前に主和音を1回弾き，1回目のみ1小節分カウントを入れてから演奏します。30秒の間を空けて5回繰り返します。

(1)　C-Dur　（ハ長調）　四分の四拍子　8小節　旋律

(2)　g-moll　（ト短調）　四分の三拍子　8小節　旋律

(☆☆☆◎◎)

【2】次の　└┘　で示した(1)～(5)の音程名を答えなさい。

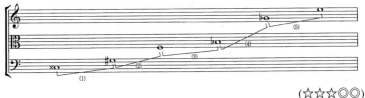

(☆☆☆◎◎)

【3】次の(1)～(7)のコードネームを答えなさい。

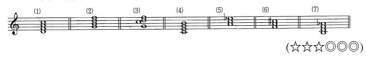

(☆☆☆◎◎◎)

【4】次の(1)～(3)の音を主音として，指定された音階を臨時記号を用いて全音符で答えなさい。

(☆☆☆◎◎◎)

【5】 次の(1)〜(6)の音楽用語の意味を答えなさい。

(1)　con sordino　　(2)　espressivo　　(3)　alla marcia

(4)　subito　　　　(5)　tranquillo　　(6)　con brio

(☆☆☆◎◎)

【6】 次の楽譜について，以下の各問いに答えなさい。

(1)　この曲の作曲者名を答えなさい。

(2)　この曲の調性を答えなさい。

(3)　各パートの中で移調楽器はどれか，すべて答えなさい。

(4)　この曲を，調性を変えずに弦楽アンサンブル(Vn.I　Vn.Ⅱ　Va.　Vc.　Cb.)に編曲しなさい。

(☆☆☆☆◎◎)

【中学校】

【1】 中学校学習指導要領解説－音楽編－(平成11年9月)について，次の(1)〜(5)の問いに答えなさい。

(1)　中学校音楽科の目標を答えなさい。

(2)　歌唱指導における変声期の生徒に対しての配慮事項を，「心理的な面に配慮すること」の他に，もう1つ答えなさい。

(3)　器楽指導において，指導上の必要に応じて適宜用いる楽器を，弦楽器，管楽器，打楽器，鍵盤楽器，電子楽器の他に，もう1つ答えなさい。

(4)　創作指導における配慮事項に，理論に偏らないようにすることと示されているが，この理由を答えなさい。

(5)　鑑賞教材を取り扱う範囲を答えなさい。

(☆☆☆◎◎)

【2】平成20年3月に公示された新学習指導要領〈中学校音楽〉について，
次の(1)～(3)の問いに答えなさい。
(1)　中学校音楽科の目標に新たに加わった内容を，次の①～③から選
んで記号で答えなさい。
①　音楽文化についての理解を深め
②　音楽を総合的にとらえ
③　音楽に関する基本的な知識や技能を高め
(2)　共通事項として示された指導事項(1)アにある，音楽を形づくって
いる要素を，リズム，速度，旋律，テクスチュア，強弱，形式の他
に，もう2つ答えなさい。
(3)　共通教材として示された歌唱教材に含まれないものを，次の①～
⑤から選んで記号で答えなさい。
①　「夏の思い出」
②　「荒城の月」
③　「赤とんぼ」
④　「花の街」
⑤　「さくらさくら」

(☆☆☆◎◎◎)

【3】和楽器やその指導について，次の(1)～(3)の問いに答えなさい。
(1)　箏と三味線の，それぞれの基本的な調子名を答えなさい。
(2)　三味線のサワリのつき方に影響するのはどの糸かを答えなさい。
(3)　和楽器を用いることによって，生徒に育てたい力は何かを答えな
さい。

(☆☆☆◎◎)

【4】次の(1)～(3)のそれぞれの楽曲にふさわしい速度を，①～⑤から選
んで記号で答えなさい。

(1)　「早春賦」　吉丸一昌作詞／中田章作曲

(2)　「花」　武島羽衣作詞／滝廉太郎作曲

(3)　「浜辺の歌」　林古渓作詞／成田為三作曲

　　①　♩=60〜66　　②　♩=100〜108　　③　♪=96〜104

　　④　♪=104〜112　　⑤　♪=116〜126

(☆☆☆☆◎)

【5】中学校学習指導要領(音楽)で示されてきた鑑賞教材について，次の
(1)〜(3)の問いに答えなさい。

(1)　「ノヴェンバー　ステップス」第1番で使用されている和楽器を2
種類答えなさい。

(2)　連作交響詩「我が祖国」は全何曲からなるかを答えなさい。

(3)　「水の戯れ」の演奏形態と主題数を答えなさい。

(☆☆☆◎◎◎)

【6】次の学習指導案をもとに，指導計画の作成について，あとの各問い
に答えなさい。

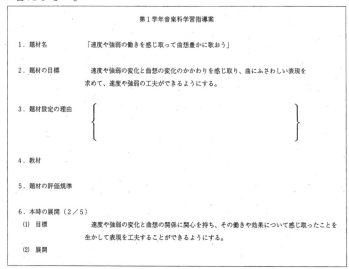

(1)　題材設定の理由を書きなさい。

(2)　教材選択の視点を書きなさい。

(3)　この指導案の中に不足している項目を書きなさい。

(4)　題材の評価規準について，音楽科の評価の観点を4つ書きなさい。

(5)　本時の目標の達成に向かって，生徒の学ぶ意欲を高める導入の展開例を書きなさい。

(☆☆☆◎◎◎)

【高等学校】

【1】次の文は，高等学校学習指導要領(平成11年3月告示)の一部である。これについて，以下の各問いに答えなさい。

　　音楽の(　①　)を通して，(　②　)にわたり音楽を(　③　)する心情と音楽(　④　)を尊重する態度を育てるとともに，(　⑤　)を磨き，(　⑥　)豊かな音楽の能力を高める。

(1)　文中の空欄(　①　)～(　⑥　)に入る最も適切な語句を答えなさい。

(2)　これは音楽Ⅰ～Ⅲのうち，どの科目の目標であるか答えなさい。

(3)　この目標に対する内容(A　表現，B　鑑賞)のうち，A　表現に関して指導する項目を三つ答えなさい。

(☆☆☆☆☆◎)

【2】授業で「合唱」に取り組む際に，次の(1)～(4)についてどのように指導すべきか説明しなさい。

(1)　姿勢について

(2)　呼吸について

(3)　発音について

(4)　声域の狭い生徒について

(☆☆☆◎◎◎)

【3】日本の伝統音楽に関連して，以下の各問いに答えなさい。

(1)　次の事項は，飛鳥・奈良・平安・鎌倉・室町・安土桃山・江戸の

時代のうち，どの時代と関係が深いか答えなさい。

① 長唄

② 三味線の伝来

③ 平曲の成立

④ 琵琶の伝来

⑤ 歌舞伎の発達

(2) 三味線音楽について，文中の空欄(①)～(⑥)に入る最も適切な語句を答えなさい。

　　三味線には，長唄，地歌，義太夫節などの種目があるが，長唄は(①)の伴奏音楽，地歌は(②)時代初期に盲人音楽家の専門芸として発展し，義太夫節は(③)の伴奏音楽として成立した。三味線の種類は大きく分けると3種類あり，長唄は(④)，地歌は(⑤)，義太夫節は(⑥)を用いる。

(☆☆☆◎◎◎)

【4】世界諸民族の音楽に関して，次の(1)～(5)の語句と関係の深い国の名前を答えなさい。

(1) mazurka　　(2) menuet　　(3) tarantella

(4) flamenco　　(5) cimbalom

(☆◎◎◎)

【5】器楽に関して，次の各問いに答えなさい。

(1) 次の①～③はアルトリコーダー(バロック式)の運指表である。それぞれの音名をドイツ語表記で答えなさい。

(2) 次の①～⑤はギターのコードダイヤグラムである。それぞれのコードネームを答えなさい。

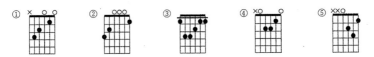

(3) 次の記入例を参考にして，(2)で答えたコードをすべて用いて8小節・4/4拍子の旋律を作曲しなさい。(コードネームも記入すること。)

(☆☆☆◎◎)

解答・解説

【中高共通】

【1】(1)

(2)

〈解説〉実際にその曲を聴いたことがあるだろうか。その曲の楽譜を見たことがあるだろうか。両方とも簡単に手にはいるため，ぜひ聴いておきたい。

【2】(1) 減5度　　(2) 増2度　　(3) 完全4度　　(4) 短6度
　(5) 増6度
〈解説〉単純な音程の問題。楽譜中ということではないため，ハ音記号が読めれば問題ないが，ダブルシャープに注意したい。

【3】(1)　Dm7　　(2)　G7　　(3)　G7sus4　　(4)　CM7　　(5)　Adim
　　　(6)　Faug　　(7)　Bdim7

〈解説〉コードネームでは，減七の和音はよく問われる。7をつけるかつ
　　けないかであいまいなところであるが，4和音の場合，必ず7をつけて
　　おくことで確実にしておきたい。

【4】(1)

(2)

(3)

〈解説〉音階は，調号を用いる場合と，臨時記号を用いる場合とで分かれ
　　る。どちらにしても，短音階での導音処理と，旋律的短音階での，上
　　行形・下行形の違いを覚えておくこと。

【5】(1)　弱音器をつけて　　(2)　表情豊かに　　(3)　行進曲風に
　　　(4)　すぐに　　(5)　静かに　　(6)　生き生きと

〈解説〉楽語の意味は，とにかく覚えるしかないが，覚えるときには，同
　　意語，反意語，省略形なども必ずセットで覚えること。

【6】(1)　ヘンデル　　(2)　ヘ長調(F Dur)　　(3)　Cl.　Hrn.　Ten.Sax.
　　　Bari.Sax.

(4)

〈解説〉これだけ調号が様々混じると迷ってしまうかもしれないが，一般的な楽器の移調管と同じである。編曲なども含め，この問題は楽器の知識が問われている問題。編曲の技術を問うたり，記譜法を問うよりも，管弦の知識がなければ，解答にたどり着くことができない。この問題のように，楽器名に管の指定が表記されない場合もあることから，名前だけを頼りにするのは避けた方がよい。

【中学校】

【1】(1)　表現及び鑑賞の幅広い活動を通して，音楽を愛好する心情を育てるとともに，音楽に対する感性を豊かにし，音楽活動の基礎的な能力を伸ばし，豊かな情操を養う。　(2)　適切な声域や声量に配慮すること　(3)　世界の諸民族の音楽　(4)　理論的な裏付けによった形式的にまとまった作品を創作することを目的にするのではなく，自由で主体的な創作活動によって生徒に作る楽しさや喜びを味わわせることが大切であるから。　(5)　我が国及び世界の古典から現代までの作品，郷土の伝統音楽及び世界の諸民族の音楽。

〈解説〉指導要領は，公教育を目指す上で完璧に学習しておく必要がある。すべて解説編に載っていることであるから，すんなり解答できなければならない。

【2】(1)　①　(2)　音色，構成　(3)　⑤

〈解説〉およそ10年ごとに改訂される指導要領の節目であったため，現行版と新しい版とが並行している。どこが追加され，変更され，削除されたのか。また，その変わった背景にはどういう理由があるのか。ここまで押さえておかなければ，論文や面接にも対応できるとはいえない。

【3】(1)　箏：平調子　　三味線：本調子　(2)　一の糸

(3)　(例)　・我が国の伝統音楽の特質を理解し，その良さを感じる心を育成する。　・我が国で継承されてきた伝統的な音楽文化について学ぶことにより，世界の諸民族の音楽にも目を向け，音楽の多様性を理解する能力を育てる。　など。

〈解説〉和楽器は最近よく問われるが，特に(3)はしっかりとした考えを自分の中に持っておく必要がある。和楽器に限らず，音楽科教育で自分は何をどうしたいのか。これは，知識としての問題よりも，教員としての気持ちを問うている問題である。

【4】(1)　⑤　　(2)　①　　(3)　④

〈解説〉テンポ選択はよく出る問題。音符の見間違いに気をつけたいこと
　　と，教科書の表記とは必ずしも同じにならず，範囲で括られている場
　　合がある。臨機応変に対応したい。教科書に「～ぐらい」のような表
　　記もあるからだ。

【5】(1)　琵琶，尺八　　(2)　6　　(3)　演奏形態：ピアノ独奏
　　主題数：2

〈解説〉この問題の場合，相応に教科書を勉強していなければ解答が難し
　　いだろう。すべて鑑賞曲としては頻出のもので，この作品で指導案を
　　かけと問われてもすらすら書けるぐらい教科書の楽曲は勉強しておき
　　たい。指導案と教科書に載っていることは，何を問われても即答でき
　　るぐらい何度も何度も勉強しておくこと。

【6】(1)　音楽を演奏する上で，音楽を構成する要素を意識することは
　　大切である。同じ作品を違った表現の工夫でそれぞれの良さを感じた
　　り，工夫したりすることでより音楽を表現する楽しみが増えるのであ
　　る。中でも，速度や強弱というのは，比較的容易に感じ取りやすい音
　　楽の要素の1つであり，表現を工夫するのにも工夫しやすい要素であ
　　るから，この要素の働きを感じ取って表現を工夫することで，より音
　　楽に親しめると思い，この題材を設定した。　　(2)　教材を選ぶ際は，
　　生徒の親しみの持てる作品で，速度や強弱を工夫する箇所が複数存在
　　する楽曲を選択する。例えば「浜辺の歌」など。　　(3)　指導計画
　　(4)　音楽への関心・意欲・態度　　音楽的な感受や表現の工夫
　　表現の技能　　鑑賞の能力　　(5)　(例)　行進曲を用いて速度の変化
　　を感じさせる。何パターンか速度の違いを準備し，「行進するにはど
　　のぐらいがいいかな」と投げかけ，実際に体を動かしながら，生徒に
　　体験させる。ビックリ交響曲を用いて強弱の変化の違いを感じ取らせ
　　る。速度や強弱が，実際の楽曲の中でこんなにも効果的に用いられて
　　いることを感じさせ，「じゃあみんなも工夫したらそれぞれ違った音

楽になるんじゃない」と展開させていく。

〈解説〉指導案の穴埋めだが，総合的な指導力を問うている問題と言える。すべて白紙の状態から作るより，既に埋まっている箇所からいろいろ読み取る問題の方が難易度は高いと思われるが，正解は1つだけではなく，指導要領を根拠に，指導案として筋がそれていなければ点数を得られる。1日1単元，指導案を書く練習を始めてみてはどうだろう。教科書，楽曲，指導方法，工夫，配慮，ねらい，研究していくと様々なことが同時に学習できるやり方でもある。

【高等学校】

【１】(1)　①　諸活動　　②　生涯　　③　愛好　　④　文化
　　⑤　感性　　⑥　個性　　(2)　Ⅲ　　　(3)　歌唱，器楽，創作

〈解説〉全文暗記していていい問題。確実に点を取らなければならない箇所。

【２】解説参照

〈解説〉合唱という指定があるが，歌唱指導の基本とそう違いはない。歌うために，より良い声を出すために，歌詞の発音をどうしたらいいか，これらのことは，自らの経験からでも解答できるであろう。声域については，心理面についても十分配慮することが必要である。

【３】(1)　①　江戸　　②　室町　　③　鎌倉　　④　飛鳥　　⑤　江戸
　　(2)　①　歌舞伎　　②　江戸　　③　(人形)浄瑠璃　　④　細棹
　　⑤　中棹　　⑥　太棹

〈解説〉「関係が深いか」という問い方は悩ませる問題である。起源か，発展か，どれも歴史ある伝統のため，慎重に解答したい。日本音楽史を一通り学んでおくとよいが，日本でも西洋でも，時代区分というのは単純に分けられないことも多々あり，また，音楽史の区分が必ずしも日本史の区分と正確に合致するわけではないため，注意が必要である。

【4】(1)　ポーランド　　(2)　フランス　　(3)　イタリア　　(4)　スペイン　　(5)　ハンガリー

〈解説〉アルファベットで書いてあるが，カタカナに直せばなんのことはない。

【5】(1)　①　Fis(Ges)　　②　B(Ais)　　③　E　　(2)　①　C　　②　G7
③　F　　④　Am　　⑤　Dm

(3)　解説参照

〈解説〉リコーダーとギターは，頻出楽器。リコーダーは4種まで押さえておきたい。創作は，和音の指定で比較的作りやすいであろう。記譜の例まで提示されているため，この場合，和声を上手く配置できるか，和声に旋律をつけることができるかが問われている問題であるといえる。

2008年度　実施問題

【高等学校】

【１】次の(1)～(3)の各演奏を聴き，五線譜に音符を書き取りなさい。各問題の前に主和音を1回聴き，1回目のみ1小節分カウントを入れてから演奏します。30秒の間を空けて5回繰り返します。

(1)　C-Dur(ハ長調)　四分の四拍子　8小節　旋律
(2)　d-moll(ニ短調)　四分の三拍子　8小節　旋律
(3)　D-Dur(ニ長調)　八分の六拍子　8小節　旋律

(☆☆☆◎◎◎)

【２】次の(1)～(7)の音程を，長・短・増・減などの区別とともに書きなさい。

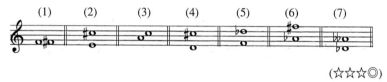

(☆☆☆◎)

【３】次の(1)～(3)について，左側の五線譜の音と同じ音を，右側の五線譜に書きなさい。

(☆☆◎)

【４】次の(1)～(5)の各音楽用語の意味を書きなさい。

(1)　con sordino　　(2)　sotto voce　　(3)　con moto　　(4)　pastorale
(5)　calmando

(☆☆☆◎◎◎)

【5】次の(1)～(5)の楽器の日本名を書きなさい(漢字・ひらがな・カタカ
ナいずれで答えてもよい)。

(1) Arpa　　(2) Posaune　　(3) Tromba　　(4) Va.　　(5) Tamtam

(☆☆◎◎)

【6】次の(1)～(5)の語句の日本名を漢字で書きなさい。

(1) Impromptu　　(2) Operetta　　(3) Rhapsody　　(4) Capriccio

(5) Octet

(☆☆☆◎◎)

【7】次の楽譜について，以下の各問いに答えなさい。

(1)　この曲の曲名を答えなさい。

(2)　この曲の作曲者名を答えなさい。

(3)　各パートの中で，移調楽器はどれか，すべて答えなさい。

(4)　この楽譜は未完成である。空欄の小節に適切な音符や休符を書き
入れ，楽譜を完成させなさい。

(☆☆◎◎◎)

【8】次の文章は，高等学校学習指導要領(平成11年3月告示)の一部である。これについて，以下の各問いに答えなさい。

音楽の(①)を通して，音楽を(②)する心情を育てるとともに，(③)を高め，音楽(④)についての理解を深め，(⑤)豊かな表現の能力と(⑥)的な鑑賞の能力を伸ばす。

(1) (①)～(⑥)に入る最も適切な語句を答えなさい。

(2) これは音楽Ⅰ～Ⅲのうち，どの科目の目標であるか答えなさい。

(3) 『音楽(④)についての理解を深め』とあるが，それについて，有効であると思われる指導事項を具体的に二点答えなさい。

(☆☆☆☆◎◎)

【9】次の文章は，日本の音楽について説明したものである。文中の(①)～(⑭)に入る最も適切な語句を下の語群から選び，答えなさい。

日本の伝統音楽の一つである『能楽』は，(①)と(②)の二つを総称して言う。(③)時代に(④)から伝わった散楽が(⑤)時代に(⑥)となり，さらに充実して(⑦)時代に能楽へ発展していったといわれている。(①)は主役が(⑧)をつける場合が多く，(⑨)，(⑩)父子により大成された。

『浄瑠璃』は(⑦)時代に人気を博した語り物からこう呼ばれるようになり，(⑪)を伴奏に取り入れてから発展し様々な浄瑠璃が生まれた。その中の一つに(⑫)節があり，竹本(⑫)や(⑬)らが(⑭)などの様々な作品を残した。

義太夫　　観阿弥　　江戸　　猿楽　　狂言　　室町　　琵琶
能　　声明　　曽根崎心中　　那須与一　　唐　　平安　　面
尺八　　近松門左衛門　　三味線　　世阿弥　　民謡　　奈良
平家物語

(☆☆☆◎◎◎)

【10】西洋の音楽について，以下の各問いに答えなさい。

(1) 次の①～⑪の項目は，古代・中世，ルネサンス，バロック，古典派，前期ロマン派，後期ロマン派，近代・現代のいずれと関連が深いか，番号で答えなさい。

① 国民楽派　　② 器楽曲の発展　　③ 印象主義

④ コラール　　⑤ グレゴリオ聖歌　⑥ ホモフォニー

⑦ 吟遊詩人　　⑧ 交響詩創始　　⑨ ソナタ形式確立

⑩ 十二音技法　⑪ 調性組織確立

(2) 上の項目の①，③，⑧，⑩と関連の深い作曲家名を一人ずつ答えなさい。

(☆☆☆○○○)

【11】次の旋律を女声三部合唱に編曲しなさい。

(☆☆☆○○○)

解答・解説

【高等学校】

【1】略

【2】(1)　増1度　　　(2)　長6度　　　(3)　短3度　　　(4)　長7度

　　(5)　短6度　　　(6)　増6度　　　(7)　減5度

〈解説〉音程は1，4，5，8度が完全増減。2，3，6，7度が長短増減という
　　形がある。転回音程もよく問われるため「9度から引く」ということ
　　を覚えておこう。

【3】(1)

　　(2)

　　(3)

〈解説〉音部記号の読み替えはよく問われる。ただ読み替えるだけでなく，
　　楽器に合わせて音部記号を選択する場合もあるので，通常使う記号を
　　覚えておこう。ソプラノ，アルト，テノール記号はどの位置を基準と
　　するか混同しやすいので注意。

【4】(1)　弱音器をつけて　　　(2)　低い抑えた音で　　　(3)　動きをつけ
　　て(速めに)　　　(4)　牧歌風に　　　(5)　静かに

〈解説〉用語の意味は，とにかく広く覚える必要がある。速度や強弱，表
　　情記号など，ジャンルに分けて覚えたり，同意語，反意語を問われる
　　場合が非常に多いため，合わせて覚えることが大切である。

【5】(1)　ハープ　　(2)　トロンボーン　　(3)　トランペット
(4)　ヴィオラ　　(5)　ゴング(銅鑼[どら])

〈解説〉楽器の名称を問う問題。アルパ，ポザウネ，トロンバなどは滅多
　に使わない呼び方。しかし，オーケストラでは，作曲家によって通常
　使われる表記でもある。楽器名は，日本語含めイタリア，フランス，
　ドイツ，英語の5カ国表記ですべて覚えておくとよい。複数形に変化
　があることもある。同じ楽譜内では，原則同じ国語の表記で記す。

【6】(1)　即興曲　　(2)　喜歌劇　　(3)　狂詩曲　　(4)　奇想曲
(5)　八重奏(曲)

〈解説〉日本語に直す場合，いくつか表現できる場合がある。漢字という
　指定のため，普段から日本語の意味を併せて考えておかなければなら
　ない。

【7】(1)　愛の挨拶　　(2)　エルガー　　(3)　Clarinet と Horn

〈解説〉有名な作品のため，知っているだろうが，曲名をど忘れしたなん
　てことも考えられる。普段から「誰の〜，何楽章〜」などと音楽を聴
　いて出てくるようにしたい。エルガーは威風堂々の作曲家。知らない
　曲で移調楽器がもし分からなかった場合，まず調号を頼りにし推測す
　ること。調号が表記されていない場合，和声を考え，適当に2度3度と

343

移調し推測することも可能である。しかし，移調楽器は数が限られて
いるため，楽器と移調管を一気に暗記してしまうのが一番早い。反対
に，移調しない楽器や実音表記の楽器も覚えておこう。楽譜の空欄補
充は難易度が高めである。スコアを見たことなければ，音楽から推測
する他ないが，音楽を聴く際，できるだけスコアを見ながら聞くと良
い。

【8】(1)　①　諸活動　　②　愛好　　③　感性　　④　文化
　　⑤　個性　　⑥　主体　　(2)　音楽Ⅱ　　(3)　(例)　日本の伝統音楽
　　を取り上げる。　郷土の音楽を取り上げる。　世界の民族音楽を取り
　　上げる。　など。
〈解説〉指導要領の内容は記載の通りで，説明はいらないであろう。音楽
　　文化は，音楽に関すれば何を取り上げても文化に当てはまってしまう
　　が，理解を深めるためには，身近なものを取り上げたり，伝統のある
　　ものを取り上げたりする方がよい。

【9】①　能　　②　狂言　　③　奈良　　④　唐　　⑤　平安
　　⑥　猿楽　　⑦　室町　　⑧　面　　⑨　観阿弥　　⑩　世阿弥(⑨⑩
　　入れ替え可)　　⑪　三味線　　⑫　義太夫　　⑬　近松門左衛門
　　⑭　曽根崎心中
〈解説〉日本音楽については，重要な項目である。定義，歴史，名称，起
　　源，可能性はどれもあるが，一通りの流れを覚えておくと対応が可能
　　である。この問題はどれも有名どころで過去にも多く出題された項目
　　である。苦手な人は，過去の日本音楽の問題を集中的に解くと良い。

【10】(1)　古代・中世　⑤⑦　　ルネサンス　④　　バロック　②⑪
　　古典派　⑥⑨　　前期ロマン派　⑧　　後期ロマン派　①
　　近代・現代　③⑩　　(2)　①　スメタナ，リムスキーコルサコフ
　　③　ドビュッシー，ラヴェル，イベール　　⑧　リスト　　⑩　シェー
　　ンベルク，ベルク，ウェーベルン，ベリオ，ストラヴィンスキー

〈解説〉楽派は，音楽史上たくさん出てくる上に覚えずらい項目でもある。ロシアの国民楽派などもそうであるが，どれも歴史上のキーワードとして出てくるものである。問題によっては，「説明せよ」というように問われたり，歴史順に並べ替えたりと問われることがある。要注意。

【11】略

〈解説〉この問題のように，単線律が与えられ，コードなど他の情報がない場合の編曲は少し厄介である。この作品は有名なので問題ないが，それが知らない曲の場合ならなおさらである。　まず，和音をある程度考える必要がある。ポップスの場合，まず3和音で当てはめるのは不可能。臨時記号にあわせて借用や副属を使用することがでてくる。音域を考慮すること。女性の歌声を実際にイメージし，どこまでなら出せるか，どう組み合わせたら綺麗に響くかということをイメージしなければならない。歌の場合は，ブレス箇所も考え，長音符も配慮して使用すること。編曲の練習は，4声で練習すると良い。パートが増減しても大方対応できるはず。

●書籍内容の訂正等について

　弊社では教員採用試験対策シリーズ（参考書，過去問，全国まるごと過去問題集），公務員試験対策シリーズ，公立幼稚園・保育士試験対策シリーズ，会社別就職試験対策シリーズについて，正誤表をホームページ（https://www.kyodo-s.jp）に掲載いたします。内容に訂正等，疑問点がございましたら，まずホームページをご確認ください。もし，正誤表に掲載されていない訂正等，疑問点がございましたら，下記項目をご記入の上，以下の送付先までお送りいただくようお願いいたします。

> ① **書籍名，都道府県（学校）名，年度**
> 　（例：教員採用試験過去問シリーズ　小学校教諭 過去問　2025年度版）
> ② **ページ数**（書籍に記載されているページ数をご記入ください。）
> ③ **訂正等，疑問点**（内容は具体的にご記入ください。）
> 　（例：問題文では"ア〜オの中から選べ"とあるが，選択肢はエまでしかない）

〔ご注意〕
○ 電話での質問や相談等につきましては，受付けておりません。ご注意ください。
○ 正誤表の更新は適宜行います。
○ いただいた疑問点につきましては，当社編集制作部で検討の上，正誤表への反映を決定させていただきます（個別回答は，原則行いませんのであしからずご了承ください）。

●情報提供のお願い

　協同教育研究会では，これから教員採用試験を受験される方々に，より正確な問題を，より多くご提供できるよう情報の収集を行っております。つきましては，教員採用試験に関する次の項目の情報を，以下の送付先までお送りいただけますと幸いでございます。お送りいただきました方には謝礼を差し上げます。

（情報量があまりに少ない場合は，謝礼をご用意できかねる場合があります）。

◆あなたの受験された面接試験，論作文試験の実施方法や質問内容

◆教員採用試験の受験体験記

- -

| 送付先 | ○電子メール：edit@kyodo-s.jp
○FAX：03-3233-1233（協同出版株式会社　編集制作部 行）
○郵送：〒101-0054　東京都千代田区神田錦町2-5
　　　　協同出版株式会社　編集制作部 行
○HP：https://kyodo-s.jp/provision（右記のQRコードからもアクセスできます） |

　※謝礼をお送りする関係から，いずれの方法でお送りいただく際にも，「お名前」「ご住所」は，必ず明記いただきますよう，よろしくお願い申し上げます。

教員採用試験「過去問」シリーズ

鳥取県の
音楽科 過去問

編　集　　Ⓒ 協同教育研究会
発　行　　令和5年12月10日
発行者　　小貫　輝雄
発行所　　協同出版株式会社
　　　　　〒101-0054　東京都千代田区神田錦町2‐5
　　　　　電話　03−3295−1341
　　　　　振替　東京00190−4−94061
印刷所　　協同出版・POD工場

落丁・乱丁はお取り替えいたします。